地域SNSによる ガバナンスの検証

情報通信技術を活用した住民参加

[著]

中野邦彦

目　次

序　章　　1
1　本書の背景と問題意識　1
2　本書における用語の定義　5
3　本書の構成　12

第Ⅰ部　理論的枠組み

第1章　地域情報化政策と住民参加　　17
1.1　地域情報化とは　17
1.2　地域情報化政策の展開　19
1.3　地域情報化政策の問題点　26
1.4　日本におけるIT戦略　30
1.5　e-participation　38
1.6　まとめ　42

第2章　補完性の原理　　43
2.1　ヨーロッパにおける補完性の原理　43
2.2　日本における補完性の原理の広まり　51
2.3　補完性の原理と住民参加　63
2.4　まとめ　65

第3章 参加型ガバナンス理論への系譜　　67

3.1 ガバナンス理論とは　68
3.2 ガバナンス理論の変遷　71
3.3 NPM　76
3.4 参加型ガバナンス　83
3.5 まとめ　89

第4章 本研究のリサーチクエスション　　91

4.1 本研究のリサーチクエスション　91
4.2 各章におけるリサーチクエスション　92

第Ⅱ部　地域住民に焦点を当てた分析

第5章 地域SNSの利用実態の把握
　　　　――地域SNS上におけるユーザーの書き込みを対象とした分析　　101

5.1 地域SNSとは　101
5.2 研究対象の概要　108
5.3 実社会のイベントの取り扱われ方に着目した分析　110
5.4 まとめ　119

第6章 地域SNSの設置効果の検証――3地域における比較研究　　121

6.1 はじめに　121
6.2 先行研究　122
6.3 調査概要とデータ　125
6.4 考察　131
6.5 まとめ　133
6.6 第Ⅱ部全体を通してのまとめ　134

第Ⅲ部　地方自治体に焦点を当てた分析

第7章　自治体による利用実態調査　139
- 7.1　先行研究と本研究の位置づけ　140
- 7.2　調査概要　143
- 7.3　調査方法　144
- 7.4　インタビュー調査結果　146
- 7.5　考察　164
- 7.6　まとめ　167

第8章　廃止に至る経緯に関する類型　169
- 8.1　分析対象　170
- 8.2　分析データと方法　172
- 8.3　事業評価により廃止に至った事例（群馬県前橋市，岐阜県大垣市，福岡県大牟田市，三重県松阪市，愛知県安城市）　173
- 8.4　期限付きでの導入（京都府宇治市，香川県高松市，愛知県安城市）　188
- 8.5　競合するICTツールの存在（鹿児島県奄美市，福岡県大牟田市，香川県高松市）　197
- 8.6　考察　203
- 8.7　まとめ　205

第9章　各地域における工夫をこらした運営形態に関する考察　207
- 9.1　自治体による活発な利用事例（掛川市）　209
- 9.2　統合という道（福岡県大牟田市，福岡県久留米市，福岡県）　226
- 9.3　NPOとの協働（京都府宇治市，東京都三鷹市）　238
- 9.4　民間企業による運営（愛知県安城市）　254
- 9.5　まとめ　259

終　章   263

　1　リサーチクエスチョンに対する結論　　263
　2　第Ⅱ部における結論　　266
　3　第Ⅲ部における結論　　267
　4　全体を通しての結論　　269
　5　本書の学術的貢献　　271
　6　今後の課題と展望　　272

参考文献　　277

APPENDIX　　285

謝　辞　　289

序　章

1　本書の背景と問題意識

　国の財政は逼迫し，税収の増加は見込めない半面，少子高齢化等の問題に伴い新たな公共サービスへの期待はますます増加する傾向にある。また，地域社会に視点を移してみれば，平成12年の地方分権一括法の施行に伴い財源的な面での地方自治体の自立が求められるようになった。このような環境下においては，従来のように全ての公共サービスを行政に委ねることは困難になりつつあり，地域社会における課題解決に地域住民が主体的に参加していくことの必要性が唱えられている（総務省 2006）。実際，国を始め多くの自治体では従来のようにあらゆる公共サービスを行政主導で行うことの限界が指摘されている。従来は行政に頼っていたような問題についても住民自らが自身の力で問題を解決していくことや，家族や近隣の人々と助け合うということの重要性が増してきている。

　しかし，現実的には地域社会の課題解決能力だけに期待することは難しい。例えば，近所付き合いの程度の変遷を見てみると1975年以降一貫して減少傾向にある（図1）。1975年時点の調査では「親しくつき合っている」と「つきあいはしているが，あまり親しくない」の合計が85%に達していたのに対して，2007年時点の調査では「よく行き来している」と「ある程度行き来している」の合計でも41%に留まっていることが確認できる。また，町内会や自治会への参加頻度の変遷を見ても減少傾向にあり1968年時点では「だいたい

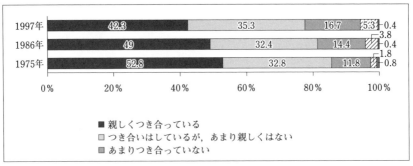

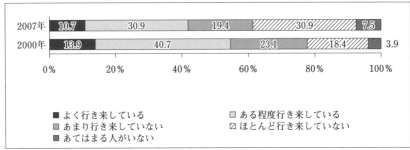

図1　近所付き合い程度の変遷

出典：平成19年版国民生活白書，2015年2月10日取得，http://www5.cao.go.jp/seikatsu/whitepaper/2007/05_youshi/html/07sy0201.html

参加する」と「時々参加する」を合わせた合計が約85%に達していたのに対して，2007年時点での調査では「月に1回程度」と「年に数回程度」の合計で約48%と，半数以上の人が参加していないという実態を確認することができる（図2）。

　このように地域のつながりが薄れてきていることもあり，地域住民の自発的な参加は必ずしも期待できない。このような関係の変化については，ライフスタイルの多様化や，地域社会において地縁や血縁によるつながりが弱まってきていることなど様々な原因が多い。一方近年では，情報通信技術（= Information and Communication Technology，以下ICTとする）の進歩や，それを支える情報通信環境の基盤整備がなされたこともあり，従来のような実社会における人と人のつながりの補完に，ICTを活用することに注目が集まるようになった。例えば，藤沢市では地縁や血縁などの従来の地域のつながりに代わりうる

序　章　　　3

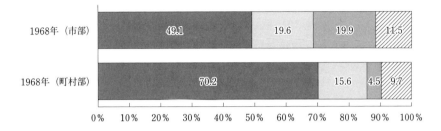

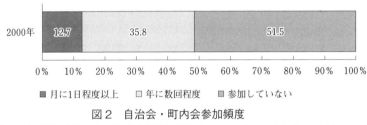

図2　自治会・町内会参加頻度

出典：平成19年版国民生活白書，2015年2月10日取得，http://www5.cao.go.jp/seikatsu/whitepaper/2007/01_honpen/html/07sh020103.html

ものとして，「電縁」という言葉を掲げていた。これは，市政を行うに当たって電子会議室等のICTツールを活用して市民に行政への関与を促すための一環として行ってきた取り組みであり，全国の自治体から注目を集めることとなった。また，「電縁」がきっかけとなり実際に地域社会の課題解決に繋がった事例としては，岡山県の電子町内会の事例を挙げることができる。岡山県の事例では，電子コミュニティでのつながりを活用して社会問題の解決につなげた取り組みが報告されている。例えば，「太戸の滝を守る会」の事例は，岡山県の電子町内会の活動を紹介する際によく用いられる事例である。地元の観光地であった太戸の滝が長年手入れされないまま放置された状態であることが電子町内会上で報告された。この書き込みがきっかけとなり「守る会」が発足した。また，町内の公園にある桜の木に毛虫が発生していることを電子町内会のユーザーが電子掲示板に書き込んだことをきっかけに，町内会の衛生担当者が書き

込み当日に殺虫剤で駆除するといった事例が報告されている[1]。従来であれば地域において何らかの問題が生じた場合は，住民が市役所等に通知を行い問題の解決を求めるというのが一般的な流れであった。一方で，これらの事例が興味深い点は，市役所への連絡を行う前の段階で住民が「電縁」によるつながりの力で問題を解決したということである。

　また，阪神大震災や東日本大震災の時にも行政に頼らない形での住民主導の問題解決の取り組みが行われた。阪神大震災の際には多くのNPOが中心となったボランティアの活躍もあり，1998年に特定非営利活動促進法が制定され今日に至るまでに数多くのNPOが誕生するきっかけとなった。これらの震災の経験を踏まえて多くの自治体では，防災の心構えとして「三助[2]」の考え方を用いている。『平成26年度版防災白書』においても「公助の限界」という言葉とともに，地域コミュニティにおける自助・共助による「ソフトパワー」の効果的な活用の必要性が唱えられている[3]。

　他にも，行政側による取り組みとしては「協働」という考え方がよく持ち出される。「協働」とは，行政のみが公共サービスの提供を行うのではなく，地域住民，ボランティア団体，NPO，民間企業など様々な主体が協力しながら公共サービスを担っていくこととされている[4]。多くの自治体において掲げられている主な目的としては，コミュニティにおける市民，NPO，民間企業などの様々なアクターが協力しながら「まちづくり」や「地域の活性化」に当た

---

[1]　平成17年版情報通信白書「コラム2　地域コミュニティにおけるICTの利活用事例」，2015年2月10日取得，http://www.soumu.go.jp/johotsusintokei/whitepaper/ja/h17/html/H12032z0.html

[2]　この考え方は，米沢藩主の上杉鷹山による「三助」の考え方に由来している。ここでいう三助とは，自助，共助，公助を意味している。この三助の考え方が，地方自治体や地域社会との文脈で用いられる際にはおおよそ次のような意味合いで用いられている。自助とは，個人でできることは，個人で行う。共助とは，近隣社会において互いに助け合う。公助とは，自助や共助では解決できない場合にはじめて行政が対応をするという考え方である。

[3]　平成26年版防災白書「第5章まとめと今後の課題」，2015年2月13日取得，http://www.bousai.go.jp/kaigirep/hakusho/h26/honbun/0b_5s_01_00.html

[4]　佐倉市HP，「市民協働とは」，2015年2月13日取得，http://www.city.sakura.lg.jp/0000004982.html をはじめ多くの自治体のHP上における「協働」の定義を参照した。

っていくことであると示されている。実際に多くの自治体においては担当の部署や課の設置を行い様々な取り組みが行われている。協働という考え方が必要とされるに至った背景として岡山県のHP上では次のような説明がなされている。

 県民ニーズの多様化や複雑化，県民の社会参画意欲の高まりや活動の活発化，行政の財政力の低下などを背景として，「夢と希望あふれる岡山県づくり」を進めるためには，「公共」は行政のみが担うべきものという従来の考え方から脱却し，地域において公共サービスの担い手となりうる意欲と能力を備えた皆様方（県民，ボランティア・NPO，各種団体，企業等）と行政とが協働して公共サービスを提供していくシステム（＝「新しい形の公共」）を構築していくことが重要だと考えています。
     （出典：岡山県 HP，2015 年 2 月 14 日取得 http://www.pref.okayama.jp/page/detail-46235.html）

　以上のように，行政だけによる公共サービスの提供が困難な状況下にあり，なおかつ，以前のように地域コミュニティによるつながりを活かした課題解決も困難な状況においては，以前にも増して住民の主体的な地域社会への参加を通した課題解決能力の向上が重要視されている。

2　本書における用語の定義

　以下では，本論を始めるに当たって特に重要と考えられる概念の確認を行う。

2.1　参加に関する定義

　市民参加や住民参加という考え方については，政治学の研究領域における民主主義理論の政治参加の一形態であると位置づけることができる。政治参加に関しては，古くからの歴史があり，学術的な研究としても豊富な蓄積のある研究領域である。一方で，市民参加や住民参加に関する研究としては，理念的なレベルでの検証が行われるに留まっており，政治参加に関する研究と比較した

際には研究の蓄積は必ずしも多くない。日本における市民参加や住民参加についての議論ということで考えると，1970年代に松下（1971）や篠原（1977）の研究により市民参加が理論化された。篠原（1977）では，政治参加と市民参加の関係性について以下のように定義を行っている。

> *市民参加は包括概念としての政治参加とは若干異なる意味で使用されており，市民参加は包括概念としての政治参加の一つの発展形態を示すものであり，結論的に言えば，参加民主主義時代の参加がいわゆる市民参加として表現されている。*
> （篠原 1977: 5）

他にも，Arnstein（1969）は，住民参加の度合いを8段階に分けて示した「住民参加の梯子」の考え方を示している。各々の項目を参加の度合いが低い方から順に「非参加」，「印としての住民参加」，「住民の力が活かされる住民参加」の3つの項目にグルーピングを行っている。この区分を考えた際に，「5」と「6」の間には大きな間隙がある。地方行政の文脈で見た場合，1～5までの段階は，いわゆる広聴広報課における業務であり市民は客体として扱われている。これに対して，6～8の段階においてはじめて，市民が客体ではなく，主体として扱われるようになっている。しかし，実社会に目を向けてみると，「5」の段階にはとどまらないが，「6」の段階には至らない形の参加形式も存在する。例えば，序章の冒頭において示した岡山県の電子町内会の事例などがまさにそうであるし，他にも，地域住民が住民同士の交流を深めることを目的に開催する地域社会のイベントなども考えられるであろう。本書では，このような「5」と「6」の中間に当たる言わば「参加の踊り場」とでも表現できる参加形式に注目する（表1）。本書では，ここで言う「参加の踊り場」に分類される「参加」を「*自らのコミュニティや地域社会に恩恵を与えるような行為や活動*」と定義した上で研究を進める。

実際，今日の社会状況を考えた際には，篠原やArnsteinが想定しているように必ずしも地方行政への参加という形だけではなく，地域社会や地域コミュニティへの参加についても大きな注目を集めている。このような流れについては冒頭でも論じたように，地域社会におけるつながりの希薄化や，行政に依存

表 1　住民参加の梯子（修正版）

段階	アーンスタインの区分	
8	自主管理	住民の力が活かされる
7	権限移譲	住民参加
6	パートナーシップ	
	参加の踊り場	
5	宥和	
4	相談	印としての住民参加
3	情報提供	
2	治療	非参加
1	操作	

出典：Arnstein（1969）を筆者が一部改変

しない形での自助・共助による「ソフトパワー」での課題解決が注目されていることにも関連があるだろう。また，鳩山政権時に議論された「新しい公共」の考え方も，現在における参加のあり方を考えるに当たって参考になる。図3における「これまで」においては，公共サービスは政府・行政が単独で行っていたものであるが，「現在」においては，官が独占してきた領域を「新しい公共の領域」として開くことにより，従来型のような補助金や下請け型の業務委託ではなく，民間提案型の業務委託や，市民参加型の公共事業等の仕組みを創設するものであるとしている（内閣府 2014）。

さらには，本書で調査対象とする地域SNSの導入を行う際に，総務省が導入目的として掲げた目標も，「地域コミュニティを再生すること（＝「地域社会への住民参画」）」と，「地方自治体における政策の企画・立案・策定および執行・評価の過程に，地域住民が積極的に参画していくこと（＝「地方行政への住民参画」）」の2つであった。このことは，社会環境の変化に伴い，従来議論されてきた政治参加という言葉だけでは捉えきれない現象が生じていることを示唆するものであろう。

2.2　参加の手段

次に，参加の手段についてである。地域社会への住民参加の手段に関しては，

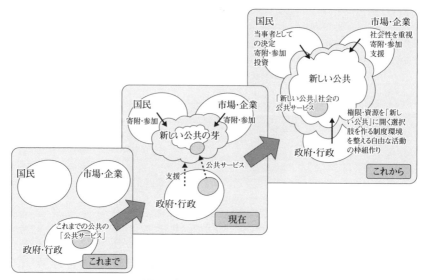

図3　新しい公共のイメージ
出典：内閣府「新しい公共に関する取組について」，2015年6月30日取得，http://www5.cao.go.jp/npc/pdf/torikumi0906.pdf

マスメディアを活用した方法や，地域における公民館等での集会への参加，行政の行う広報・広聴，ウェブ上におけるパブリックコメント制度等様々な参加の方法がある。特に，地域社会における市民が主体の情報発信や交流という視点で見るとパブリック・アクセスの取り組みを挙げることができる。実際，これまでのパブリック・アクセスの実践の場としては，地域におけるコミュニティFMやケーブルテレビ等が主な舞台とされてきた。これらのチャンネルの一部が市民向けに開放され，そのチャンネルを利用して情報発信を行うというのが一般的な形であった。このような取り組みは全国各地で見受けることができ，数多くの事例紹介が行われてきた（津田・平塚編2002）。一方，パブリック・アクセスの取り組みは，地域のメディアであるケーブルテレビや，FMラジオを用いて情報発信を行う必要があったことから，機会の確保や，機材に関するノウハウ等が市民に求められた。また，多くの場合は，マス・メディアの関係者が関与していたこともあり，一般の市民にとって必ずしも気軽に情報発

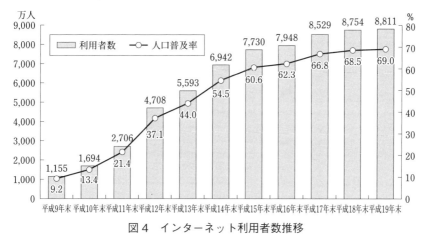

図4 インターネット利用者数推移

出典：総務省「通信利用動向調査平成19年調査」，2015年1月30日取得，http://www.soumu.go.jp/johotsusintokei/statistics/data/080418_1.pdf

信を行えるような環境ではなかった。

　近年では，インターネット環境の充実に伴いICTを活用した住民参加に注目が集まるようになってきた（図4）。中でも，1997年より実験的に開始され，2001年4月から本格的に開始された藤沢市の電子会議室の取り組みは全国的に注目を集めた。この電子会議室の取り組みは，藤沢市での成功事例以降全国に広まっていった。しかし，この取り組みも全盛期には全国で約700の自治体での取り組みが確認されたものの，数年後に一定以上の活用実態がある電子会議室は藤沢市をはじめとして全国で4自治体しかないということが報告されている[5]。このことの一因としては，インターネット利用者数が少ないという環境的な要因を挙げることができるだろう。電子会議室が開始された当初の1997年は，インターネット普及率は約9%で，利用人口で見ると1000万人程度であったため，当時のIT環境下において電子会議室は必ずしも多くの人々が気軽に利用できるツールではなかった。

---

[5]　慶應義塾大学SFC研究所・(株)NTTデータによる共同研究『電子市民会議室の設置に関する調査結果』http://　www.nttdata.co.jp/rd/riss/e-demo/report02.html（リンク切れ）

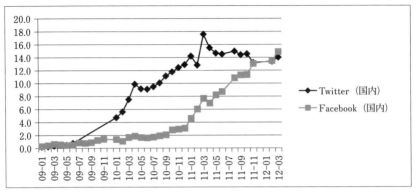
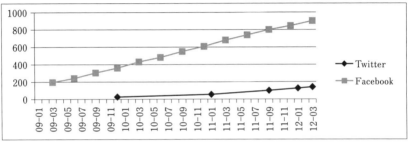

図5 国内SNSユーザー数の推移

出典：総務省「平成24年版情報通信白書」，2015年1月30日取得，http://www.soumu.go.jp/johotsusintokei/whitepaper/ja/h24/html/nc123220.html

　その後，国による一連のe-Japan政策の推進もあり，2002年にはインターネット普及率は50%を突破し，利用人口で見た場合にも約7000万人にまで増えている。このようなインターネット環境の整備も後押しして，2000年代の半ばからはソーシャル・ネットワーキング・サービス（Social Networking Service，以下SNSとする）に注目が集まるようになる。2004年には，国内においてはmixiやGREEがSNSのサービスを開始している。また，海外においても，2004年にはFacebookが，2006年にはTwitterなどに代表されるソーシャルメディアが普及する。これらのソーシャルメディアユーザー数は，世界で見た場合には10億近い数とされており，また，日本国内だけで見た場合でも1000万ユーザー数を超えている（図5）。このように，ICTが2005年前後に技術的成熟期に達したこともあり，あらゆる人々を巻き込む形で多様な日常のコ

ミュニケーション活動に利用されることになったと評価できるであろう。

2.3 地域 SNS

このような環境下の2004年熊本県八代市において，提供範囲が主に市町村規模に限定されたサービスである地域SNS「ごろっとやっちろ」が誕生した。これにより，電子会議室が十分な成果を挙げることができなかった自治体からも，地域SNSに多くの注目が集まった。また，地方自治情報センター（以下，LASDECとする）が主導する形で実施された「e-コミュニティ形成支援事業」の後押しもあり，全国各地において地域SNSが導入されるようになる。このようにICTの利活用環境が整備された昨今において，住民参加におけるICTの利活用は少なくとも環境面においては機が熟したと考えられる。そこで本研究では，地域社会における住民参加のツールとして，地域SNSに着目をして研究を行う。

しかし，この地域SNSについても導入後数年が経過した時点では，利用状況の停滞や，利用実態がないにも関わらずツールの運営が続けられる「立ち枯れ」という状況が数多く指摘されている。実際，GLOCOM（2014）による調査では，2010年3月時点では，全国で約500の地域SNSが確認されていたものの，2014年3月時点の調査では半数の約250件まで減少しているということが報告されている。さらにこれらの中で，6カ月以上新たな書き込みのない地域SNSを除外すると，その数は171件であったということが報告されている。

また，これらのSNSが廃止されるに当たっての原因を見てみると，藤沢市の事例に代表されるような電子会議室の際に指摘された点が再び繰り返されているということができる。このように行政の施策レベルにおいて過去の反省点が反映されない理由としては行政の側だけに問題があるのではなく，これらを研究対象として扱ってきた研究者の側にも責任の一端があるものと考えられる。具体的には，当該研究領域における従来の研究態度に求めることができる。新たなツールが導入される度に，導入当初の特に注目を浴びている地域の事例紹介のみを多くの研究者が行ってきた。一方で，ツールの衰退期における研究や，失敗事例に関する研究は筆者の知る限り行われていない。このような研究状況

が，施策レベルにおいてこれまでの蓄積が効果的に反映されてこなかったことの一因であると考えることができる。

そこで本研究では，あくまでもICTそれ自体の研究ではなく，ICTツールの導入を通してどのような効果を上げることができているかに焦点を当てる。具体的には，先行研究が抱えていた①研究対象としてツールの利用者である地域住民のみを対象としてきた点，②調査時期に関する問題として，導入当初の時期ばかりが対象とされてきた点や，廃止に至った事例が取り上げられてこなかったという点，③活発な利用実態のある特定の事例が多く取り上げられているという点，以上3点の欠落を埋めるべく研究を進める。その上で，近年の環境を踏まえた形でのICTを活用した住民参加の可能性について考察する。

このように本研究は，従来の先行研究において検証されて来なかった視点から当該研究テーマを捉えなおすことを通して，ICTを活用した住民参加が地域社会におけるガバナンスの向上にどのように貢献しうるかについて体系的に論じる。

3　本書の構成

本論を始めるに当たり本書の全体の構成を示しておく。本書は全3部から構成されており，各部の役割は以下に示す通りである。第Ⅰ部においては，本書の位置づけを明確にすることを目的として理論研究を行う（第1ないし4章）。続く，第Ⅱ，Ⅲ部が分析編であり，第Ⅰ部で設定した研究設問に対して実証的なアプローチにより検証を進めて行く。各部の具体的な役割は，第Ⅱ部では，市民の利用実態に焦点を当てた分析を行い（第5，6章），第Ⅲ部においては，自治体に焦点を当てて分析を進める（第7ないし9章）。最後に終章において，全体のまとめと今後の課題について論じるという構成になっている（図6）。

また，各部における各章の関連性としては次の通りである。まず，第Ⅰ部は4章からなり，第1章においては，序章において述べた問題意識に基づいてこれまでの地域情報化政策の展開がどのようになされてきたかについて，歴史的な視点から検証を進めて行く。その上で，ICTと住民参加がどのような文脈において結びつけられて論じられるようになったかを紐解いていく。さらに，

序　章

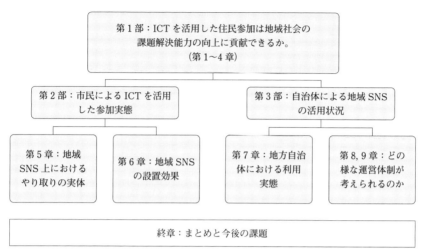

図6　本論文の構成

近年ICTを活用した住民参加に関する研究分野として確立されつつあるe-participationの議論についてのまとめを行う。続く第2章と第3章では，住民参加が必要とされるに至った社会的な背景と，学術的な論争の2つの視点から議論を進める。第2章においては，住民参加の考え方が広まるに至った社会的な背景を探るため，ヨーロッパに起源があるとされる補完性の原理を取り上げる。さらに，日本においては，どのような文脈で補完性の原理の思想が輸入されるに至ったかについてまとめる。その上で，日本における補完性の原理と住民参加に関する関係性について考察する。第3章においては，住民参加の考え方が，アカデミックな文脈においてはどのように議論されてきたかについて概要をまとめる。具体的には，政治学・行政学の文脈におけるガバナンス理論に焦点を当てて，今日の住民参加に関するアカデミックな文脈における議論の確認を行う。以上，第Ⅰ部においては，今日におけるICTを活用した住民参加に関する情報政策，社会的な背景，学術的な議論という3つの視点から捉え直す。これらをまとめる形で，第4章として本書におけるリサーチクエスションの設定を行う。

次に第Ⅱ部は第5章と第6章の全2章から構成されており，第5章においては，地域住民の地域SNSの利用実態を，地域SNSの最大の特徴である実社会

とのつながりという点に焦点を当てて考察を進めて行く。ここでは，本書における調査対象の中でも最も活発な利用がなされているとみなすことのできる京都府宇治市を対象に検討する。具体的には，宇治市における地域住民の地域SNS上への書き込みデータを対象に，テキスト・マイニングの手法を用いて分析を行った。続く第6章では，第5章で得られた地域住民の地域SNS利用に関する知見を踏まえた上で，比較的活発な利用が行われているという報告がなされている3地域を対象に，地域SNSの利活用が具体的にどのような項目に対して効果を有しているのかという視点から，各地域における地域SNSユーザーを対象として，アンケート調査の手法を用いて実証的に検証する。以上，第Ⅱ部においては第5，6章を通して，地域住民による地域SNSの利用が，地域社会のローカルガバナンスの向上につながりうるような活用が行われているかどうかについて検証する。

　第Ⅲ部は，第7ないし9章の全3章から構成されている。第7章においては，地方自治体の職員が地域SNSの運営に対してどのように関与を行ってきたかという実態についての把握を行うことを目的とする。続く，第8章と第9章においては，それぞれすでに地域SNSの廃止に至った自治体と，いまだに活発な利用が行われている自治体に分類した上で，それぞれの自治体の特徴を明らかにしていく。以上，第Ⅲ部では，第7ないし9章を通して，地方自治体がローカルガバナンスの向上に寄与しうるようなプラットフォームの提供ができているかという視点から検証を行う。

　最後に終章として第Ⅰ部で示したリサーチクエスションに対して，第Ⅱ部と第Ⅲ部の実証分析で得られた知見に基づいた上での結論をまとめる。その上で，本論を締めくくるに当たって，今後の研究の方向性と課題について言及し，全体のまとめとする。

第Ⅰ部　理論的枠組み

　第Ⅰ部は，実証的な研究を行うに当たっての本研究の理論的な位置づけを，関連する先行研究の中で明らかにすることを目的としている。各章における内容としては，以下に示す通りである。第1章においては，地域情報化政策と住民参加との関係に焦点を当てて考察する。序章において示した問題意識の下，地域情報化政策がこれまでどのような経緯を経て展開されてきたかの歴史的経緯についてのまとめを行う。2015年現在省庁主導型によって進められてきた地域情報化政策から約30年の歴史が経過している。特にICTの基盤が整備された2000年以降は，従来型の中央省庁主導による基盤整備型の地域情報化政策から，これらの基盤の利活用に焦点が当てられた地域情報化政策が行われるようになっている。このような状況を踏まえながら，ICT，特にソーシャルメディアの普及が地域社会における住民参加にどのような影響を与えてきたかという視点から考察する。

　続く，第2，3章においては，住民参加を考えるに当たっての理論的側面に焦点を当てる。まず，第2章においては，住民参加が必要とされるに至った状況についての社会的な背景からの考察を行う。具体的には，世界的にも参照されている「補完性」の原理に焦点を当てる。本章においては，ヨーロッパに起源があるとされるこの考え方が，まず，ヨーロッパにおいてどのように発達してきたかということの確認を行う。その上で，このヨーロッパ起源の考え方がどのような経緯で日本に輸入されて，どのような文脈で用いられているのかを，2000年から始まった地方分権改革に焦点を当てて，今日までの議論の流れを確認する。

第3章においては，学術的な議論においてどのような経緯で住民参加の必要性について議論が展開されるに至ったかについて検討する。具体的には，政治学・行政学の領域におけるガバナンスの理論研究を対象に，今日までどのような議論が展開されてきているかについて確認する。従来型のガバメント主導によるガバナンス理論から，近年では，多様なアクターの参加によるガバナンス型の理論に研究の焦点が当てられるようになっている。このような参加型のガバナンス理論に基づいて，地域レベルでの住民参加に焦点を当てた理論研究が，どのように行われているのかという視点からまとめる。

　上で示した3つの視点から関連する先行研究の整理をした上で，第4章においては，各章での知見を踏まえた上で，先行研究との関連における本研究の位置づけを明確にする。その上で，本研究におけるリサーチクエスションを提示するとともに，本書の全体の構成についての説明を行う。

第 1 章　地域情報化政策と住民参加

　本章の目的は，ICT の普及や利活用の進展度合いが，住民参加とどのような関連を見せてきたかについての経緯を明確にすることである。

　本章における具体的な構成としては以下に示す通りである。まず，第 1 節においては，地域情報化政策の定義について確認する。第 2 節では，地域情報化政策に焦点を当てた上で，どのようにして進められてきたのかを時間軸とともに確認していく。加えて，第 3 節では，1980 年代中頃より始まり，約 30 年が経過した今日において，これまでの地域情報化施策について検討を加える。第 4 節においては，日本におけるインターネット利用環境の普及のきっかけとなった 2000 年の「e-Japan 戦略」や，その後の IT 戦略を中心にまとめる。また，これらの政策の中において住民参加の考え方がどのように取り入れられてきたのかについてまとめる。第 5 節では，ICT の基盤整備においては世界最先端を達成できたものの，その利活用については必ずしも効果的な成果が挙げられていないという指摘がある中で，ICT と住民参加の関連性について e-participation という視点からまとめを行う。最後に第 6 節において，1980 年代に開始された地域情報化政策から，IT の基盤整備を経て ICT の利活用という一連のプロセスが，住民参加に対してどのような影響を与えていたのかについてまとめを行う。

1.1　地域情報化とは

　そもそも地域情報化を考えるに当たって，地域情報とは何を意味しているの

であろうか。ここでは，いくつかの定義を引用する形で地域情報化とは何かについての確認を行う。

　まず，大石（1992）では次のように定義を行っている。

> 一定地域内に情報通信ネットワークを構築し，それを通じて地域内の情報流通を活発化させ，地域の情報発信機能を増大させることにより地域振興を図ろうとするもの。これまで述べてきたように，近年，地域情報化の推進という課題は，地域開発政策の一環としてその重要性を高めてきたが，こうした動きは当然のことながら地域コミュニケーションの現況にも少なからず影響を及ぼしている。　　　　　　　　　　　　　　（大石 1992: 123）

他にも，林（1999）では，次のように定義している。

> 地域情報とは，地域にかかわる人びとのあらゆる情報のことであるが，具体的には地域の産業，政治・行政，生産と消費，医療・福祉，気象や災害，教育・文化，行事，娯楽，事件や出来事などに関する情報を指す。
> 　　　　　　　　　　　～中略～
> こうした地域情報は，地域構成員になんらかの知識を提供する情報伝達や環境監視機能を有するとともに，人びとの地域アイデンティティを確立させるとともに，地域の個性を生み出すのに有効である。
> 　　　　　　　　　　　～中略～
> ここで，忘れてはならないことは，地域情報が地域で有効となる基盤が前提条件として整っていることである。つまり，地域コミュニケーションとはメディアなり人が一方的にその地域に情報を提供することによって成立するものではない。元来，コミュニケーションとは双方向であることが必要なのだ。その意味からすれば，伝統的地域とか地域構成員の日常的コミュニケーションの場と機会が成立しているところでは地域情報が活性化する。
> 　　　　　　　　　　　～中略～
> したがって，地域情報は単なる情報の提示であったり一過性のものではな

く，住民に情報内容が知覚され，認識され，検討され，咀嚼され，それらを通してコミュニケートされるものではなくてはならないとしている。

(林 1999: 32-33)

さらに林（1999）では，このような定義を行った上で，当時の地域情報化には情報装置の設置さえすれば事たれりとする安易な考え方があり，宝の持ち腐れになっている地域が多く存在していることを指摘している（林 1999: 33）。また丸田（2006）は，近年では，「地域で住民等が進める情報化。地域が進める情報化」の動きが積極的になりつつある状況を踏まえる形で次のように定義している。

情報技術で知的にエンパワーされた住民等が，地域において，アクティビィズムを発揮し，プラットフォームの設計やイメージの実体化などによって，共働型社会を形成するプロセス　　　　　　　　　　　　（丸田 2006: 14）

これまでの地域情報化は，「自治体が行なう情報化」が検討対象の中心となっており，「住民が行なう情報化」が含まれていないことを指摘している。しかし，2000 年代以降は住民等の主体が進める情報化が，地域課題の解決に有効に働くようになってきていることを指摘している。そのため，「自治体内部の情報化」と「自治体が行なう地域の情報化」という自治体が主体の情報化を「行政情報化」と定義し，「自治体が行なう地域の情報化」と「自治体以外の主体が行なう地域の情報化」を地域情報化と定義している（丸田 2006: 16-17）。

1.2 地域情報化政策の展開

本節においては，これまでの地域情報化政策の展開がどのようになされてきたかについての検討を行っていく。まず，地域情報化政策の研究において数多く引用されている小林（2000）の考察を手掛かりにする。小林（2000）では，地域情報化政策に先立つ 3 つの政策的「源流」（地域開発政策，産業構造政策，行政改革）があり，これら 3 つの政策が合流するところで地域情報化政策が結

実していったことを指摘している。中でも小林は，地域開発政策と産業構造政策の合流に焦点をあてた考察を行っている。以下では，小林の論考をまとめておく。

まず，地域開発政策としては，「全国総合開発計画」（表1-1）に基づいた形で具体的な政策を立案・施行するという形で進められてきたとしている。中でも，情報・通信の重要性に対する視点が明確に導入されたのは，1977年に閣議決定された「第三次全国総合開発計画（三全総）」であるとしている。三全総において，地域開発における情報通信の役割が戦略的に位置づけられるように至った背景として小林（2000）は次のようにまとめている。

> すなわち，三全総がめざした「人間居住の総合的環境」＝〈定住圏〉を整備するための必要条件のひとつとして地域間の情報格差の是正があげられ，「電話，郵便，放送等既存メディアを整備拡充するとともに，計画期間内及びより長期的な課題として，情報化の進展と国土の安定的発展に対応する新たなメディアの開発とネットワークの形成に努める」ことが提唱されている。ここで，注意を喚起しておきたいことは，三全総が〈定住〉というキーワードを採用し，新たな企業誘致や産業育成の視点というよりも地域における生活（者）の視点に重点を置いていることに照応して，特に生活者の観点からみた情報化政策が提唱されている点である。
>
> （小林 2000: 4）

次に，産業構造政策としては，戦後日本の産業構造政策策定の主役を自負してきた通産省と，「（郵便・貯金業務を所管する）現業官庁」から「政策官庁」へと脱皮する機会と捉えていた電気通信を所管する郵政省が軋轢を深めていく過程であったとしている。このことをもって，地域開発政策と産業構造政策が合流したと指摘している。

続いて，地域情報化政策を特徴ごとに時代区分で整理する。この視点から行われた研究としては小林（2000）をはじめ，数多くの考察が行われている。本書では，小林（2000），田畑（2005），中村・瀧口（2006），藤本（2010）の4つの研究をもとに，これまでの地域情報化政策の経緯を確認する。

表1-1　全国総合開発計画の概要

	第1次	第2次	第3次	第4次	第5次
名称	全国総合開発計画（全総）	新全国総合開発計画（新全総）	第三次全国総合開発計画（三全総）	第四次全国総合開発計画（四全総）	21世紀の国土のグランドデザイン
閣議決定	昭和37年(1962年)10月5日	昭和44年(1969年)5月30日	昭和52年(1977年)11月4日	昭和62年(1987年)6月30日	平成10年(1998年)3月31日
策定時の内閣	池田内閣	佐藤内閣	福田内閣	中曽根内閣	橋本内閣
背景	1 高度成長経済への移行 2 過大都市問題、所得格差の拡大 3 所得倍増計画（太平洋ベルト地帯構想）	1 高度成長経済 2 人口、産業の大都市集中 3 情報化、国際化、技術革新の進展	1 安定成長経済 2 人口、産業の地方分散の兆し 3 国土資源、エネルギー等の有限性の顕在化	1 人口、諸機能の東京一極集中 2 産業構造の急速な変化等により、地方圏での雇用問題の深刻化 3 本格的国際化の進展	1 地球時代（地球環境問題、大競争、アジア諸国との交流） 2 人口減少・高齢化時代 3 高度情報化時代
長期構想	—	—	—	—	「21世紀の国土のグランドデザイン」一極一軸型から多軸型国土構造へ
目標年次	昭和45年	昭和60年	昭和52年からおおむね10年間	おおむね平成12年（2000年）	平成22年～27年（2010年－2015年）
基本目標	〈地域間の均衡ある発展〉都市の過大化による生産面・生活面の諸問題、地域による生産性の格差について、国民経済的視点からの総合的解決を図る。	〈豊かな環境の創造〉基本的課題を調和しつつ、高福祉社会を目指して人間のための豊かな環境を創造する。	〈人間居住の総合的環境の整備〉限られた国土資源を前提として、地域特性を生かしつつ、歴史的、伝統的文化に根ざし、人間と自然との調和のとれた安定感のある健康で文化的な人間	〈多極分散型国土の構築〉安全でうるおいのある国土の上に、特色ある機能を有する多くの極が成立し、特定の地域への人口や経済機能、行政機能等諸機能の過度の集中がなく地域間、国	〈多軸型国土構造形成の基礎づくり〉多軸型国土構造の形成を目指す「21世紀の国土のグランドデザイン」実現の基礎を築く。 地域の選択と責任に基づく地域づくりの重視

居住の総合的環境を計画的に整備する。 / 際間で相互に補完，触発しあいながら交流している国土を形成する。

	第1次	第2次	第3次	第4次	第5次
基本的課題	1 都市の過大化の防止と地域格差の是正 2 自然資源の有効利用 3 資本，労働，技術等の諸資源の適切な地域配分	1 長期にわたる人間と自然との調和，自然の恒久的保護，保存 2 開発の基礎条件整備による開発可能性の全国土への拡大均衡化 3 地域特性を活かした開発整備による国土利用の再編効率化 4 安全，快適，文化的環境条件の整備保全	1 居住環境の総合的整備 2 国土の保全と利用 3 経済社会の新しい変化への対応	1 定住と交流による地域の活性化 2 国際化と世界都市機能の再編成 3 安全で質の高い国土環境の整備	1 自立の促進と誇りの持てる地域の創造 2 国土の安全と暮らしの安心の確保 3 恵み豊かな自然の享受と継承 4 活力ある経済社会の構築 5 世界に開かれた国土の形成
開発方式等	〈拠点開発構想〉目標達成のため工業の分散を図ることが必要であり，東京等の既成大集積と関連させつつ開発拠点を配置し，交通通信施設によりこれを有機的に連絡させ相互に影響させると同時に，周辺地域の特性を生かしながら連鎖反応的に開発をすすめ，地域間の均衡ある発展を実現する。	〈大規模プロジェクト構想〉新幹線，高速道路等のネットワークを整備し，大規模プロジェクトを推進することにより，国土利用の偏在を是正し，過密過疎，地域格差を解消する。	〈定住構想〉大都市への人口と産業の集中を抑制する一方，地方を振興し，過密過疎問題に対処しながら，全国土の利用の均衡を図りつつ人間居住の総合的環境の形成を図る。	〈交流ネットワーク構想〉多極分散型国土を構築するため， ①地域の特性を生かしつつ，創意と工夫により地域整備を推進， ②基幹的交通，情報・通信体系の整備を国自らあるいは国の先導的な指針に基づき全国にわたって推進， ③多様な交流の機会を国，地方，民間諸団体	〈参加と連携〉—多様な主体の参加と地域連携による国土づくり— （4つの戦略） ①多自然居住地域（小都市，農山漁村，中山間地域等）の創造 ②大都市のリノベーション（大都市空間の修復，更新，有効活用） ③地域連携軸（軸状に連なる地域連携のまとまり）の展開 ④広域国際交流

				の連携により形成。	圏（世界的な交流機能を有する圏域）の形成
投資規模	―	昭和41年度から60年度約130～170兆円累積政府固定資本形成（昭和40年価格）	昭和51年度から65年度約370兆円累積政府固定資本形成（昭和50年価格）	昭和61年度から平成12年度1,000兆円程度公、民による累積国土基盤投資（昭和55年価格）	投資総額を示さず、投資の重点化、効率化の方向を示す。

出典：国土交通省「全国総合開発計画」の比較」2014年12月9日取得, http://www.mlit.go.jp/kokudokeikaku/zs5/hikaku.html

まず，この視点での考察を最初に行った小林（2000）では，日本における地域情報化政策の展開を以下に示す通り大きく三期にわけて捉えられるとされている（小林 2000: 8）。

・第一期：1983年の〈テレトピア構想〉，〈ニューメディアコミュニティ構想〉導入以降，1990年に至る一連の地域情報化政策の模索期ないし導入期
・第二期：自治省『地方公共団体における行政の情報化に関する指針』（1990年）を契機とする，地域情報化政策立案の再活性化
・第三期：90年代後半以降における社会状況・行政環境の変化，情報通信のイノベーションを背景としつつ，新しい発想に立った地域情報化政策の試行の顕在化

小林（2000）以降の論文においては，原則的に小林の区分を踏まえた上での議論が行われることになる。また，2000年以降のITに関連する政策についての考察が行われている点が特徴的な点である。例えば中村・瀧口（2006）では，第1の区分は，1983～1989年の「中央省庁主導の地域情報化政策期」としている。ここでの具体的な取り組みとしては，郵政省によるテレトピア構想や，通産省によるニューメディアコミュニティ構想を挙げている。第2の区分は，

1990～1997年の「自治省主導期」である。地方自治体に対して大きな影響力をもつ自治省が示した「地方公共団体における情報化の推進に関する指針」を示した。この指針は，各省庁から示された地域情報化政策が，モデル地域という一部の地域に限られていたことや，国の事業であるため地域の自主的・主体的な推進をする上で十分ではないという視点から出されたものであった。第3の区分は，1990年代後半以降の「情報通信基盤構築の強調期」である。この時期の政策の特徴としては，バブル崩壊後の低迷する経済状態からの景気回復を目的とした「公共投資の一環」として地域情報化政策が進められていることを指摘している。この時期における具体的な政策としては，①公的アプリケーションの開発と情報通信基盤整備，②地域独自の情報通信基盤の2つに集約することができるとしている。最後に，第4の区分として，「電子政府・電子自治体の流れ」を挙げている。この区分においては，これまで行われてきた地域情報化政策の効果に関する検証がほとんど行われていない現状を指摘している。そのため，この時期における政策は「地域の情報化」に比較して，目標や，到達点が目に見えやすいものである「行政の情報化」が俎上に載ってきたことを指摘している（中村・瀧口 2006: 41-48）。

　他にも，田畑（2005）においては，小林（2000）の時期区分に従った上で，4つ目の区分として，2000年以降の区分を設けている。各時代の政策の特徴としてはおおよそ以下のような分類を行っている。第1の区分である80年代の地域情報化政策としては，各省庁の政策が乱立した時代であるとしている。第2の区分としては，90年代前半の地域情報化政策であるとしている。第3の時代区分としては，90年代後半の地域情報化政策であるとしており，この時代の特徴としては，広域のインフラ整備を行うものが増加したことと，国や自治体，第3セクターに加えて，「行政情報化市場」を目指して富士通やNEC等のコンピューターメーカーの大企業や，NTTや電力系通信会社等が地域情報化に乗り出した点を指摘している。第4の時代区分としては，2000年以降であるとしている。この時代の特徴としては，一つとしては一連のe-Japan政策もあり，電子自治体・電子政府への動きが急速に進んだ点を挙げている。もう一つ大きな影響を及ぼしているものとして「平成の大合併」を挙げている。また，変化の兆しとして2003年に開始された「日経地域情報化大賞」を取り上

第 1 章　地域情報化政策と住民参加

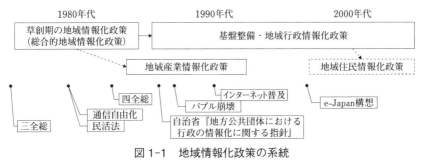

図1-1　地域情報化政策の系統

出典：藤本（2009: 71）より

げており，自治体を対象とせず，あくまで民間団体のみを対象としている点を取り上げ，地域情報化の分野においても「官から民」への動きが起こっていることを指摘している（田畑 2005: 9-30）。

中村・瀧口（2006）や田畑（2005）においては，小林（2000）の分類を踏まえた形で，時間軸での整理を行っている。これに対して藤本（2010）では，当初は産業分野に広く展開されていた総合的な地域情報化政策が1980年代後半になると，行政・住民分野に傾斜していった点を指摘している（藤本 2010: 137）。この経緯を，地域産業情報化政策，基盤整備・地域行政情報化政策，地域住民情報化政策の3つの視点から考察を行っている（図1-1）。ここでは，本書の問題意識と特に関連の強い3点目の地域住民情報化政策についてまとめる。

藤本（2010）では，地域住民情報化政策を次のように定義している。

ITを利用して地域住民間の情報交流を活性化するための政策である。すなわちITを利用したコミュニケーション促進策であるともいえる。また，地域産業情報化政策，基盤整備・地域行政情報化政策，とは次のような点が異なる。第一に，政策の対象が地域の一般住民（消費者）である点である。第二に，当初は地域の草の根活動から始まったものが，地域政策として行政に採用されてきた経緯がある点である。第三に，政策としては地方自治体や地域内の企業・団体によるものに限られ，国レベルの独立した政策が行われていない点である。

（藤本 2010: 150）

ここでの藤本の定義によるところの地域住民情報化政策は，地域住民を対象としたものであり，地域住民の草の根的な活動から始まったものが行政に採用されていくというボトムアップ型の取り組みであり，行政の関与は決して強くないものである。地域住民情報化政策の事例として，地域住民が自費で立ち上げた草の根 BBS，市民電子会議室，地域 SNS などを事例として取り上げている。

他にも，2000 年代以降の地域情報化政策について特に総務省に焦点を当てる形で考察を行っている研究としては高田（2012）を挙げることができる。地域における課題解決は，その地域によって主体的に取り組まれるべきものであるとしている。その上で地域情報化については，基盤整備のみならず，その利活用まで考慮に入れる必要があり，地域のみでは取り組みに困難な場合があるとして，連携を促進させるためには国が適切な役割を果たすことが欠かせないとしている。ここでは，「ICT 基盤整備支援」，「ICT 利活用支援」そして「ICT 人材育成支援」の 3 つの視点からこれまでの施策への考察を行っている。

これらに対する考察としては，全国一律の基盤整備から，地域の様々な課題に応じて具体的な ICT の利活用方法等を示した上で先進モデルを構築，検証し全国に普及・展開させていくことが基本方針となっている。利活用のための ICT システム構築を重視したため，ニーズの把握が不十分であるという問題があるものの，事業の実施主体を自治体のみならず，NPO など地域における新たな活動主体まで広げたことで先進的なプロジェクトが現れることに期待ができるとしている。ただし，実施主体の要件を拡大することで，それらの主体が事業実施できるかどうかの要件審査が求められると指摘している。そこで，今後は利活用実施分野での事業実施に当たっては，人材育成を含めることの必要性を論じている（高田 2012: 145-146）。

1.3 地域情報化政策の問題点

時代的な背景や，各省庁の思惑が絡み合う形で競い合うように行われてきた地域情報化の取り組みであるが，すでに触れたようにこれらの政策に対する批判も数多く存在する。以下では，これまでの地域情報化の取り組みに対してど

のような問題点が指摘されているかについてまとめを行う。

　まず，中央省庁の主導による地域情報化政策の問題点を指摘した研究としては以下の研究を挙げることができる。例えば，伊藤・花田（1999）では，80年代に本格的に情報化が開始された時期の特質と問題点として，4つの側面から指摘を行っている。ここでは，問題点として指摘している2点を中心にまとめる。第1の問題としては，官庁主導のトップダウン方式で推進されたことを指摘している。当時において，自治体が独自に情報システムを設計し運用する能力はなく，民間のシンクタンクへの外注を行うという方法が採用された結果として，独自の創意工夫をこらしたシステム開発につながらなかった。このことは，中央と地方の関係が従来の「上下関係」から脱することができていなかったことや，中央官庁の縦割り行政によるモデル事業がばらばらに推進されたことによって大きな成果につながらなかったことを指摘している。第2点目としては，「情報化」を進める際の「理念」と「実態」が乖離していることを指摘している。その理由として，この時期の情報化は政策的産物であり，導入の正当性を保障するためのディスクールが常に用意されていたが，現実には住民の評価は極めて厳しいものであった。これらの構想は，いずれも「実験的」要素が強く，市民の要求に十分応えるものではなかったとしている。また社会問題を解決し，社会に貢献するという目的で「情報化」の構想が打ち上げられたとしても，実際にはそれは表面的なものに過ぎず，あくまで情報産業育成のための呼び水として機能したことを指摘している（伊藤・花田 1999: 203-205）。

　林（1999）では，情報化は産業化に直結すると考えられ，経済や市場中心の情報化が推進され，生活や文化の面での情報化が現実には進んでいないとしている。このことは，情報の全国化を引き起こしており，このような傾向は上からの情報化であって住民のニーズが忘れ去られてしまうことが多く，行政や経済の論理が優先され，住民の生活や文化の論理が不在となっている点を指摘している（林 1999: 38）。

　小林（2000）では，地域情報化の問題性として以下の3点を指摘している。第1点目としては，「継承された公共投資型地域開発」である。全国総合開発計画に代表される地域開発政策の1つに源流を持つため，「立地」と「建設」を主導原理としてきた公共事業の政策スタイルをほぼ忠実に継承したことが，

地域社会における真の情報化を阻害することになった。中でも従来型公共投資原理が情報化事業になじまない点として，運用経費が認められない点を指摘している。第2点目としては，「省益原理がもたらしたもの」である。アメリカにおいて経済的繁栄を支えている情報通信産業の育成が遠からず日本での重要政策課題になるとの雰囲気の中，従来この領域に関わりの薄かった省庁まで参入してきていることを指摘している。第3点目としては，「地域情報化構想力の欠如がもたらしたもの」である。つまり，政策立案・遂行の現場において地域情報化構想力とでもいえるものが欠けていたことを指摘している。そのため自らの情報化計画を立て得なかった自治体が，中央のシンクタンクに応募プランの委託をすることになった。その結果として，応募プランの大半は類似し，地域の固有性が感じられないものとなったとしている（小林 2000: 9-13）。

　中野（2005）は，これまでの地方自治体における IT 政策は，地方分権と IT 革命の流れにより，数多くのメディアに取り上げられてきた「政策バブル」であり，厳しく結果を問われるような環境にはなく，地方自治体における IT 政策はデモンストレーションだけで許されてきたとしている（中野 2005: 185-187）。また，当時の IT 政策を進める上で必要なこととして，自治体と旧郵政省（総務省情報通信担当部局）との接触を挙げており，今後の情報通信行政の在り方として，国－地方の密接な連携が必要であるとしている。政府主導の取り組みが望ましいが，必ずしも全国画一である必要はなく，都道府県を超えた広域自治体ごとで，政府の定める基準に一定の違いを加えながら政策が展開されるべきであるとしている。この体制を実現するための道筋として，三段階での体制移行を提言している。第一段階としては，中央において情報通信省を創設すること，第二段階として，各地方総合通信局を核にした情報通信行政を展開していくこと，そして第三段階として，三位一体改革や市町村合併に一定の目途が立ち次第，都道府県合併などによる道州制へと移行するとともに，地方総合通信局の権限を道州政府へ統合することとしている（中野 2005: 190-192）。

　木村（2012）では，国内における地域情報化プロジェクトについての言及だけに留まらず，海外との比較にまで踏み込んでいる。日本における地域情報化プロジェクトでは，情報通信産業による地域産業振興，地方行政分野の情報化，住民主体の地域における生活情報化という3つの側面があるが，前者2つに関

してはある程度達成されているものの，「住民主体の生活情報化，参加型コミュニティの創出」に関しては具体的な成果は見られなかったとしている。また，木村が中核的役割として関わった北米，欧州，オセアニアの地域情報化イニシアティブに関する包括的な評価研究である SOCQUIT のプロジェクトで指摘された結果の多くが，日本の地域情報化プロジェクトの課題に当てはまるとしている。それらの具体的な問題としては，トップダウンで中央集権的に管理運営され，長期的持続可能性が損なわれる傾向が強く，事後評価が十分に行われず社会的アウトカムの長期的データに乏しい点などを挙げている。また，プロジェクトにアクセスできる人は限られており，すでに意識の高い人たちが，助成期間に便益を得る可能性が高いが，社会へのより広範な持続的波及効果は見られない点を指摘している（木村 2012: 51-52）。

　また，これまでの取り組みへの批判と，近年の情報化の傾向を踏まえた上で今後への提言を行っているものとしては小林（2008）がある。この論考では，小林（2000）で指摘した問題に対して 2008 年時点からの考察を行っている。地域情報化政策が本格的に動き始めた 1980 年代半ば当時においては，技術的要因からみても，情報化の実績をあげることは難しかったとしている。地域情報化の開始から約 30 年が経過した現在においては，これまではマスメディアを念頭においた「影響」や「効果」が論じられてきた。一方で，当時と現在の違いとして，インターネットが普及した今日では私たち自身が人びとに対して影響を及ぼしうるという「影響への構想力」，人びとと共に情報を想像し共有できる「情報共有への想像力」を抱けるようになった点を指摘している。こうした人々による構想力の広まりを示す事例として日経 BP による「日経インターネットアワード」の受賞団体の事例を取り上げて，これらの受賞団体の特徴としては，従来のような「外から」の政策的働きかけに応えるものではなく，地域内部で広範囲に培われつつある情報化リテラシーに裏打ちされた「下からの情報化」の色彩が濃いことを指摘している。また，今後のより一層の地域情報化の進展のために必要なことは，地方自治改革の一層の推進と，教育のパラダイムシフトであるとしている（小林 2008: 12-16）。

　このように地域情報化に関しては，これまで中央主導型による政策であったため，地域の実情が反映されたものになり得ていなかったことが指摘されてい

る。また，これらの施策に対しても十分な検証が行われていないのが現状であると指摘されている。このような問題点は日本独自のものではなく，諸外国においても同様の問題が指摘されているということを確認してきた。実際，総務省自身によるこれまでの地域情報化政策に対する考察としては，従来の地域情報化は，①情報化そのものが目的とされていること，②拠点的な取り組み・成果が固定的であり，これらが及ぶ対象や地域が限定的であること，③取り組みの時限性と成果の検証が欠如している点を指摘している。その一方で，今後の地域情報化の特徴としては，①現実問題解決型の取り組み，②地域横断的な取り組み，③継続的な取り組みが必要であるとしている[1]。

1.4 日本におけるIT戦略

第3節までは，地域情報化政策のこれまでの経緯とその問題点について検討してきた。本節ではITおよび，ICTに関する政策の変遷に焦点を当てて，特に小林（2008）でも指摘していたようなこれまでのマスメディアを念頭に置いた議論ではなく，インターネットが普及した環境における情報化政策が今日に至るまでにどのような変遷を遂げてきたのかを明確にする。言い換えれば，従来の地域情報化政策においては，住民参加政策の契機はほとんど認められなかった。一方で，コミュニケーション・テクノロジー（インターネット）の登場によってはじめて住民参加を想定した地域情報化政策の立案が可能になったと言えるだろう。

1.4.1 e-Japan戦略I

e-Japan戦略の起源は，2000年11月に制定され2001年1月に施行された高度情報通信ネットワーク社会形成基本法（IT基本法）である。この法律を受ける形で，「e-Japan戦略」が策定された（表1-2）。この戦略における重点政策分野としては，1）超高速ネットワークインフラ整備及び競争政策，2）電子商取

---

[1] 総務省HP「地域情報化の進め方について（1）」，http://www.soumu.go.jp/soutsu/tokai/siensaku/suisin_manual/tiiki/jouhouka2/jouhouka2-1.html（リンク切れ）

表 1-2　国家戦略の歩み　平成19年版情報通信白書

戦略名	e-Japan 戦略	e-Japan 戦略Ⅱ	e-Japan 戦略Ⅱ 加速化パッケージ	IT 政策パッケージ	IT 新改革戦略
決定年月	平成13年1月	平成15年7月	平成16年2月	平成17年2月	平成18年1月
理念	・我が国が5年以内に世界最先端のIT国家となる	・IT基盤整備からIT利活用へ	・e-Japan戦略Ⅱを加速させ、「2005年までに世界最先端のIT国家になる」との目標を達成する	・IT利用・活用を一層進め、国民がITによる変化と恩恵を実感できる社会の実現	・2010年度にはITによる改革を完成し、持続的発展可能な自律的で、誰もが主体的に社会の活動に参画できるIT社会の実現
概要及び重点政策分野	・国民の持つ知識が相互に刺激し合うことによって様々な創造性を生み育てるような知識創発型の社会を目指す。 ・超高速ネットワークインフラ整備及び競争政策 ・電子商取引ルールと新たな環境整備 ・電子政府の実現 ・人材育成の強化	・医療、食、生活、中小企業金融、知、就労・労働、行政サービス分野でのIT利活用の推進 ・次世代情報通信基盤、安全・安心な利用環境、次世代の知を生み出す研究開発の推進、人材育成・学習振興、ITを軸とした新たな国際関係等の新しいIT社会基盤の整備	・アジアを中心としたIT分野の国際戦略策定 ・セキュリティ政策の強化 ・コンテンツ政策の推進 ・IT規制改革の推進 ・e-Japan戦略内のPDCAサイクルの定着 ・電子政府・電子自治体の推進	・電子政府・電子自治体の推進 ・医療制度・診療のIT化 ・IT教育推進、IT人材育成 ・安全・安心の確保 ・電子商取引の推進 ・情報セキュリティ、個人情報保護 ・アジアを中心としたIT国際政策の推進 ・研究開発	・ITの構造改革力の追求 ・IT基盤の整備 ・世界への発信 （図表3-1-2参照）

出典：総務省「平成19年版情報通信白書」（p. 249 より）

引と新たな環境整備，3）電子政府の実現，4）人材育成の強化，の4つが掲げられている。

　e-Japan戦略の中では，2005年まで常時接続可能な環境の目標を「高速3000万世帯超，高速1000万世帯」としたのに対し，「高速（DSL）が4630万

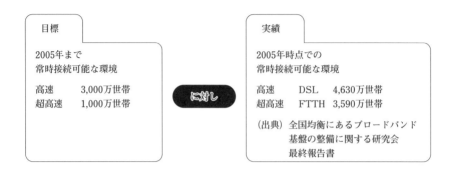

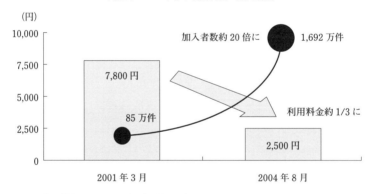

＊利用料金：DSL の月額利用料金　加入者数：DSL・CATV・FTTH の合計

図 1-2　e-Japan 戦略の目標達成状況

出典：総務省「u-Japan 政策」，2013 年 12 月 7 日取得，http://www.soumu.go.jp/menu_seisaku/ict/u-Japan/new_outline01.html

世帯，超高速（FTTH）が 3590 万世帯」を達成した。また，利用料金，加入者数の点で見ても，利用料金が三分の一に，加入者数が 20 倍を達成（図 1-2）するなど，環境整備の面においては当初の目標を達成したということができる。

2000 年代初頭におけるこれらの政策における住民参加に関する位置づけとしては，「e-Japan 戦略Ⅰ」のもとに策定された「e-Japan 重点計画」の中に見て取ることができる。ここでの住民参加に関する記述としては，「1. 基本的な

方針（2）目指すべき高度情報通信ネットワーク社会の姿」において世界最先端の IT 国家の姿として 4 点が掲げられている中の 3 点目「ゆとりと豊かさを実感できる国民生活と，個性豊かで活力に満ちた地域社会が実現された社会」の中に言及がある。

> *2003 年度には電子情報を紙情報と同等に扱う電子政府が実現され，また電子商取引の市場規模が 70 兆円を大幅に上回るまでに成長し，更には遠隔教育や遠隔医療等も普及することにより，地理的な制約や年齢・身体的条件に関係なく，<u>すべての国民がインターネット等を通じて，いつでも必要とするサービスを受けることができると同時に，様々なコミュニティへの社会参加等を行えるようになる。</u>*
> （出典：首相官邸「e-Japan 重点計画 （1）基本的な方針」，2014 年 12 月 9 日取得，http://www.kantei.go.jp/jp/singi/it2/dai3/3siryou41.html）

このように，基本的な方針の中での言及が行われている。他にも「e-Japan 重点計画」の中において 5 つの重点計画が掲げられており，この中における 4 点目である「(iv) 行政の情報化及び公共分野における情報通信技術の活用の推進」において次のような記述がなされている。

> *保険，医療，福祉，文化，交通，防災等のあらゆる公共サービスの分野での情報化の推進が，多様かつ質の高い公共サービスの提供を行うことにより，国民生活の全般的な質の向上が期待されるとしており，これらを活用することの結果として，<u>国民が主体的にネットワークを形成し，行政への参加，地域活動，社会活動へ参加することで，真に豊かさを感じる生活が推進されることが期待される。</u>*
> （出典：首相官邸「e-Japan 重点計画 （1）基本的な方針」，2014 年 12 月 9 日取得，http://www.kantei.go.jp/jp/singi/it2/kettei/020618-2-4.html）

これらの記述を見て確認できることは，住民参加に関しては e-Japan 戦略を行った結果もたらされるであろう副次的な効果として述べられるに留められて

おり，具体的に住民参加を促すための施策までは行われてはいないということである。

1.4.2 e-Japan 戦略Ⅱ

これまでまとめてきたようにe-Japan戦略Ⅰにおいては，ITの基盤整備に重点が置かれて進められてきた。一方でe-Japan戦略Ⅱにおいては，基盤整備はすでに達成されつつあるとして，ITの利活用による「元気・安心・感動・便利」社会を目指すことを基本理念として掲げている[2]。また「Ⅱ先導的取組によるIT利活用の推進」においては，国民にとって身近で重要な7つの分野における取り組みとして，「1医療，2食，3生活，4中小企業金融，5知，6就労・労働，7行政サービス」を挙げている。それと同時にIT基盤整備を進めることを掲げている。

以上のようにインフラ整備に注力したe-Japan戦略Ⅰにおいても，それを引き継ぐ形でのe-Japan戦略Ⅱにおいても，具体的な施策のレベルでの住民参加を促進するための戦略に関しては理念目標が示されるに留まっており，この時点においては具体的な戦略が明示されていない（表1-3）。

一方で，e-Japan戦略Ⅱにおける特徴の一つとして「ユビキタスネットワーク社会」という言葉が用いられ始めたことを指摘することができる。総務省では，2004年3月より「ユビキタスネット社会の実現に向けた政策懇談会」を開催している。この会議の最終報告書の中において，e-Japan政策の後継政策として策定されることになるu-Japan政策にむけた構想が行われたことを確認できる[3]。同年の情報通信白書においても，「特集「世界に拡がるユビキタスネットワーク社会の構築」」として120ページにもわたる特集が組まれていることからも当時の総務省が大きな関心を寄せていたことを確認できる。ここでの議論を簡潔にまとめるとおおよそ以下の通りである。

2004年の情報通信白書では，日本独自の新しい概念としてユビキタスネッ

---

[2] IT戦略本部，http://www.kantei.go.jp/jp/singi/it2/kettei/030702eJapan.pdf
[3] 総務省「「ユビキタスネット社会の実現に向けた政策懇談会」最終報告書」，2015年5月12日取得，〈http://www.soumu.go.jp/main_sosiki/joho_tsusin/policyreports/chousa/yubikitasu_j/pdf/riyou041119_2_s8.pdf〉

表1-3 IT戦略の流れ

	出来事
1994年	「高度情報通信社会推進本部」を内閣に設置
2000年	情報通信技術戦略本部（IT戦略会議）
2000年	IT基本法制定（2001年1月施行）
2001年	高度情報通信ネットワーク社会推進戦略本部（IT戦略本部）
2001年1月	e-Japan戦略
2001年3月	e-Japan重点計画
2003年7月	e-Japan戦略II
2003年8月	e-Japan重点計画-2003
2006年	IT新改革戦略

出典：首相官邸「IT戦略本部」，2015年2月26日取得，http://www.kantei.go.jp/jp/singi/it2/enkaku.html

トワーク社会という言葉の普及を試みている。マーク・ワイザーが用いた「ユビキタス・コンピューティング」という概念においては，コンピューターをどこにいても活用できることを意味していた。これに対して，日本におけるユビキタスネットワーク社会とは，個別の情報通信の活用を指すのではなく，情報機器からネットワーク，プラットフォーム，そしてサービスまで含めた広い概念であり，インターネットが普及した後の時代の新しい情報通信環境やその利活用を指す概念であるとしている（総務省 2004: 85-91）。

1.4.3 u-Japan政策

e-Japan政策IとIIにおいて基盤整備を終えたことや，前述のユビキタスネットワーク社会に関する取り組みを受けて，u-Japan政策においては，本格的にICTの利活用に焦点が当てられることとなる。また，これまでのe-Japan政策との比較として特徴的な点として，e-Japan政策においては「IT（= Information Technology）」という言葉が用いられていたのに対して，u-Japan政策においては「ICT」が用いられるようになったことも象徴的な変化であると言える。

u-Japan政策における三つの基本軸としては，「ブロードバンドからユビキタスネットへ」，「情報化促進から課題解決へ」，「利用環境整備の抜本強化」が

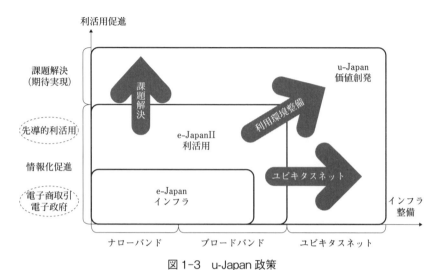

図 1-3　u-Japan 政策

出典：総務省「u-Japan 政策」，2014 年 12 月 9 日取得，http://www.soumu.go.jp/menu_seisaku/ict/u-Japan/new_outline01b.html

挙げられている（図1-3）。中でも「情報化促進から課題解決へ」では，e-Japan 戦略から u-Japan 戦略への移行の背景が説明されている。

■情報化促進から課題解決へ

これまでの利活用は，情報化の遅れた分野を後押しするための取組が中心でした。今後は 21 世紀の社会課題を解決するために ICT を積極的に利活用する段階に移行していきます。その結果，社会に役立つ具体的なツールとして ICT をより深く実感できるようになります。

（出典：総務省「u-Japan 政策」，2014 年 12 月 9 日取得，http://www.soumu.go.jp/menu_seisaku/ict/u-Japan/new_outline01b.html）

u-Japan 政策では上述した 3 つの基本軸のもと，少子高齢化社会における山積みの課題を ICT を用いて解決することを目標として設定している。またここでは，2010 年の期限までにそれぞれの領域における実現すべき目標設定が行われている（図1-4，図1-5）。

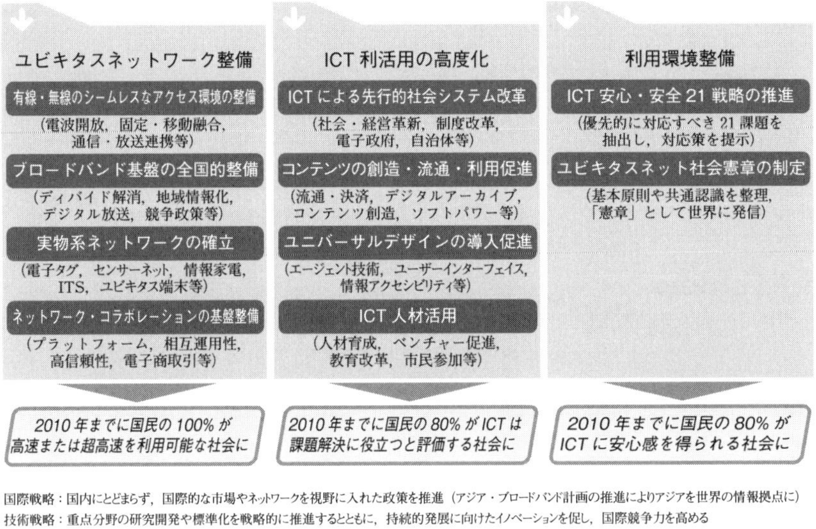

第1章　地域情報化政策と住民参加

ユビキタスネットワーク整備	ICT利活用の高度化	利用環境整備
有線・無線のシームレスなアクセス環境の整備 （電波開放、固定・移動融合、通信・放送連携等）	ICTによる先行的社会システム改革 （社会・経営革新、制度改革、電子政府、自治体等）	ICT安心・安全21戦略の推進 （優先的に対応すべき21課題を抽出し、対応策を提示）
ブロードバンド基盤の全国的整備 （ディバイド解消、地域情報化、デジタル放送、競争政策等）	コンテンツの創造・流通・利活用促進 （流通・決済、デジタルアーカイブ、コンテンツ創造、ソフトパワー等）	ユビキタスネット社会憲章の制定 （基本原則や共通認識を整理、「憲章」として世界に発信）
実物系ネットワークの確立 （電子タグ、センサーネット、情報家電、ITS、ユビキタス端末等）	ユニバーサルデザインの導入促進 （エージェント技術、ユーザーインターフェイス、情報アクセシビリティ等）	
ネットワーク・コラボレーションの基盤整備 （プラットフォーム、相互運用性、高信頼性、電子商取引等）	ICT人材活用 （人材育成、ベンチャー促進、教育改革、市民参加等）	
2010年までに国民の100%が高速または超高速を利用可能な社会に	2010年までに国民の80%がICTは課題解決に役立つと評価する社会に	2010年までに国民の80%がICTに安心感を得られる社会に

国際戦略：国内にとどまらず、国際的な市場やネットワークを視野に入れた政策を推進（アジア・ブロードバンド計画の推進によりアジアを世界の情報拠点に）
技術戦略：重点分野の研究開発や標準化を戦略的に推進するとともに、持続的発展に向けたイノベーションを促し、国際競争力を高める

図1-4　2010年までの目標設定

出典：総務省「u-Japan政策」、2014年12月9日取得、http://www.soumu.go.jp/menu_seisaku/ict/u-Japan/new_outline01b.html

　このようにu-Japan戦略においてはじめて、ICTを活用した課題解決が打ち出されるようになる。しかし、u-Japan戦略の目標期限として定められた2010年をすでに8年過ぎているが、ICTの利活用に関しては十分な効果を挙げているとは言いがたい状況にあると言えるだろう（総務省2010: 30）。一方で、2000年以降においては政策レベルで見た際には、ICT利活用推進に関する施策が特に地域社会を対象として積極的に展開されてきているという事実も見逃してはならない。高田（2012）では、2000年代以降における主な事業を取り上げている。それらの事業の特徴としては、課題解決手段としてのICT導入効果が明示的に示され、その導入を広く推進する事業を行うというアプローチになっているとしている。ここで挙げられている具体的な事業としては、「eまちづくり交付金事業」、「地域情報化総合支援事業」、「地域ICT利活用モデル構築事業及び地域ICT利活用広域連携事業」、「ユビキタスタウン構想推進事業及びICTふるさと元気事業」そして「地域情報プラットフォーム推進事業及び地域情報プラットフォーム活用推進事業」である。また近年では、小林

我が国の IT 戦略の歩み

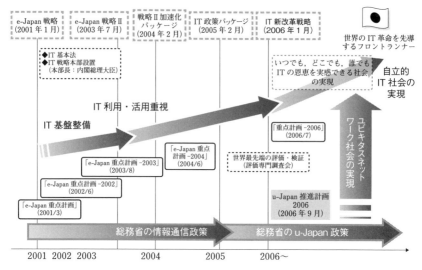

図 1-5　IT 戦略の歩み

出典：総務省「u-Japan 政策」，2014 年 12 月 9 日取得，http://www.soumu.go.jp/menu_seisaku/ict/u-Japan/new_outline01b.html

(2008) においても指摘されていた点であるが，地域 ICT 人材育成に関する施策についての取り組みが行われるようになってきている。しかし，この施策に関しては短期的には効果が得られにくいこともあり，施策は限定的であるとしている（小林 2008: 141-145）。

1.5　e-participation

前節では日本における ICT 戦略は，従来の基盤整備からツールの利活用という段階に移行してきていることを確認した。このような変化に伴い，ICT と行政学という関連で見ると e-government（電子政府，電子自治体）等の言葉が注目を集めるようになってくる。この領域の中でも，特に ICT と民主主義の関連に焦点を当てた研究分野として e-democracy という研究分野が登場する。以下では，これまで論じてきた日本における一連の政策動向を，行政学に

第1章　地域情報化政策と住民参加

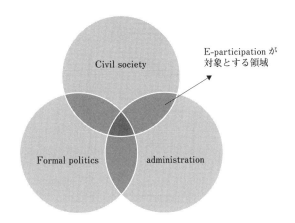

図1-6　e-participationの対象とする研究領域

Saebo et al. (2008), pp. 402-403を参考に筆者作成

おいて近年論じられはじめたe-democracyなかんずく住民参加に焦点を当てた研究分野であるe-participationという理論的文脈のもとに位置づけて論じる。

　まず，e-participationの従来の研究領域との位置づけについては次のようなまとめが行われている。例えば，Macintosh (2004) によると，e-participationはe-votingとともに，e-democracyを構成する研究分野の1つの領域であると定義づけられている。また，Sanford & Rose (2007) では，e-participationはいくつかの他の領域と関係していて，他のいくつかはe-participationの研究分野より発達している。e-participationの母体となる領域は，e-democracyと考えられておりe-votingが近い関係にあるとしている。

　また，別の視点から研究領域の定義を行っているものとして，Saebo et al. (2008) では，e-participationが対象とする研究領域についての概念整理を行っている (図1-6)。この研究においてe-participationは，市民社会圏 (civil society sphere) と公式な政治圏 (formal political sphere)，市民社会圏 (civil society sphere) と行政圏 (administration sphere) の間における技術を媒介とした相互対話と理解されている。しかしあくまでも，e-participationの焦点は市民であるとしている。e-participationの目的は，デジタルガバナンスに参加させるために市民の能力を増やすことであり，他のボランティア組織やビジネスも

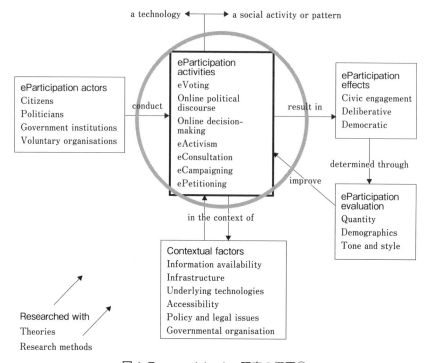

図 1-7 e-participation 研究の概要①

Saebo et al.（2008）より

e-participation の文脈に関係はあるが，e-participation の主要な目的ではないとしている。行政権と政治圏には市民は含まれていないので，あまり焦点があたっていない。一方で市民社会と行政圏では，以下の 2 点において特に関係がある。第 1 点目としては，市民は行政改革の計画や開発に組み込まれているという点，第 2 点目としては，市民は新たな電子政府サービスの計画や開発に組み込まれているという 2 点であるとしている（Saebo et al. 2008: 402-403）。

本章においてまとめたように，近年では ICT の利活用の広まりとともに，e-participation に関する研究にも注目が集まるようになってきている。実際 e-participation を研究分野の 1 つとして成立させるための試みも行われてきている。例えば，Saebo et al.（2008）では，e-particiation に関連する論文 131 本をもとに，誕生しつつある研究領域とされる e-particiation の概要把握を行っ

第1章 地域情報化政策と住民参加　　41

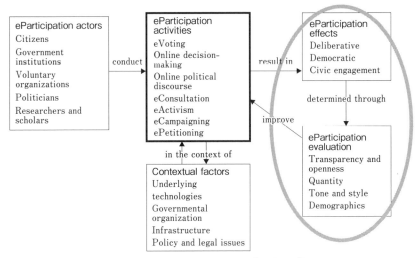

図1-8　e-participation 研究の概要②

Medaglia（2012）より

ている。その上で，研究領域の全体像のモデルとして 図1-6を提示している。しかし，この研究領域は未成熟で，移り変わりが激しいこともあり，あくまでも研究領域としてのスタート地点を示しているものに過ぎず，定義的な説明にはなり得ていないとしている（Saebo et al. 2008: 422）。

　Saebo et al.（2008）の研究では，2006年3月末時点で収集できた研究論文のみを対象としていたため，その後の急速なソーシャルメディアの普及状況が反映された研究論文が必ずしも対象となっていなかった（図1-7）。そのため，Medaglia（2012）では，Saebo et al.（2008）の研究の後の e-particiation に関する研究領域の動向を把握することを目的に，2006年4月から2011年3月までの間の研究論文122本を対象とした研究を行っている。ここでは Saebo et al.（2008）が調査対象とした期間に比べて，Medaglia（2012）が調査を行った期間では，より積極的に研究が行われるようになってきているという点を指摘しており，月に2本の研究論文が出版されている（図1-8）。

　また近年の当該研究領域における大きな特徴として，Saebo et al.（2008）に比べると，Medaglia（2012）では，研究関心が e-particiation の活動についての

研究から，効果や評価に関するものに移りつつあるとしている（Medaglia 2012: 354）。本書は，ここでのまとめを行ったように Saebo et al.（2008）や，Medaglia（2012）らが行ってきた研究の理論的文脈の延長線上に位置づけることができる。

1.6 まとめ

　本章では，地域情報化政策のこれまでの展開の経緯について歴史的な視点から考察を行ってきた。特に住民参加という視点から見た場合には，e-Japan 政策による IT 環境の基盤整備による普及率の増加とそれに伴う利用人数の増加という形での環境整備，そして u-Japan 戦略による ICT の利活用政策の重点化が大きな役割を果たしていると考えることができる。さらにこれらの延長線上の議論として，利活用の一形態である電子政府の議論が登場することとなる。この研究領域の中でも特に民主主義理論との関連が強い e-participation という新たな研究テーマに注目が集まっているということの確認を行ってきた。このことは，e-Japan 戦略や，u-Japan 戦略による ICT 環境の整備に伴ったツールの利活用という視点でのみ住民参加に焦点が当てられているのではなく，学術的な研究対象としても ICT を活用した住民参加に注目が集まっているということについて明らかにした。

第 2 章　補完性の原理

　第 1 章では，情報通信技術の発展や ICT 利活用の社会基盤の整備と住民参加の関連について考察した。一方で，本章では，住民参加が広まるに至った社会的背景について，補完性の原理に焦点を当てて議論を行う。本章の構成としては以下に示す通りである。第 1 節においては補完性の原理の起源をヨーロッパに求めて，どのような展開を遂げてきたかについての考察を行う。第 2 節においては補完性の原理が，どのような経緯で日本に導入されたかについての一連の地方分権改革における議論に焦点を当てて検証を行う。さらに第 3 節では，第 2 節での議論を踏まえる形で，日本において，補完性の原理と住民参加の考え方がどのようなきっかけで一緒に論じられるようになったかについての考察を行う。最後に第 4 節において全体のまとめと考察を行う。

2.1　ヨーロッパにおける補完性の原理

2.1.1　補完性の原理の概要
　ヨーロッパ評議会の下で作成された「補完性の原理の定義とその限界」（1994=2004）は，ヨーロッパ評議会地方・地域自治体指導委員会のために，「補完性の原理に関する専門家グループ」が取りまとめを行った報告書である。以下では，この報告書を参考にしながら補完性の原理についての概要の確認を行う。
　まず，この報告書がまとめられるに至った背景としては，①経済危機に関する国家制度の組織と地方自治体の将来に関する今日の不確かさ，②市民参加の

拡大と具体的状況に適応した決定の必要性がかつてないほど強まっている，③示唆に富む参考書の必要性，④高度な発展を遂げた諸国における交易と経済の発展が様々な行政レベルでの相互浸透の増大と増殖を引き起こし，諸構造が複雑になってきていることの4点が挙げられている。これら全ての要因の結果として，民主主義と地方制度について新たに全体的に考察を行うことの必要性が指摘されている。また，同報告書の中には，補完性の原理の考え方には漠然とした部分が存在しており，他方で，この漠然性ゆえに，この概念が欧州共同体の議論発展に関する過程で，共同体をより拡大しようと考えている人々にも，縮小しようとしている人々にも受け入れられたとしている（大津・廣田 2004: 113-114）。

次に「補完性の原理」の語義についてのまとめである。「補完性の原理」におけるそもそもの語義をラテン語の語源まで遡ると，2つの相対立する解釈がもたらされるという点を指摘している。「補完的（subsidiaire）」という言葉の第1の意味は，「予備の観念」を想起させる。この意味では，政府による介入の禁止を原則づけるものであり，少なくともその介入が正当または望ましいと考えられる条件の明確化を要求するものである。権力制限の意味であるが規範的な性格を持つものではなく，むしろある傾向を示すものであるとしている。第2の意味としては，援助（subsidium）の理念を呼び覚ます。これは，むしろ介入の理念を含意しているが，当局が介入の権利ではなく，義務を持つかどうかを判定することが問題となっている（Communes et regions d'Europe 1994=2004: 117）。

同報告書の中においては補完性の原理は，以下の3つの意味で理解されているとしている。

― 一つは，再発見されつつある哲学的な意味であるが，それは，現代社会の分析道具の一つ，おそらく現代社会の制度改革の指導原理の一つとなるという目的にまで洗練されるかもしれない。
― もう一つは，いまだに揺らいでいる法的な意味であるが，そのより明確な定義は技術的反対のみならず原理的な反対にも直面している。
― もう一つは技術的な意味であるが，それは異なる政府レベルの各権能

とそれらの権能の再配分の可能性を審査するための基準である。したがって，この原理は権能を定義し配分するときのみならず，その権能を実行するときにも指針として役立ちうる。
したがって，この原理は，制度的な視点のみから見れば，以下の三つのレベルで機能するであろう。
一　制度組織（それぞれの権能の範囲内で，法的能力とこれを行使する実効的手段を与えられた様々なレベルの間における―地方自治体の権能に限られない―公的権能全般の配分を意味する）
一　公権力の政策を定式化する際の基準として（政策の定式化）
一　政策の実施方法を定義する際の基準として（政策の実施）

（出典：大津・廣田訳 2004: 118）

　このような定義づけを行った上で，一方では，権力構造における上級レベルの団体への権能の移譲を正当化すること，他方では，市民に最も身近なレベルで特別な権能を持たせることを意味しているとしている（Communes et regions d'Europe 1994=2004: 118）。
　澤田（1992）では，補完性の原理という概念が「明示的に」ECの公式文書に登場するのは，1975年5月の『欧州同盟に関する報告』であるとしている。この報告書の中では，補完性原理は共同体の権限に対する制約原理として説明されており，同盟への権限移譲については，加盟諸国が効率的に対処できない事柄に限定され，同盟権力が「集権的超国家」にならぬように歯止めをかけるための原理として説明されている。この点から見ると，補完性の原理は，加盟諸国の権限を最大限に尊重する分権主義原理のように見える。一方で，1980年以降統合運動が加速的に発展するとともに，頻繁に援用されるようになったことを指摘している。実際，補完性原理についての論者の中には，国家主権の急速な浸食を恐れる人々をなだめるための議論だという視点に立つ者と，ECの超国家化や集権化のための手段であるとするものがいるとしている（澤田 1992: 31-32）。このような状況を踏まえて，分権的な原理なのか，集権的な原理なのかという視点からの考察を行っている。ここでの考察としては，本来分権的であるが分権主義原理でも集権主義原理でもなく，それぞれの状況におい

て全体の公共善の促進のために，権能，権限や責任の配分を最適化する配分・配属原理であるとしている（澤田 1992: 47）。

2.1.2 欧州における広まり[1]

補完性の原理の起源を辿ると，キリスト教の社会思想にまで遡ることができる。以下では，補完性の原理がいかにしてヨーロッパにおいて普及してきたかについての経緯をまとめる。

(1) 『クアドラジェジモ・アンノ』（1931 年）

補完性の原理という名称を最初に用いて詳細に論じたのは，ローマ教皇ピウス 11 世の社会回勅『クアドラジェジモ・アンノ』であると言われている[2]。この回勅の中には，1930 年代の状況において全体主義国家の脅威に対して，個人，家庭，民間組織，私有財産の尊厳と権利を守り主張することに置かれている[3]。

> つまり，昔は小さな集団が行っていた多くのことが，社会状態のもろもろの変化のもとで今や大きな集団でなければ遂行できなくなっているということは歴史が明らかに示しているように，真実ではあるが，それにも拘わらず常に確固不動で，変更も牽強付会も不可能なのは，社会哲学のあの，きわめて重要な原理である。すなわち，個々の人間が自らの努力と創意によって成し遂げられることを彼らから奪いとって共同体に委託することが許されないのと同様に，より小さく，より下位の諸共同体が実施，遂行できることを，より大きい，より高次の社会に移譲するのは不正であると同時に，正しい社会秩序に対する重大損害かつ混乱行為である。けだし，社会のあらゆる活動は，その権能と本性ゆえに，社会の成員たちに補助を提供せねばならず，彼らを破壊し吸収するようなことは決してあってはなら

---

1) 以下での区分は矢部（2012）を参考に行った。
2) 澤田昭夫（1992）.「補完性原理 The Principle of subsidiarity ―分権主義的原理か集権主義的原理か？」『日本 EC 学会年報』，第 12 号, pp. 31-61.
3) 同上, p. 37.

ないからである。

　したがって国家の最高権力は，もし自ら関わっていると本来の任務への精力集中を著しく妨げるような副次的業務，問題の処理を，より下位の諸グループに任せるべきであり，そうすれば，最高権力のみに遂行可能であるがゆえに最高権力のみに属するすべての業務を，状況が勧め必要が迫る指導，監督，奨励，抑制を通じて，より自由，より強力，より効率的に執行できるようになろう。それゆえ為政者たちに確信して貰いたいのは，この補完義務の原理を守ることによって，多様な諸集団のあいだの段階的秩序がよりいっそう強化されれば，社会組織の権威と効率はいっそう秀で，国家政体はいっそう幸福かつ豊かになる，ということである。

（澤田　訳 1992）

(2)　欧州連合条約

　ヨーロッパにおいて補完性の原理は，共同体と加盟国の関係を規律する原則として用いられた（矢部 2012: 7）。欧州連合条約における補完性の原理の取り扱われ方については，以下の通り整理を行うことができる。まず，最初に補完性の原理が確認できた条例として澤田（1992）では次の通り指摘している。ローマ条約では第235条において，共同市場完成のために必要であれば，条約が特に定めていない行動でもそれを起こす権限をEECに与えていることから，この規定は中央集権的ではなく「補完的権能」であるとして，明示的ではないものの含蓄的に補完性の原理の考え方を読み取ることができるとしている（澤田 1992: 43-44）。矢部（2012）では，補完性の原理は表2-1にまとめた条約の中においても確認することができるとしている。現行の欧州連合条約では，補完性の原則については条約の中における3カ所において確認できるとしている。

　前文：<u>補完性の原則に従い，できる限り市民に近いところで決定が行われる</u>。

　第1条【連合の設立】：この条約により，締約国は，加盟国が共通の目的を達成するために権限を付与する欧州連合（以下「連合」という。）を，締

表2-1　欧州連合条約の中における補完性の原理

	出来事
1957年3月	ローマ条約（欧州共同体設立条約，欧州原子力共同体設立条約）
1992年	マーストリヒト条約により，欧州連合条約（B条第二項），欧州共同体設立条約（第3b条）
1997年	アムステルダム条約
2007年	リスボン条約

出典：矢部（2012）を参考に筆者作成

約国間に設立する。

　この条約は，欧州国民間に一層緊密化する連合を創設する過程において新たな段階に踏み出すものであり，<u>連合の決定はできる限り市民に近いところで決定が行われる</u>。

　連合は，この条約および欧州連合運営条約（以下「両条約」という。）を基礎にする。これらの二つの条約は，同一の法的価値を有する。連合は欧州共同体に置き換わり，かつ，これを継承する。

　第5条3項【権限に関する三原則】：<u>補完性の原則の下</u>で，連合は，その排他的権限に属さない分野においては，提案される行動の目的が，加盟国の中央レベル又は地域及び地方のレベルのいずれにおいても十分に達成することができず，提案される行動の規模又は効果のために連合レベルでより良く達成され得る場合に限り，行動する。連合の機関は，補完性および比例制の原則の適用に関する議定書に定める補完性の原則を適用する。国内議会は，その議定書に定める手続きに従い，補完性の原則の尊守を確保する。[4]

(3)　ヨーロッパ地方自治憲章

　廣田（2004b）によると，「ヨーロッパ地方自治憲章」の制定をめぐる起源としては，スイスの国制史家アドルフ・ガッサーのアイデアであったとしている。

---

4)　条約の引用は，『国際条約集2013年版』による

ナチズム，ファシズムに席巻されてしまったヨーロッパでは，民主主義に対しての自信をなくしていた。ガッサーは，そのような状況の中で民主主義には「強靭な民主主義」と「脆弱な民主主義」があると主張し，強靭な民主主義というのは市町村の自由（地方自治）がなければ政治的民主主義も社会的民主主義も持続しえないという考え方を示した。また，アドルフ・ガッサーは1953年に第1回ヨーロッパ市町村会議において「市町村の自由の憲章」（宣言）の採択にも尽力しており，これは今日の「地方憲章」における萌芽であるともされている（廣田 2004b: 1）。

また，1980年代におけるEC統合の進展により，「欧州共同体の中央集権化」や，「民主主義の赤字」といった現象が顕著になった。この過程で，EC構成国の地方自治に影響を及ぼす政策がEC中枢部の一部でのみ決定されるようになり，地方自治体はその決定に関与できない状態にあった。このような状況下で，ヨーロッパの中央集権化への対抗のために，ヨーロッパ・レベルの地方自治保障の制度化を要求するに至った。これが，「ヨーロッパ地方自治憲章」の誕生の背景であるとしている（廣田 2004b: 1-2）。ヨーロッパ地方自治憲章は，全文と18カ条で構成されている。この中においては，第4条3項の中において「補完性の原理」を読み取ることができる。

> 3. 公的部門が担うべき責務は，原則として，<u>最も市民に身近な公共団体が優先的にこれを執行するものとする。</u>国など他の公共団体にその責務を委ねる場合は，当該責務の範囲及び性質並びに効率性及び経済上の必要性を勘案したうえで，これを行わなければならない。[5]
>
> （出典：ヨーロッパ地方自治憲章草案　第4条3項より[6]）

(4) 世界地方自治憲章草案

世界地方自治憲章は，ハビタット（国連人間居住センター）において検討が

---

[5] 地方分権改革推進会議HP，2015年3月21日取得，〈www8.cao.go.jp/bunken/h13/014/1-5.pdf〉

[6] 訳語は，「全国知事会自治制度研究会HP」，2015年3月21日取得，〈http://www.nga.gr.jp/ikkrwebBrowse/material/files/group/3/7post-936siryou4.pdf〉による。

進められてきた（表2-2）。この検討は，地方自治体について，「人間居住の持続的な発展に効果的に貢献する能力」を強化することを目的として，地方自治体の責務や財源についてのあるべき姿等を定めようとするものであった。一連の欧州連合条約の中においては，明示的に示されず含蓄的な記述に留まっていたのに対して，世界地方自治憲章の中においては補完性の原理という言葉が用いられている。また世界地方自治憲章においては，「補完性の原理」という言葉とともに，「近接性の原理」という言葉が用いられている。山田（2007）では，「世界地方自治宣言」は，「ヨーロッパ地方自治宣言」，「維持可能な発展」，「アジェンダ21」などと並んで，補完性の原理や参加民主主義の考え方が導き出されるきっかけとなり，維持可能な地方自治構築の課題として各国の改革の中に取り入れられるようになってきており，さらにここから，地方自治の公共性と民主主義の理念が導き出されているとしている（山田 2007: 260-261）。

3. 行政の責務は一般的に市民に一番近い行政主体によって行われるべきである，ということを意味する<u>補完及び近接の原理に基づき</u>，地方自治体の責務の中央政府等他の行政主体への移転は，技術的・経済的な効率性の要請に基づくものであり，また，市民の利益により正当化されるものでなければならない。　　　　　　（出典：世界地方自治憲章　第4条3項より[7]）

ここで，「近接性の原理」が加えられていることの意義としては，補完性原理の多義性をふまえて，草案策定者達の定義を明確にするために「近接性」という言葉がつけ加えられたことにある。廣田（2004a）によると，ヨーロッパ地方自治憲章から世界地方自治憲章まで，「補完性の原理」の概念は「近接性の原理」として用いられており，基礎自治体優先の事務配分の意味で使われている（廣田 2004a: 106-107）。また住民参加という視点から見た場合には，「世界地方自治憲章草案」の第10条において「市民参加とパートナーシップ」の項目が設けられている。

7）　訳語は，「全国知事会自治制度研究会HP」，2015年3月21日取得，〈http://www.nga.gr.jp/ikkrwebBrowse/material/files/group/3/7post-936siryou4.pdf〉による。

第 2 章　補完性の原理　　　　　　　　　　　　　　　　51

表 2-2　世界地方自治憲章制定の動きについて

	出来事
1985 年	欧州評議会，ヨーロッパ地方自治憲章を採択 IULA，第 27 回総会（リオ・デ・ジャネイロ）において地方自治政府の原則に関する世界宣言採択
1993 年	IULA，第 31 回総会（トロント）において地方自治政府の原則に関する世界宣言更新（分権化と民主化の流れを反映した前文）
1996 年	ハビタット（イスタンブール）に国連の会議としては初めて地方自治体が公式参加 ガリ国連事務総長が地方自治体を国連のパートナーとして認知，協力関係の制度化を言明。 これに先駆けて WACLA（地方自治体世界会議，G4=IULA，FMCU，Metropolis，Summit が企画・運営）が開催され，地方自治体のハビタット参加を準備，最終宣言によりハビタット本会議に対する提言を行い，国連に対してロビー活動実施，各国政府・地方政府のガイダンスとしての世界地方自治憲章の制定を提唱 WACLA を契機として WACLAC（世界都市・地方自治体調整機関）設立
1997 年	UNCHS（ハビタット）と WACLAC が世界地方自治憲章制定に向けて協働することに合意
1998 年	地方自治世界憲章起草専門家委員会活動開始（ナイロビ），ヨーロッパ地方自治憲章をもとに最初の草稿起草
1999 年	地域単位でのヒアリング開始（アジアは 2000 年 3 月に韓国の清洲にて実施）
2000 年 1 月	ACLA ヴェニス会議において憲章採択を強く支持する宣言採択
3 月	ACLA ナイロビ会議において憲章の早期採択を主張する声明発表
6 月	ハビタット事務局から各国政府に対して憲章に関する意見照会
12 月	地方 6 団体が政府に対し意見提出
2001 年 6 月	世界地方自治憲章の制定推進については，米・中・途上国諸国等の反対により，結局国連特別総会において，「効果的な地方分権推進・地方公共団体の権限強化に関わる課題についての対話強化」という宣言にとどまった。

出典：自治体国際化協会 HP「世界地方自治憲章について」，2013 年 10 月 8 日取得，http://www.clair.or.jp/j/clair/kikakuka/iula-05.html　傍線に関しては筆者が追加

2.2　日本における補完性の原理の広まり

　第 1 節では，住民参加の議論を考える際の社会的な背景である補完性の原理の起源をヨーロッパに求め，これまでにどのような議論が行われてきたかにつ

いてまとめた。以下では，補完性の原理が日本の文脈においてどのように取り扱われているかの確認をする。日本において補完性の原理が用いられるきっかけとなったのは地方分権改革であるとされている。一部論者によると，1949年のシャウプ勧告まで遡ることができるとされているが（矢部 2012），本研究では，より多くの論者によって採用されている，分権改革以降における補完性の原理の取り扱われ方に焦点を当てて整理する。本節では，日本における一連の地方分権改革における審議との関連で，補完性の原理がどのように導入されて論じられるようになったかを時系列を追って確認する。

2.2.1 地方分権改革

まず，本論を進めるに当たって本研究で焦点を当てる地方分権改革の大まかな流れについて確認をする。日本における分権改革の起源に関しては，いくつかの解釈が存在する。例えば内閣府による「地方分権関係の主な経緯」（表2-3）では，1987年4月の「第二次臨時行政改革推進審議委員会の発足」まで遡れるとしている。一方で，行政学者の多くは，1993年6月「地方分権の推進に関する決議」に起源を求めるものが多い（西尾 2001; 曽我 2013）。ここでは，後者の「地方分権の推進に関する決議」に起源を求めてまとめを行っていく。内閣府HPでは，地方分権改革のこれまでの歩みとして直近の地方分権の中で主要な役割を果たした会議や委員会を次のようにまとめている（表2-3）。

(1) 地方分権推進委員会（1995年～2001年）
(2) 地方分権改革推進会議（2001年～2004年）
(3) 地方分権改革推進委員会（2007年～2009年）
(4) 地域主権改革から地方分権改革推進本部（2009年～）

以下では，地方分権に関する議論が行われてきた経緯を，これらの委員会を対象に時系列を追いながら確認する。本項では，上の区分に従いながら，これらの委員会や会議の中で，補完性の原理と住民参加がどのように言及されているかについての確認を行っていく。

表 2-3 地方分権改革の主な経緯

地方分権改革のこれまでの経緯			
内閣	主な経緯		
宮澤内閣（H3.11～H5.8）	平成5年6月 平成6年2月	地方分権の推進に関する決議（衆参両院） 今後における行政改革の推進方策について（閣議決定）	第一次分権改革
細川内閣（H5.8～H6.4）		※地方分権の推進について記載	
羽田内閣（H6.4～H6.6）	平成6年5月 平成6年12月	行政改革推進本部地方分権部会設置 地方分権の推進に関する大綱方針（閣議決定）	
村山内閣（H6.6～H8.1）	平成7年5月 7月	地方分権推進法成立 地方分権推進委員会発足（委員長：諸井虔） ※平成8年12月　第1次勧告～平成10年11月　第5次勧告　平成13年6月最終報告	
橋本内閣（H8.1～H10.7）	平成10年5月	地方分権推進計画（閣議決定）	
小渕内閣（H10.7～H12.4）	平成11年7月 平成12年4月	地方分権一括法成立　⇒　機関委任事務制度の 地方分権一括法施行　　　廃止等	
森内閣（H12.4～H13.4）	平成13年7月	地方分権改革推進会議発足（議長：西室泰三） ※平成15年6月　三位一体の改革についての意見	三位一体改革
小泉内閣（H13.4～H18.9）	平成14年～17年6月 11月	骨太の方針 　（閣議決定）（毎年）　⇒　国庫補助負担金改革 　　　　　　　　　　　　　税源移譲 政府・与党合意　　　　　地方交付税改革	
安倍内閣（H18.9～H19.9） （第1次）	平成18年12月 平成19年4月	地方分権改革推進法成立 地方分権改革推進委員会発足（委員長：丹羽宇一郎）	第二次分権改革
福田内閣（H19.9～H20.9）		※平成20年5月　第1次勧告（重点行政分野の見直し，基礎自治体への権限移譲　等） 平成20年12月　第2次勧告（出先機関改革，義務付け・枠付けの見直し　等）	
麻生内閣（H20.9～H21.9）		平成21年10月　第3次勧告（義務付け・枠付けの見直しの重点事項，国と地方の協議の場の法制化　等） 平成21年11月　第4次勧告（地方税財政　等）	
鳩山内閣（H21.9～H22.6）	平成21年11月 12月	地域主権戦略会議設置（議長：内閣総理大臣） 地方分権改革推進計画（閣議決定）	
	平成22年6月	地域主権戦略大綱（閣議決定）	
菅内閣（H22.6～H23.9）	平成23年4月 8月	第1次一括法（義務付け・枠付けの見直し等），国と地方の協議の場法　等成立 第2次一括法（義務付け・枠付けの見直し，基礎自治体への権限移譲）成立	
野田内閣（H23.9～H24.12）	平成25年3月	地方分権改革推進本部設置（本部長：内閣総理大臣）	
安倍内閣（H24.12～） （第2次）	平成25年4月 平成25年6月	地方分権改革有識者会議発足（座長：神野直彦） 第3次一括法（義務付け・枠付けの見直し，基礎自治体への権限移譲）成立	

出典：内閣府，2014年12月9日取得，http://www.cao.go.jp/bunken-suishin/doc/douyuukai-kouen03.pdf）

(1) 地方分権推進委員会（1995年〜2001年）

　地方分権に関する議論の起源を探ると、1995年村山内閣下において成立した地方分権推進法に基づいて設置された地方分権推進委員会の成立まで遡ることができる。同年7月に同法に基づき地方分権推進委員会が発足した。この委員会では、1997年2月の第1次勧告に始まり、1998年12月の第5次勧告に至るまで5回にわたる勧告を行った。国は、これらの勧告を受ける形で、地方分権推進計画を策定し、1997年7月に地方分権一括法（地方分権の推進を図るための関係法律の整備等に関する法律）が成立し、2000年4月に施行された。

　内閣官房では、第一次地方分権改革の具体的な成果として、地方分権一括法において、475本の法律を一括して改正を行い、機関委任事務制度（知事や市町村長を国の機関として構成して国の事務を処理させる仕組み）の廃止と事務の再構成、国の関与の新しいルールの創設（国の関与の法定化等）、権限移譲等を行ったことを挙げている[8]。

　西尾（2001）では、第一次分権改革においては、住民自治の拡充よりも団体自治の拡充方策に力点が置かれ、特に事務事業の移譲方策よりも広い意味での関与の縮小廃止方策の方に重点が置かれたとしている（西尾 2001: 91-94）。また、第一次分権改革の残された課題として、地方税財源の充実確保、地方分権の「受け皿論」の再検討、「補完性の原理」に照らした都道府県・国と市町村の間における事務事業の移譲、法令による枠づけ・義務づけの緩和、制度規制の緩和と住民自治の充実の5点が重要であるとしている（西尾 2001: 94-95）。

　他にも廣田（2004a）によれば、「補完性の原理」という言葉が政府の審議会報告書においてはじめて登場したのは、「地方分権推進委員会最終報告書」であるとしている（廣田 2004a: 110）。以下では、どのように補完性の原理が用いられていたかの確認を行っていく。「地方分権推進委員会最終報告書」では、補完性の原理の考え方による事務事業の分担関係の見直しを行い適正化することが目的であるとしている。この点について、「補完性の原理」が「近接性の

---

[8] 内閣官房HP「これまでの地方分権改革の成果」、2015年3月21日取得〈http://www.cas.go.jp/jp/scisaku/kyouginoba/h25/dai3/siryou3‑1.pdf#search=%27%E7%AC%AC%E4%B8%80%E6%AC%A1%E5%9C%B0%E6%96%B9%E5%88%86%E6%A8%A9%E6%94%B9%E9%9D%A9%E3%81%AE%E6%88%90%E6%9E%9C%27〉

原理」として理解されており,「補完性の原理」は参考にされる程度の位置づけになっていることを指摘している（廣田 2004a: 111）。

> 「第4章　分権改革の更なる飛躍を展望して　Ⅳ 事務事業の移譲」
> 　第4に，ヨーロッパ先進諸国に普及しつつある「補完性（subsidiarity）の原理」を参考にしながら，市区町村，都道府県，国の相互間の事務事業の分担関係を見直し，事務事業の移譲を更に推進することである。
> 　すでに第1章で述べたように，第1次分権改革では事務事業の移譲方策の側面ではあまり大きな成果を上げられなかった。しかしながら，ヨーロッパ評議会が制定したヨーロッパ地方自治憲章や国際自治体連合（IULA）がその世界大会で決議した世界地方自治宣言では，事務事業を政府間で分担するに際しては，まず基礎自治体を最優先し，ついで広域自治体を優先し，国は広域自治体でも担うにふさわしくない事務事業のみを担うものとするという「補完性の原理」の考え方が謳われている。
> 　わが国の事務事業の分担関係をこの「補完性の原理」に照らして再点検してみれば，国から都道府県へ，都道府県から市区町村へ移譲した方がふさわしい事務事業がまだまだ少なからず存在している一方，これまではともかく今後は，市区町村から都道府県へ，都道府県から国へ移譲した方が状況変化に適合している事務事業も存在しているのではないかと思われる。分権改革というと，事務事業の地域住民に身近なレベルへの移譲にのみ目を向けがちであるが，分権改革の真の目的は事務事業の分担関係を適正化することにあるのである。
> 　（出典：「地方分権委員会最終報告 ―分権型社会の創造：その道筋―」，2014年12月9日取得，http://www8.cao.go.jp/bunken/bunken-iinkai/saisyu/）

(2)　地方分権改革推進会議（2001年〜2004年）

「補完性の原理」が,「近接性の原理」として理解される傾向は，2002年10月の地方分権改革推進会議の報告「事務・事業の在り方に関する意見―自主・自立の地域社会をめざして」においてはより顕著となる。廣田（2004a）では，これら2つの報告において見られる特徴として，近接性の原理の意味における

補完性原理を相対化し，あるいは放棄することにより，「地方民主主義の強化手段」としての補完性原理の意義を軽視していると論じている（廣田 2004a: 111-112）。この廣田の指摘と同様の指摘は，多くの論者によりなされており，いわゆる第一次分権改革においては団体自治にのみ焦点が当てられて，住民自治がおろそかになっているという指摘につながっていることもこのような点によるところが大きいと考えられる。

> それぞれの事務の性質に応じて担い手として最もふさわしいレベルの地方公共団体や国に事務権限を配分するという原則，すなわち<u>「補完性の原理」</u>に基づいて役割分担を適正化することによって，地方の役割とされた事務については，地方が自主的・自立的に最適の形態でそれを実施できるようにすべきである。（p. 3）
> （出典：「事務・事業の在り方に関する意見―自主・自立の地域社会をめざして」，2014年12月9日取得，www8.cao.go.jp/bunken/021030iken/021030iken.pdf）

> 事務事業を分担する場合には，まず基礎的な自治体を，次いで広域自治体を優先し，広域自治体も担うに適していない事務のみを国が担うべきであるという<u>「補完性の原理」</u>に基づいて，それぞれの事務に適したレベルの地方公共団体ないし国がその事務を担うことを原則とすべきであり，現在，多くの分野で見られる，国が企画し，地方が実施するという仕組みや，国と地方の役割分担が不明確な事務事業は見直されなくてはならない。
> <u>「補完性の原理」</u>は，一般には，国から都道府県へ，都道府県から市町村への事務権限の移譲を促す原理として言及されることが多いが，既に多くの事務を担っている我が国の都道府県，市町村の場合，特に行政課題の広域化と専門化が進んでいる今日では，地方分権推進委員会の最終報告が示唆しているように，市町村で担いきれない事務については都道府県あるいは国へ移譲するなど，それぞれの事務の性質に応じて担い手としてふさわしいレベルの地方公共団体や国へ事務権限を配分すること，すなわち役割分担を適正化することが望ましい。この原理に基づいて，まずは国と地方公共団体との間で役割分担を適正化する必要がある。（p. 7）

(出典：地方分権改革推進会議「事務・事業の在り方に関する中間報告－自主・自立の地域社会をめざして－」，2014年12月9日取得，http://www8.cao.go.jp/bunken/chukan-houkoku/main.pdf)

(3) 地方分権改革推進委員会（2007年〜2009年）

　表2-2のまとめを見てもわかるように，本論文における区分ではこの区分以降が第二次地方分権改革と分類している。曽我（2013）では，第二次分権改革の特徴として，地方6団体やそれぞれの地方政府が，改革の中身に対して積極的に提言を行っている点が特色であるとしている。また，第一次分権改革の積み残し課題を解消する形で進められているとしており，大規模な制度改革ではなく，義務づけ・枠づけの見直し，補助金の一括交付金化，区市町村への権限移譲，出先機関の見直しといった作業に焦点が当てられているとしている（曽我 2013: 259）。このような特徴を持つとされている第二次分権改革に位置づけられている地方分権改革推進委員会以降の流れについて以下では確認を行っていく。

　まず，「地方分権改革推進委員会」であるが，この委員会は第一次安倍内閣の時に発足している。地方分権改革推進委員会は，平成19年4月に発足して以降，平成22年3月末に地方分権改革推進法が効力を失うまでの3年間に4つの勧告と2つの意見の提出を行っている。この委員会の中において補完性の原理との関係で見た際に特に特徴的なのが，平成20年5月28日に提出された「第一次勧告 〜 生活者の視点に立つ「地方政府」の確立 〜」である。この報告書の中においては，これまでの「補完性の原理」という言葉が，「補完性・近接性の原理」という言葉に置き換えられている。廣田（2004a）での考察では，これまでの委員会の報告では「補完性の原理」という言葉が，「近接性の原理」として理解されていることを指摘していた。「第一次勧告」において，「補完性の原理」という言葉が実際に「補完性・近接性の原理」に置き換えられているのは象徴的である。

(3) 広域自治体と基礎自治体の役割分担

　広域自治体と基礎自治体の役割分担において，基礎自治体に事務事業を

優先的に配分する「補完性・近接性」の原理は，地方自治制度の基本原則（「基礎自治体優先の原則」）である。住民の意向の的確な反映，住民の利便性の向上，地域の活性化等の観点から，住民に身近な行政は，できる限り，より住民に身近な地方自治体たる市町村が担うことが望ましい。「補完性・近接性」の原理にしたがい，地域における事務は基本的に基礎自治体である市町村が処理し，都道府県は，市町村を包括する広域自治体として，広域にわたるもの，市町村に関する連絡調整に関するもの，その規模又は能力において市町村が処理することが適当でないものを処理することとする。

　市町村合併の進展等によって，基礎自治体の行政体制の整備が進み，「県内分権」の意識も高まっている。このようななかで，都道府県知事の権限に属する事務の一部を都道府県条例の定めるところにより市町村が処理することとすることができる制度を活用した権限移譲が進展している。こうした状況も踏まえ，基礎自治体が地域における総合行政を担うことができるよう，まちづくり・土地利用規制等の地域の空間管理に関する事務，住民の日常生活に最も密接に関連する福祉・保健・医療及び教育に関する事務を中心に都道府県から市町村への法令による権限移譲を進めることとする。なお，権限移譲に際しては，市町村合併の進展等により行政体制の整備が進んでいることを踏まえ，市に優先的に移譲を進めることとする。

　あわせて，規模や能力が異なる個々の基礎自治体が地域における総合行政を担うことができるよう，広域連合の形成，周辺自治体又は広域自治体による連携と補完などの制度の充実をはかることが必要である。

（出典：地方分権改革推進委員会「第１次勧告 ～ 生活者の視点に立つ「地方政府」の確立 ～」，2014 年 12 月 9 日取得，http://www.cao.go.jp/bunken-kaikaku/iinkai/torimatome/080528torimatome1.pdf）

(4)　地域主権改革（2009 年～）

　(4) の区分と (1) ないし (3) の区分の違いは，政権交代が行われ，民主党政権になったということである。民主党政権では，これまでの「地方分権改革」という言葉ではなく，「地域主権改革」などの言葉が用いられるようにな

った。

　民主党政権下においては，鳩山首相の就任演説である第173回臨時国会・総理所信表明演説において「新しい公共」の考え方が提示された。

> 　私が目指したいのは，人と人が支え合い，役に立ち合う「新しい公共」の概念です。「新しい公共」とは，人を支えるという役割を，「官」と言われる人たちだけが担うのではなく，教育や子育て，街づくり，防犯や防災，医療や福祉などに地域でかかわっておられる方々一人ひとりにも参加していただき，それを社会全体として応援しようという新しい価値観です。国民生活の現場において，実は政治の役割は，それほど大きくないのかもしれません。政治ができることは，市民の皆さんやNPOが活発な活動を始めたときに，それを邪魔するような余分な規制，役所の仕事と予算を増やすためだけの規制を取り払うことだけかもしれません。しかし，そうやって市民やNPOの活動を側面から支援していくことこそが，二十一世紀の政治の役割だと私は考えています。
> 　新たな国づくりは，決して誰かに与えられるものではありません。政治や行政が予算を増やしさえすれば，すべての問題が解決するというものでもありません。国民一人ひとりが「自立と共生」の理念を育み発展させてこそ，社会の「絆」を再生し，人と人との信頼関係を取り戻すことができるのです。
> （出典：首相官邸「第173回国会における鳩山内閣総理大臣所信表明演説」，2015年2月26日，http://www.kantei.go.jp/jp/hatoyama/statement/200910/26syosin.html）

　平成21年に発足した民主党政権は，上にまとめた鳩山元首相の「新しい公共の考え方」に基づき「地域主権」を政策課題として掲げ，「地域主権改革」が進められ，平成24年11月30日に「地域主権推進大綱」が閣議決定された。田中（2011）では，新しい公共の概念は，決して新しいフレーズではなかったが，それが新鮮にみえたのは，市民社会の問題を正面から扱い，政治ビジョンの中心に位置づけたことであるとしている。また，「新しい公共」の概念は，「人と人との支え合い」，「助け合う」ことであり，こうした人々による力と定

義されており，自民党政権時代における「官から民へ」というスローガンとは，市民参加や国民の自立を第一義に掲げている点において決定的に異なるとしている。しかし，「「新しい公共」円卓会議」後における議論では，当初掲げられていた「個人の参加とつながり」という視点から，収益性のある活動に従事する社会的企業とビジネス支援策に焦点が移ってしまい，その後も見直しがなされぬまま菅政権に引き継がれたと指摘している（田中 2011：248-252）。

　その後，平成 24 年 12 月以降は再び自民党が与党になり，安倍政権が誕生することとなる。安倍政権下では，民主党政権時に用いられていた「地域主権」の言葉が使われなくなり，「地方分権」が再度使用されるようになる。平成 25 年 3 月に「地方分権改革推進本部」が設置されたのをきっかけに，翌月の 4 月には，「地方分権改革有識者会議」が発足することとなり現在に至っている。ここでは，2015 年時点において入手可能である文章である「地域主権推進大綱」においてどのような方針が示されているかを確認することとする。

　民主党政権下による「地域主権推進大綱」においても補完性の原理の考え方はしっかりと引き継がれている。この大綱における冒頭において「補完性の原理」の考え方が大きく取り上げられている。

第 1 地域主権改革の全体像
1 「地域主権改革」の理念と定義
(2) 　地域主権改革の定義
「地域主権改革」とは，「日本国憲法の理念の下に，住民に身近な行政は，地方公共団体が自主的かつ総合的に広く担うようにするとともに，地域住民が自らの判断と責任において地域の諸課題に取り組むことができるようにするための改革」である。
「地域主権」は，この改革の根底をなす理念として掲げているものであり，日本国憲法が定める「地方自治の本旨」や，国と地方の役割分担に係る<u>「補完性の原則」</u>の考え方と相まって，「国民主権」の内容を豊かにする方向性を示すものである。
（出典：内閣府 HP「地域主権戦略大綱」，2014 年 2 月 24 日取得，http://www.cao.go.jp/bunken-suishin/ayumi/chiiki-shuken/doc/100622taiko01.pdf）

2　地域主権改革が目指す国のかたち
2）地域主権改革が目指す国のかたち
国のかたちについては，国と地方が対等なパートナーシップの関係にあることを踏まえ，国が一方的に決めて地方に押し付けるのではなく，地域の自主的判断を尊重しながら，国と地方が協働してつくっていく。
<u>国と地方の役割分担に係る「補完性の原則」に基づき，住民に身近な行政はできる限り地方公共団体にゆだねることを基本とし，基礎自治体が広く事務事業を担い，基礎自治体が担えない事務事業は広域自治体が担い，国は，広域自治体が担えない事務事業を担うことにより，その本来果たすべき役割を重点的に担っていく。</u>
その中でも，住民により身近な基礎自治体を重視し，基礎自治体を地域における行政の中心的な役割を担うものと位置付ける。これを基本として，国と地方公共団体は，行政の各分野において適切に役割を分担するとともに，地方公共団体の自由度を拡大し，自主性及び自立性を高めていく。
（出典：内閣府 HP「地域主権戦略大綱」，2014 年 2 月 24 日取得，http://www.cao.go.jp/bunken-suishin/ayumi/chiiki-shuken/doc/100622taiko01.pdf）

　これらの補完性の原理の用いられ方は，自民党政権下における一連の地方分権改革における議論での使われ方とほぼ同じである。一方で，「地域主権推進大綱」に関して住民自治の視点から見た際の特徴的な点を，直接的には「補完性の原理」の言葉が用いられていない，次の部分において確認することができる。

　(3)　住民による選択と責任
　地域主権改革が進展すれば，おのずと地方公共団体間で行政サービスに差異が生じてくるものであり，地方公共団体の首長や議会の議員を選ぶ住民の判断と責任は極めて重大になる。<u>地域主権改革は，単なる制度の改革ではなく，地域の住民が自らの住む地域を自らの責任でつくっていくという「責任の改革」</u>であり，民主主義そのものの改革である。住民や首長，議

会の在り方や責任も変わっていかなければならない。
（出典：内閣府 HP「地域主権戦略大綱 p. 2」，2014 年 2 月 24 日取得，http://www.cao.go.jp/bunken-suishin/ayumi/chiiki-shuken/doc/100622taiko01.pdf）

　この点からは，これまでの分権改革が団体自治にのみ重きを置いてきたのに対して，住民自治にも重きを置いていくということが読み取れる内容となっている。

2.2.2　補完性の原理に対する批判

　ここまでは，一連の地方分権改革の中において，補完性の原理が事務事業分配のための理論として用いられたため，住民自治の拡充方策についての議論や，地方民主主義の強化のための手段としての補完性の原理について十分な議論が行われていないことを確認した（西尾 2001; 廣田 2004a）。ここでは，このような一連の改革に対しての批判を踏まえて日本における補完性をめぐる議論では，どのような点に焦点が置かれ批判がなされているかという視点から確認を行う。

　井川（2008）では，第一次地方分権改革においては，団体自治に対する評価は高いものの，住民自治の面での評価は必ずしも高くないとしている。また，明治，昭和，平成と大合併を経てきて，厳しい財政状況の中で住民との協働による地域経営が求められている中で，住民の地方政府，地方行政への参画の保障と確保が大きな課題になってきていることを指摘している。金井（2012）では，日本における自治制度の領域における「補完性の原理」とは，市区町村でできるものは市区町村で，そうでないものは都道府県で，都道府県でできないものは国でという事務配分や役割分担の原理であるとしている。しかし，戦後日本が内在的に生み出してきた自治の方向性は，「国でできるものは国にやらせ，国でできないことは自治体が行う」であった。つまり，自治体が国を補完するという「逆補完性の原理」になっている点を指摘している。ここでは，問題になる状況として「国でもできるくせに国がしない」ときであるとしている。「補完性の原理」の問題のある点として，「国でも自治体でもできる」ということが当然の前提になっていて，「自治体でできることは国でもできるはず」に加えて「自治体でできないことでも国はできる」という通念が存在しているこ

とであるとしている。分権改革が必要なのは,「国がやらない」ために,やむなく「自治体がやろう」としていることがあっても戦後体制においては,しばしば国がその足を引っ張ってきたからであり,自らの意思・能力が欠如していることに加えて,自治体に必要な支援を行わないばかりか自治体の意思・能力を妨害してきたとしている（金井 2012: 24-26）。

2.3　補完性の原理と住民参加

　前節においては,分権改革との関連で補完性の原理を捉えた際には,住民自治の部分が軽視されており,団体自治の部分により多くの重点が置かれてきたことを確認した。このような背景の中で,日本において住民自治の議論,特に住民参加に関する議論と補完性の原理の議論が結びつけて論じられるようになった一因として,ICT の登場を挙げることができるだろう。これらが関連づけて論じられるようになったきっかけのひとつとして,総務省による地域SNS を用いた実証実験を挙げることができる。この事業の HP「住民参画システム利用の手引き」の「3-2 地域社会への住民参画」の中において補完性の原則に依拠して,当該事業を進めたと見て取れる記述を確認することができる。

　　　地域社会における課題解決に多様な主体が参画することに関して,家庭
　　　や地域などの小さな単位でできることは,国や地方自治体などが行うので
　　　はなく,まず,小さな単位が主体的に取り組み,その小さな単位では解決
　　　できないことを地方自治体や国などのより大きな行政主体が実施すべき
　　　であるという考え方,いわゆる「補完性の原則」が有効と考えられます。
　　　こうした考え方のもと,行政だけでなく,新たに地域住民,NPO,コミュニティ,企業等の多様な主体が公共サービスを担うことが期待されています。例えば,今後,定年退職し,職場から地域に戻ってくる団塊の世代のビジネスパーソンは,社会で様々なスキルを身につけた新たな「公」の担い手となる貴重な資源ととらえることができます。
　　　　なお,地域社会の課題を解決するためのコミュニティ活動には,日頃の住民同士の日常的接触や親睦活動等を通した信頼関係が必要であり,相手

の人となり，参加者の個性や集団の性格を理解した上で，ソーシャル・キャピタルを形成する契機となるような仕組みを構築していくことが重要といえます。

(出典：総務省「住民参画システム利用の手引き」2014年12月9日取得，http://www.soumu.go.jp/denshijiti/ict/）

また，地域SNSの実証実験事業を進めるに当たって中心的な役割を果たした牧の文章においてもこの点を確認することができる。

　補完性の原則や近接性の原理を持ち出すまでもなく，公のことは全て行政が担うということではなく，身近な地域コミュニティで解決できる課題は自分達で解決していくことが求められています。かつての高度成長期のように経済が発展し，税収もどんどん増えた時代ならいざ知らず，あれもこれも行政でやって欲しいという要求型一辺倒では結局，税負担の増としていずれ自分達に跳ね返ってくることになります。行政依存の高コスト社会でなく，住民の共助に基づくコミュニティの活性化によって住みよい地域をつくっていく流れを後押ししていくことが必要です。その点，住民同士のコミュニケーションを通じた交流の促進につながる地域SNSは，そうした時代の要請に応えるものと言えそうです。行政が地域SNSに関わる際にも，決して上からの視点で住民と接することなく，地域団体，NPO，大学などの方々と同じ目線で，職員の顔が見える形で，住民の皆さんと共に地域社会を良くしていこうという姿勢で臨むのが望ましいでしょう。

(出典：牧慎太郎「行政からみた地域SNSの可能性」，2014年12月9日取得，http://www.d3.dion.ne.jp/~maki_sr/sns09619.html）

中村・瀧口（2006）においても地域情報化政策と補完性の原理について同様の指摘を行っている。従来の地域情報化政策は開発主義的な発想から生じた公共事業の延長線上にあったものであるとしている（中村・瀧口2006: 60-63）。近年の日本における住民参加（住民自治）という視点から補完性の原理の関係を

捉えた際には，地域 SNS という ICT ツールの登場が1つの転機になったと考えることができる。

2.4 まとめ

本章では，今日住民参加に注目が集まるに至った社会的な背景として補完性の原理という考え方を対象に考察を行ってきた．本章でのまとめとしては，日本において補完性の原理が導入されるきっかけとなった地方分権改革では，事務事業の分配という団体自治の側面が重視されていたことを確認できた．一方で，政権交代により民主党政権が誕生すると，鳩山元首相による「新たな公共」の考え方が提示されたこととも関連し，その後策定された地域主権戦略大綱においては，これまでの事務事業の分配という文脈に加えて，「責任の改革」という言葉とともに民主主義そのものの改革であると位置づけられていることを確認した．また，補完性の原理を住民自治としては用いていないが，他の項目において住民自治と読み取れる記述がある．

本章における議論では，日本における補完性の原理を巡る議論として，一連の地方分権改革の中では，事務事業の分配に関する議論に留まっており，住民自治の拡充方策についての議論や，地方民主主義の強化のための手段としての補完性の原理について，十分な議論が行われていないことを確認することができた（西尾 2001; 廣田 2004a）。一方で，日本において補完性の原理が，住民参加の側面に焦点が当てて論じられるようになったきっかけは総務省における地域 SNS を用いた実証実験であることを示した．第1章でまとめたような ICT の利活用と e-participation の流れを支える理論的な背景として補完性の原理が用いられていることを明らかにした．

第3章　参加型ガバナンス理論への系譜

　第2章においては，住民参加に注目が集まるようになった社会的な背景について補完性の原理に関する議論に焦点を当てて考察を行ってきた。本章では，住民参加に関する学術的な議論の動向を探ることを目的として政治学・行政学の領域におけるガバナンス理論に関する議論のまとめを行う。その上で，本研究全体を通してのテーマである地域社会におけるガバナンスを支えるに当たっての参加型ガバナンスの理論研究に関する考察を行う。本章の構成としては以下に示す通りである。

　第1節では，ガバナンス理論に関する研究の変遷をガバナンス理論が誕生した背景に焦点を当ててまとめを行う。その上で，今日に至るまでガバナンス理論の研究がどのように展開してきたかについて歴史的経緯を追いながら明らかにしていく。第2節では，ガバナンス論の登場の背景について概観し，ガバナンス理論がどのような文脈で論じられるようになっているかの確認を行う。第3節では，ガバナンスの1つの形態として世界的に普及したNPM理論とその限界についての確認を行う。第4節では，ガバナンス理論の研究領域において近年注目を集めてきている参加型のガバナンス理論の概要をまとめる。参加型のガバナンスに関しては，「ローカルガバナンス」，「ソーシャル・ガバナンス」，などを始めとして様々な用語が用いられている。最後に第5節として，本章におけるまとめを行い，本研究の研究テーマとガバナンス理論の関連性を明らかにする。

3.1 ガバナンス理論とは

近年では，ガバナンスという言葉はあまりにも多くの文脈で多用されており，単に「ガバナンス」という言葉を見かけても，それが何を意味しているのかを判断することは難しくなりつつある。実際，開発学，経済学，地理学，国際関係論，都市計画，政治学，政治，行政学，社会学等，実に多様な領域において，様々な意味合いで用いられている。それゆえに，概念として陳腐になりつつあるという指摘もなされている（Bevir 2012=2013: 5）。このように，ガバナンスという概念が普及していった経緯については様々な説明がなされている。例えば，Bevir（2012=2013）では，次のように考察している。

> 端的に言うと，ガバナンスという言葉が急速に人口に膾炙するようになったのは，社会理論が変動するに伴い，人びとが世界を見る目が変わってきたこと，世界そのものも変わってきたことの2点に起因している。新しい理論や実践が誕生してきたことで，人びとの関心が国家の中枢機関から逃れ，「治める」という行為そのものに移ってきた。そして今日では，この「治める」という行為の大部分に公的機関のみならず，民間組織や非営利団体までもが関与するようになってきている。　　（Bevir 2012=2013: 3-4）

また，ガバナンスは，国家や国の制度や機構にそれほど重きを置かず，むしろ社会的実践や行動に焦点を当てているという点でガバメントとは異なる。ガバナンスを理解するには，組織の3つの形式である階層構造から市場へ，市場からネットワークへのシフトについての検討を行うことが必要であるとしている（Bevir 2012=2013: 4）。

他にも，木暮（2008）では，ガバナンスの契機として1970年代以降の先進諸国が共通して経験した経済的な停滞と付随して発生した財政危機の問題であるとしている。深刻な財政危機が社会保障をはじめとする行政サービスの縮小へと直接的に結びつき，さらに肥大化傾向にあった行政機構の再編を促すことになったとしている。このような状況に対する処方箋として注目を集めたのが

ネオリベラリズム的なイデオロギーであるとしている。このネオリベラリストたちが，国家は行政のサービス提供の中心的な主体となるよりも，国家の役割は政策決定に限定されるべきであると主張してきた。その中で，ガバナンスに対する注目を集めるきっかけを提供したのが，Osborne と Gaebler による『行政革命』であるとしている。この書籍の中で Osborne らが用いた表現である「漕ぐこと」から「舵を取ること」へという表現が今日のガバナンス論に重要な影響を与えているとしている。同時に，「漕ぐこと」が従来の「ガバメント」であり，「舵を取ること」が「ガバナンス」であるという理解にも直結していることを指摘している（木暮 2008: 48-50）。

Pierre & Peters（2000）は，ガバナンスが多用されている理由として，ガバナンスという言葉が，統治の過程における制度や関係性の範囲を全て包括できるキャパシティがある言葉である点を挙げている（Pierre & Peters 2000: 1）。

戸政（2000）は，ガバナンス概念が台頭するに至った背景についての考察を行っている。ここでは，①行政改革をはじめとした政府の諸改革の進行，②政府による統治活動の変容，③政府の限界の明確化，④ボランティア，NGO・NPO の台頭，⑤民間企業も政策の担い手であるという認識の定着，⑥ネットワーク論やネットワーク概念の定着の 6 点を挙げている（戸政 2000: 308-311）。

歴史的な視点からガバナンス論が登場するに至るまでの経緯の整理を行っている研究としては新川（2011a）がある。ここでは，おおよその時代区分と共に，その社会背景についてのまとめが行われている（表3-1）。新川（2011a）では，ガバナンス理論登場の背景としては，政府中心の考え方ではなく，市場との関係で政府目的を相対化しようとしたこと，政府それ自体を市場化して政府目的の達成を実現しようとした試みがあったことが特徴であったとしている。この背景としては，政府の目的自体が相対化し変化している可能性があること，とくに市民社会部門や民間営利部門との関係で目的の組み換えが発生しうること，それと同時に目的達成手段が根本的に組み替えられたように見えること，政策を実現する手段ないしはその実施主体が大きく変化した点を指摘している（新川 2011a: 39-40）。

他にも，同様の指摘を行っている研究として宮川（2002）を挙げることができる。ガバナンス論に注目が集まるようになってきた背景として，政府による

表 3-1 ガバナンス論の展開

	社会状況	ガバナンス論
1950-1960 年代	増加する税収を社会保障に振り向けることについての社会的合意形成が可能	ガバナンス論が入り込む余地が少なかった
1960 年代以降	英国病と呼ばれる停滞状況→先進工業諸国の共通課題へ（大きな政府の機能不全）	（政府の統治の良し悪し）政府対企業，政府対国民は問題になっても公的ガバナンス論については意識されなかった。
1970-1980 年代	小さな政府の探求 市場こそが政府の効率を最大限達成できるという観点から，公共部門の縮小と民間部門の拡大が推進され公共部門への民間企業経営的発想の導入が進められた	「政府」と「市場」という二項対立で問題が取り扱われる傾向であり，そのガバナンスに着目する必然性は少なかった
1980 年代から90 年代はじめ	NPM の流行	行政改革論の分野において，NPM 型ガバナンス改革が強調され民間的な視点からの政府改革が探求される
1990 年代		ロッド・ローズを代表とする「政府なきガバナンス論」の時代，やがて「政府の空洞化」の提唱
20 世紀末から21 世紀初頭	従来の政府の役割をさらに大きく変えていく条件や要因に満ち溢れていた（市場のグローバル化，個人主義化，地方分権化，情報化，同時に，人口定常社会と低成長経済の到来）。	・多元的なアクターによる統治 →補完性原理が新しいガバナンスの考え方になる ・政府とガバナンスをどう捉え直すかに注意を集めてきた ・サードパーティ・ガバナンス，間接的政府行政活動のガバナンスと呼ばれる特徴がある。

出典：新川（2011a）を参考に筆者作成

統治能力の低下に起因するものであるという考え方を次のようにまとめている。

> ガバナンスについて現在問われていることは，一つにはガバナンスの主体，すなわち，統治する側，例えば政府の統治能力が低下しているのではないかということであり，あと一つには，ガバナンスの客体，すなわち統治される側の社会の統治可能性が低下，あるいは統治の困難性が上昇しているのではないかということである。
>
> （宮川 2002: 5）

新川（2011a）の説明を見てもわかるように，ガバナンスに関する主要な研究が現れ始めたのは 1990 年代以降である。また，この研究領域において中心的な役割を果たした Rousenau（1992），Kooiman（1993），Rhodes（1997），Pierre & Peters（2000）らの研究は，イギリスにおける行政管理や，一連の行政改革を題材に論じたものであったということについても留意をしておく必要がある（Hagiwara 2010: 10）。

3.2 ガバナンス理論の変遷

ガバナンスは，様々な領域において用いられており一義的に意味が確定されていない。このような状況について Bevir（2012=2013）は，次のように指摘している。

> 最初に，ガバナンスとは役に立つ理路整然とした概念であることを，示しておく必要がある。ガバナンスとは，単なる業界用語に過ぎないとみなす懐疑派もいる。つまり，「ガバナンス」は中身を曖昧にする言葉で，要するに「ガバメント」の遠回しな表現に過ぎないとする。懐疑派の意見としては，このほかにも，「ガバナンス」という言葉は，あまりにもあちらこちらで使われているので，概念として陳腐になりつつあるというものもある。
> （Bevir 2012=2013: 5）

このように Bevir（2012=2013）においても指摘されている通り，ガバナンスの議論は実に多様なジャンルにおいて論じられており一義に意味を確定することが難しい。以下では，特に本書の問題関心と関連のある政治学・行政学の分野におけるガバナンスの語義や用法についての確認を行う。

最初に，ガバナンス理論の研究において数多く引用されている 2 つの論文においてどのような定義が行われているについての確認を行う。まず，Rhodes（1996）では，ガバナンスの定義として，①最小限の国家，②コーポレート・ガバナンス，③ニュー・パブリック・マネジメント（NPM），④良いガバナンス，⑤社会サイバネティック・システム，⑥自己組織化ネットワークを挙げて

いる。次に，Hirst（2000）では，ガバナンスを分野別に5つの領域に分類している。①グッドガバナンスの領域，②国際的な問題にかかわるガバナンスの領域，③コーポレートガバナンスの領域，④行政改革の一環として登場したNPMとしてのガバナンスの領域，⑤ネットワークやパートナーシップにかかわるソーシャル・ガバナンスの領域としている（Hirst 2000: 14-19）。

木暮（2008）は，Rhodes（1996）とHirst（2000）による分類を受けて，いずれの分類においても「グッド・ガバナンス」，「グローバル・ガバナンス」，「コーポレート・ガバナンス」，そして「NPM」について言及していること，また，Hirstによる「ソーシャル・ガバナンス」とRhodesによる「ネットワークとしてのガバナンス」に関しては，使用している用語こそ異なるものの，内容についてはいずれも同様であり，ガバナンスにおける外部アクターの問題を扱っており，これらの分類が国際レベルから国内レベルまでのガバナンス論を大まかに分類するうえで有益な視点を提示していると述べている。具体的には，いずれの議論においても，国家や政府の役割をどのように捉えるかを重視している点であるとしている（木暮 2008: 56-57）。

ここまでは，特に本研究と関連の強い研究領域である政治学・行政学の領域におけるガバナンスの定義の確認を行った。以下では，ガバナンス理論が時代を経るとともにどのような変遷を遂げてきたかという視点からのまとめを行う。

まず，1つ目の整理としては，Bevir（2012＝2013）においてガバナンスの形態の変遷に焦点を当てた議論がある（表3-2）。この議論の中では，1960年代から1970年代までに組織理論家の多くが階層構造の利点以上に欠陥の方を強調するようになったと指摘している。この階層構造に対する批判が広まるにつれて組織理論家の中では，市場の利点を説くものが増えてきたとしている。そして20世紀の末になると，階層構造と市場の限界が認識されるようになり，組織理論家たちは，ハイブリッドな形態に関心を払うようになり，その中でネットワークという考え方が第3の組織形態として浮上してきたとまとめを行っている（Bevir 2012=2013: 44-45）。また，ネットワークに対する批判としては，第1点目として安定性に欠けるという点，第2点目としてネットワークの持つ複雑さが柔軟性の欠如に繋がることや調整や制御が難しいという点，そして，第3点目として道徳的，政治的次元のものとして，説明責任の系統をぼかして

表3-2 ガバナンス理論の変遷

	階層構造	市場	ネットワーク
ガバナンス	権威	価格	信頼
構成員間の関係基盤	雇用関係	契約と財産権	資源の相互交換
構成員間の相互依存	高い依存	相互に独立	相互依存
対立の解決と調整の手段	規則と命令	値切り	外交
組織風土	服従	競争	互恵

出典：Bevir（2012＝2013: 30）より

しまうという点を指摘している。特に，第3点目のネットワークの正当性の問題は，特に民主主義体制の中では特別な意味を持つとしている。その理由としては，ネットワークは比較的閉じられた組織であり，少数の既得権益者が，自らの特定利益を追求するために公益を犠牲にして政策ネットワークを利用する可能性がある点を指摘している（Bevir 2012＝2013: 49-51）。

ここで，Bevir（2012＝2013）が行ったようなガバナンス理論の変遷について，永田（2011）では次のように解説を行っている。

> 福祉国家の危機やグローバル化によって統治主体としての政府が相対化し，市場志向の改革（NPM）が導かれ，その結果として分断化された公共サービス提供機関の調整や統合が求められるようになったことを示している。調整の様式に着目すれば，ヒエラルキーから市場への力点の変化が結果としてネットワークという調整様式を必要とするようになったということができよう。
>
> （永田 2011: 45）

ここでまとめたように，Bevirの整理では，「国家の失敗」を市場で乗り越えようとして，「市場の失敗」をネットワークによって乗り越えようとしたというガバナンス理論の一連の流れを確認することができる。しかし，第3の形態として注目を集めたネットワーク型のガバナンスにも限界があることが指摘されており，特にネットワークの正当性の問題については民主主義理論に関連するものであると指摘している。

このようなネットワークガバナンスにおける課題を乗り越えていこうとして

いるのが，SorensenやTorfingに代表されるネットワークガバナンスの第2世代とされる研究者達である。SorensenとTorfingは，ロスキルド大学内に「民主主義的なネットワークガバナンスセンター（The Center for Democratic Network Governance）」を共同で設立して研究活動を展開している。彼らの研究（Sorensen & Torfing 2007）では，「世代」という視点でガバナンス理論の研究動向に関する整理を行っている。ここでは，ガバナンス研究を第1世代と第2世代という形で分類をした上で議論を行っている。

　第1世代のガバナンスとしては，ドイツのMayntzや，オランダのKooimanの名前を挙げている。著作としては，1993年には，Kooimanによる『現代のガバナンス』，1997年のRhodes『ガバナンスを理解する』，また，同年には，Kickertらによる『Managing Complex Networks: Strategies for the Public Sector』が刊行されている。2000年には，Pierreによる『Debating Governance: Authority, Steering, and Democracy』，Pierre and Petersによる『Governance, Politics and the States』などがある。木暮（2009）は，これらのガバナンス論の論者の共通点として，ガバナンスにおける多様なアクターの存在と，水平的なネットワークを重視する立場であるとしている（木暮 2009: 23）。これら第1世代の新たな業績としては，新たな社会的潮流にネットワークガバナンスの台頭を結びつけた点であったとしている。一方で，ガバナンスネットワークは，もはや新たな視点の提供ができていないとしており，このことによりガバナンスネットワーク研究の第2世代という研究アジェンダの設定が必要であると説いている（Sorensen & Torfing 2007: 14）。

　ガバナンスネットワークの特徴としては，①ガバナンスにおけるアクターは相互依存関係にある，②アクター間の相互作用は常に交渉を通じて行われる，③アクター間の交渉は，何らかのルールや規範が存在しており，④ガバナンスネットワークは基本的に自己統制的であり，⑤アクター間の交渉は公共性の高い目的を達成するために行われる点であった。それに対して，第2世代の特徴としては，ガバナンスネットワークの特徴そのものにあるのではなく，新しい研究課題にあるとしている。新しい事柄や若い研究者の出現，また，過去における研究との断絶を意味するものではなく，以下の4つの研究関心に分類することができるとしている。①いかにして，ガバナンス・ネットワークの形成や

発展の要因を説明するか，②ガバナンス・ネットワークの成功や失敗の条件とは何か，③ガバナンスの管理すなわち「メタ・ガバナンス」について考察すること，④ガバナンス・ネットワークと民主主義の関連性，以上 4 点に関して検証することであるとしている（Sorensen & Torfing 2007: 24）。

ここで，第 2 点目として挙げられている「ガバナンス・ネットワークの成功や失敗の条件とは何か」に関しては，Peters（2007）では，「ガバナンスの失敗」についても議論を行うことの必要性を指摘している。従来，ネットワークに関する公共機関や公共政策との関連に着目する際には，成功事例ばかりが注目される傾向があり，ネットワークの形成が失敗に至った事例や，どのような条件が失敗に導いたかについての検証が行われていない点を指摘している（Peters 2007: 61-62）。

また，木暮（2011）は，近年のガバナンスと民主主義に関する研究に注目が集まるようになってきた背景についての考察を行っている。ガバナンス論が登場した当初は，階層型の政策決定や市場主義に代替しうる統治の様式として注目を集めていたため，ポジティブな側面のみが重視され，ガバナンスにおける民主主義的な正当性という問題は軽視されてきたとしている。しかし，ガバナンスの議論が進展するにつれて，非政治的なアクターによる政策形成への参加や，選挙にもとづく議会政治と比較した際に，ガバナンスに関する透明性が低いという指摘につながったとしている。この問題に対して木暮は，Sharpf（1999）による民主主義的な正当性を「入力指向の正当性」と「出力指向の正当性」の二つの立場から考察を行っている。ここでの結論としては，両者の立場ともに，正当性を確保することは困難であり，とりあえずの妥協点としてプロセスの正当性を重視することによって正当性を確保する試みが行われているのが現状であるとしている（木暮 2011: 171-175）。

他にも新川（2011a）では，Sorensen & Torfing（2007）の議論を受けて次のように考察を行っている。国民，市民という観点から見ると，従来型の統治機構では，市民は政府との関係で主権者であるが，行政との関係では行政はサービスの生産者であり，これに対して市民はそのサービスの対象であり，市民自身はサービスを受ける権利を持つものとされてきた。一方で，新しいガバナンスでは，市民は自主的自律的な行為主体であり，サービスの受け手に留まらず

サービス生産・供給・享受の担い手である。そして，行政との関係は対等な協力によってサービスを提供する担い手であるとともに，市民自治を自ら担う権能をもつことになると整理している（新川 2011a: 47-48）。また，公的ガバナンス論が，民主主義のガバナンスとしての成立可能性を問われ続けているとしており，その理由としては，単なる説明責任論ではなく，市民参加のガバナンスを組み入れた公的ガバナンスとして成立させることを，多元的多層的な公的ガバナンス領域とその機能様式の中で再構成していくことが理論的には求められているとしている（新川 2011a: 53）。

3.3 NPM

続いて，新川（2011a）の区分で言うところの 1980 年代から 90 年代はじめ（表 3-1）であり，Bevir（2012=2013）のガバナンスの分類によるところの「市場」に力点の置かれたガバナンスの形態として注目を集めた NPM について概観を確認する。NPM に関しては，Osborne & Gaebler（1992=1995）による『行政革命』が出版されたことも手伝い世界的な潮流の一つとなった。そのため，NPM を対象とした研究の蓄積は数多くある。以下では，NPM の概要について，これまでの議論の流れをまとめる。さらに近年では数多くの批判に晒されるようになっている NPM であるが，どのような点についての批判が行われているのかについて確認を行う。

3.3.1 NPM 普及の背景

社会環境の変化に伴い，従来型の福祉国家として，国が社会保障をはじめとする様々な公共サービスを提供する役割は限界に直面しつつある。しかし，1970 年代後半には福祉国家の見直しが始まり，これまでの市場経済の問題点や不十分さに対応するという政府の役割もまた多くの問題を抱えていることが顕在化されてくる（国営企業の非効率性や，政府の規制が既得権益を生み出し新規参入を阻害することなど）。このような流れの中で，小さな政府を取り戻そうとするイギリスのサッチャー，アメリカのレーガン，日本の中曽根らによる新自由主義の動きが起こり，規制緩和や民営化などの自由主義改革が進められるよ

うになった（曽我 2013: 330）。

この次のフェーズとして，1980年代終わりに登場してきたのが NPM（New Public Management 以下，NPM とする）の考え方である。この NPM の誕生の背景をさかのぼると，1980年代半ば以降の英国・ニュージーランドなどのアングロサクソン系諸国を中心に行政実務の現場を通じて形成された行政運営理論であるとされている（大住 1999: 1）。

3.3.2 NPM とは

NPM の言葉を世界に広めるきっかけになったのは Hood（1991）の論文であるとされている。類似の問題指摘は 1980年代には，managerialism, new-management, market-based public administration, contractualism, entrepreneurial government 等の用語として存在していた（新川 2002: 111）。また，西尾（2001）は，NPM に注目が集まるまでの背景について以下のようなまとめを行っている。1960年代後半のジョンソン政権下でのアメリカ連邦政府では，費用便益分析の手法を年々の予算変遷過程で広く活用しようとした PPBS（Planning Programming and Budgeting System）の取り組みがあった。しかし，この PPBS は失敗に帰することになった。その主な理由としては，①政策決定者の評価尺度に立って行われてきたため，必ずしも国民一般にとって役立つ行政診断手法となっていないこと，②行政資源の調達と配分を担当する総括管理機関が各部局を統制するためのものか，各部局が自己の政策立案・実施活動を点検改善するためのものかという問題であった。ここでの問題は，統制側が注意喚起情報として使っているにすぎないつもりであっても，各部局が成績評価情報であるかのように受けとってしまい，過剰に反応してしまうという問題である。このような背景もあり，PPBS が失敗に帰して以降は，実施機関側での自己点検・自己改善の手段として活用することが奨励されるようになったとしている（西尾 2001: 356-360）。

このような背景の後に，1990年代以降に再び政府の政策・施策・事業の業績を評価しようとする新たな潮流が起こり，イギリスメジャー政権における Citizen's Charter の制定や，アメリカにおける政府業績結果法（GPRA）などの制定が行われた。これらの流れが，新公共管理（NPM）の思潮と手法の導入，

「government から governance」への変容と密接に結びついているとしている（西尾 2001: 360）。

また大住（2005）では，NPM 論が普及した背景には，先進諸国でほぼ共通した2つの環境変化があるとしている。第1点目としては，マクロ経済上の課題（経済の停滞，財政赤字・公的債務の拡大）であり，第2点目が経済社会の成熟化・高齢化の進行に伴う公共サービスへのニーズの増大・多様化としている。

> 経済の停滞，財政赤字・累積債務の増大などにより歳入制約がかつてなく強まる一方，急速に進行する高齢化や経済社会の成熟化により公共サービスの需要の増大や多様化が進展した。このような環境変化に対応して，従来型の行財政改革論では，国民負担の上昇あるいは公共サービスの削減かという二者択一の議論となりがちであった。しかし，民間企業では安易な価格の値上げや品質の低下は許されない。第三の選択肢である経営革新により生産性の向上を図ることで顧客のニーズにこたえようとするであろう。NPM 理論は，政府マネジメントにも，国民負担を引き上げることなく，公共サービスの水準を維持するという第三の選択肢を提示するのである。
> 　　　　　　　　　　　　　　　　　　　　　　　　（大住 2005: 23-24）

このように国民に負担を強いるのでも，公共サービスの削減をするのでもなく，経営革新によって国民のニーズに応えることができる理論が NPM であるとされている。

他にも，NPM 理論の提唱者である Hood（1991）は，NPM を以下のように定義づけている。まず，当該論文において NPM は4つの大きなトレンドと結びつけられているとしている。①経費削減や人員削減の観点から政府の成長を遅らせる，逆戻しにするという試み，②サービス提供の際の"補完性"という考え方から，政府によるものから，私的なもの，または私的なものに類似するものへと移行するという流れ，③自動化の発展（特に情報技術，公共サービスの生産や提供に関するもの），④行政学，政策デザイン，意思決定スタイルや政府内協力に関する論点への注目，などがあるとしている（Hood 1991: 3）。

次に，NPM を構成する要素としては7つの要素があり，それらは，①専門

的経営者による公共経営，②業績の基準・指標の明示，③成果による統制の強化，④組織内部における権限分散，⑤競争の導入・強化，⑥民間部門で確立した経営手法の導入，⑦資源利用における規律と倹約であるとしている。これらの要素全てが満たされている必要はなく，また，それらの起源としても単一のもののみであるとは限らないとされている（Hood 1991: 4）。

他にも，日本における代表的な論者である大住（1999）は次のようにまとめている。

> *ニュー・パブリック・マネジメント（New Public Management）理論とは，1980年代の半ば以降，英国・ニュージーランドなどのアングロサクソン系諸国を中心に行政実務の現場を通じて形成された革新的な行政運営理論である。その核心は，民間企業における経営理念・手法，さらには成功事例などを可能なかぎり行政現場に導入することを通じて行政部門の効率化・活性化を図ることにある。*
> 　*具体的には，*
> *①経営資源の使用に関する裁量を広げる（Let Managers Manage）かわりに，業績／成果による統制（Management by Results）を行う。そのための制度的な仕組みとして*
> *②市場メカニズムを可能なかぎり活用する：民営化手法，エイジェンシー，内部市場などの契約型システムの導入*
> *③統制の基準を顧客主義へ転換する（住民をサービスの顧客とみる）*
> *④統制しやすい組織に変革（ヒエラルキーの簡素化）するというものである。このなかで，とくに重要とされるものは①および②で，③および④はシステム統制の基準であり手段にすぎない。*　　　　　　（大住 1999: 1）

さらに，①と②の中においても特に重要であるとされているものが①であるとしている。また，大住（1999）は行政が，民間企業の経営理念・手法を導入する際にはマネジメントサイクルを実現することが極めて重要であるということを指摘している。

> 旧来型の行政システムでは，行政には評価システム（少なくとも事後評価システム）が存在しないあるいは不要とされ，"Plan-Do" のみの業務の流れが続く。この様な世界では，会計検査や行政監査の対象が「法令・規則」の順守という意味での行政の執行「手続き」に関するアカウンタビリティの確認に限られ，その結果はつぎの "Plan" に直接反映されることはない。つまり，議会で決められた施策を決められた手続きどおりに実施すればそれで当初予定された施策の効果が自動的に発揮されるというのである。一方．マネジメント・サイクルを導入すれば，行政の業務の流れは大きく変わる。つまり，事後評価と評価結果をつぎの "Plan" にフィードバックするフレームが構築されることになる。 （大住 1999: 5）

他にも，曽我（2013）では，NPM の特徴をより端的に次のように説明している。

> NPM（新しい公共管理）とは，民営化から PPP や消費者主権に至る動きの総称である。政府部門による政策提供方法の転換を NPM と呼ぶのである。つまり，人的資源を用いた公務員による直接サービスの実施から，それ以外の資源を用いた政策提供への転換を指す。さらに，そうした転換を可能とするために，公共サービスの目標や内容を明確化・可視化し，サービス提供主体との契約を行うという動きが NPM の根底にはある。したがって，依然として公務員による公共サービスの提供が続いているとしても，一度その内容を可視化したうえで，公務員の現業組織と契約することも NPM の範疇に入る。NPM とは，公共サービスの実施部分を括り出し，それを公共政策の決定部分から切り離す改革ということができる。

（曽我 2013: 324）

これらの NPM 理論の中では，行政の効率化に焦点が当てられることが多く，その他の点に関してはあまり焦点が当てられてこなかった。そのような中で，Naschold（1996）では，NPM のタイプを（1）政府統治体制，（2）市場体制，（3）社会メカニズムの3つに分類している（Naschold 1996: 43-44）。大住

(2005) では，この分類を受ける形で，Naschold (1996) の「(3) 社会メカニズム」を「市民主導モデル」と名づけた上で，このモデルの重要性について言及している。このモデルでは，これまで NPM のフレームワークの中ではあまり扱われてこなかったが，住民の参加・参画，住民・NPO との協働は公共部門改革の一つの潮流であることは紛れもない事実であり，従来の NPM との関係を明確化させることの必要性を説いている。実際北欧諸国では，コーポラティブな参加型社会構造が前提にあり，市民参加のもとでの政策形成や協働の仕組みが根付いており，こうした社会では，公的部門の改革にも政治の機能を補完する意味で参加・協働が重視されるのは当然のことであるとしている（大住 2005: 27-29）。

このように諸外国と比較した際に，日本における NPM では，ツールとしての導入が行われていることがほとんどであり，地方自治や住民参加の視点が抜け落ちてしまっているという指摘がなされている（岡田 2005; 西村 2005）。

3.3.3 NPM に対する批判

Hood (1991) の論文に単語としての起源を持つとされる NPM であるが，盛んに論じられるようになってからすでに 20 年以上の期間が経過している。実際近年では，NPM に対する批判的な論調の研究も数多く存在する。

これまで見てきたように NPM は，福祉国家の財政危機を起点とした政府部門の非効率という限界に対して市場メカニズムを活用するという解決策である。そのため，非効率な政府に対する解決策を示すことはできたが，公共サービスの主体が分断化されバラバラになった公共サービスを再統合するという課題が生みだされることとなった（永田 2011: 50）。

まず，Kickert (1997) では，アングロ - アメリカン型の管理主義に対するオルタナティブ案を提示することを目的としている。その中で，ビジネス偏重のマネジメントスタイルに対しての批判を行っており，従来「パブリック・マネジメント」や「舵を取る行政」などと呼ばれてきた言葉を「パブリック・ガバナンス」という考え方で定義し直している。ここでは，パブリック・ガバナンスを，単にマネジメント概念を市場主義的だと理解する以上の広い意味を持っているものであると定義づけている。また，単なるビジネス価値以上の合法性

や正当性を兼ね備えているものであるという定義を行い，政治的文脈と社会的な文脈の間における相互作用において重要な役割を果たすものとしている。加えて，社会政策分野における複雑なネットワークの管理を行うことを含んだ複雑な活動であるとしている。また，パブリック・セクターにおけるマネージメントは，単なる有効性や価値指標だけではなく，合法性や正当性，社会的正義，そして，権利の平等などを重視しなければならないとしている（Kickert 1997: 732）。

　山本（2014）では，NPM モデルは効率性や性能の向上による成果主義を追求する民間企業のマネジメント手法を当てはめたものであり，公正や公平性が軽視されているという批判があるとしている。その上で，イギリスのメジャー政権における国民や市民は受益者としての消費者にすぎないとする発想から，顧客である国民や市民の側にこそ公共サービスの選択権があるとする顧客志向への転換や，サッチャー政権による国営企業の民営化を中心にした政策から，民間セクターのプロジェクト・ファイナンスによる資金調達に基づく PFI 事業方式の導入が，公民パートナーシップ（PPP）政策の開始を意味するものであったと位置づけている（山本 2014: 175）。

　岡田（2005）では，日本で NPM が普及するに至った背景として，①自治体の財政危機克服の手段，②地方分権の実現手段，そして，③景気低迷の打開策（規制緩和）という３つの側面があったことを指摘している。これらの背景に共通している２つの特徴として，経済社会の活性化という目的が大きく関わっている点，自治体のありかたを根こそぎ変えてしまおうとする傾向が強いという２点があるということを指摘している。そのため，諸外国と比較した際に日本における NPM の動向は，本来語られるべき「地方自治」という論点が抜け落ちてしまっているという点できわめて特徴的であると指摘している。

　他にも，西村（2005）では，日本における行政改革では，自治体における運営方式で目的意識が欠如しているために「戦略経営」になりえていないことを指摘している。そのため，NPM 的ツールの導入が行なわれたのみであると指摘している。一方で，欧州の地方自治体における地域発展戦略のキーワードとして「地域持続可能性」という概念があり，この戦略目標の形成と一体になった形で経営ツールの開発が行なわれていることを指摘している（西村 2005:

108-127)。

　また，Dunleavy et al（2005）は，ポストNPM体制として"Degital-era governance"という用語の提案を行っている。ここでは，情報技術がビジネスプロセスとして組織化され，市民や顧客に届けられるのかという点についての考察を行っている。

3.4　参加型ガバナンス

　以上のようにガバナンスの議論は，時代背景やそれらに伴う問題と関連する形で様々な形態のガバナンス論が展開されてきた。ここまで考察を行ってきたガバナンス理論はRhodes（1997）に代表されるようにイギリスにおける一連の行政改革を対象として行われた研究である。そのため，ここで論じられているガバナンスの範囲は国レベルでのガバナンス理論である。一方，第2章においても確認を行ってきたように，一連の地方分権改革や，補完性の原理の考え方の普及も相まって，近年特に注目を集めているガバナンスの形態が，多様なアクターの参加を伴う「参加型ガバナンス」である（坪郷 2006）。この理論において想定されている範囲は，地域社会やコミュニティレベルであり，その空間におけるガバナンスの議論である。以下では，コミュニティレベルでの参加型ガバナンスに注目が集まるに至った背景についての考察を行う。

　日本において，この理論が注目されるに至った背景については，田中（2006）や新川（2011b）において詳しい考察が行われている。例えば，田中（2006）においては，阪神淡路大震災以降，NPOの高い公共的な機能が示されることとなり，公的ガバナンスが注目されるようになったとしている（田中 2006：13-21）。また，新川（2011b）においても，田中（2006）と同様の指摘を行っている。阪神淡路大震災で民間非営利部門が高い公共的機能を示したことにより，公的ガバナンスのような活動に注目せざるをえなくなったとして，社会の側での新しいガバナンスの作動への期待を高めることとなったとしている。実際に，1990年代を通してNPOやNGOを排除した政策過程が考えにくくなったとしている。従来型の公益法人等による日本社会を支える活動もあったが，活動領域の硬直化や，政府の規制による公的資金に支えられているというとこ

ろもあり，従来のガバメント中心の公的ガバナンスに内部化されていたという特徴を持っていた。これに対して，自らのミッションを持っているNPOやNGOは，まさに「新しい公共」の担い手であったとして，日本における市民が担う公益活動の新たな出発が，ここにあったとしている（新川 2011b: 216-218）。他にも，前田（2007）では，行政だけが公共サービスの提供主体であるという考え方はすでに終わりを迎えつつあり，市民や市民団体がサービス供給の提供主体であると考えられるようになってきたとしている（前田 2007: 135）。

次に，実際にどのような文脈において参加型のガバナンスについての議論が行われているかの確認を行う。参加型ガバナンスに近い考え方としてローカルガバナンスに関する議論についての確認を行う。ここでいうローカルガバナンスとは，地域社会におけるガバナンスである。以下では，地域社会におけるガバナンスを考える際に参照しうる先行研究のまとめを行う。

辻中（2010）では，全国規模の市区町村調査を利用した実証的データに基づく研究を行っており，この研究の中においてはローカルガバナンスを，「地方政府と様々な市民社会組織との相互関係からなるもの」と定義づけしている（辻中 2010: 10）。他にも，羽貝（2007）では，ローカルガバナンスを，「議会という制度化された場に加え，自治体に新たな自治と政治の場・空間を柔軟に形成すること，そうした場・空間における住民相互，住民と行政，住民と議会との重層的な協議（話し合い）を通して，多様な自治体政策をより望ましい形で実現していく，そうした自治体における自治の実践の方向性を表現した期待概念である」と定義している（羽貝 2007: 261-262）。

また，地域における参加の主体に関しての考察を行ったものとして，ローカルガバナンスを支える上での地域社会における主要なアクターの1つであるNPOを対象とした考察が行われている。Drucker（1995=1995）では，非営利組織論の文脈において，NPOの役割の1つとして市民性の創造を掲げている。

　　現代の社会と政治は，あまりにも巨大かつ複雑なものとなり，責任のある市民としての社会参加の機会は稀になってしまった。参加機会は投票や納税によるものが主で，直接・間接的に政策決定に参加できるのはごく限られた人でしかない。しかし，民間非営利のボランティアとしてならば，

一人ひとりの人間が，再び世の中を変えることができる。*民間非営利組織は，市民に積極的・直接的な社会参加の機会を与えることのできる「市民性創造機関」*である。
　　　　　　　　　　　　　　　　　　　　　　（Drucker 1995=1995: 285）

　このように，地域社会におけるNPOには，単に公共サービスの新たな担い手として市民の生活を支える役割の他にも，市民性の創造の役割がある。しかし，日本におけるNPOはこの側面に関連する活動が弱いことを，NPOが集めている寄付の金額が少ないことと関連づけた指摘がなされている（田中 2008: 80-98）。

　また，参加の主体としては地域住民に焦点を当てた考察が多い中で，行政職員の参加の重要性について指摘を行っている研究として上山・伊関（2003）を挙げることができる。この研究では，ローカルガバナンスを支える際の制度的基盤である自治体における行政評価についての類型化を行っており，これまでのモデルとしては，A型モデル（査定管理），B型モデル（TQM），C型モデル（住民コミュニケーション）の3類型があることを指摘している。今後のあるべき姿としては，B型とC型を統合する形でのD型モデルとしてニュー・パブリック・ガバナンスモデルを提案している。このD型モデルの成立要件としては，①公務員の徹底したプロ意識，②住民の主体的参画，③多元的・分権的統治秩序の3つが必要であることを指摘している。特に②における住民の主体的な参画に関しては，行政の執行への協力，計画段階での参画，政策立案段階での参画の3点を指摘している（上山・伊関 2003: 214-223）。D型モデルを進めるに当たっては，単に住民参加だけではなく，公務員が地域社会に積極的に参加することを通して，公務員の市民性の回復も重要であるとしている（上山・伊関 2003: 224）。

　他にも，須藤（1995）による「複合的ネットワーク社会」の考え方も，地域社会におけるガバナンスを考えるに当たって有益な視点を提供している。ここでは，①情報交流空間の整備，②研究・教育空間の整備，③情報通信システムの整備を前提にして複合的ネットワークを形成していくことが重要であると論じている。須藤は，地域社会における重要なアクターとして2つのネットワークに重複して参加しているNPOと大学を挙げている（図3-1）。このような複

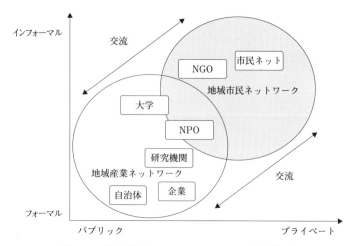

図3-1　複合的ネットワークにおける情報交流
出典：須藤（1995: 213）より

合的ネットワークの形成によって，地域社会を構成する様々な主体は情報や，知識を交換して自らの構想力を向上させ協同して創意を発揮し，新たな情報発信をすることが可能となり，その過程で，公共部門と民間部門の信頼関係も発展・強化され，地域社会に自立と個性のある新たな発展の可能性があるとしている（須藤 1995: 208-217）。

　次に，実際に参加型ガバナンスの必要性について論じられている研究としては以下のような研究が行われている。松田（2011）は，政府が市民の多様なニーズに十分に応えることが困難になってきている社会情勢を指摘している。このことが政府への信頼を低下させ，統治における政府の相対化の動きを生んだ。この動きの中で社会の統治の問題を政府という狭い領域に限定せず，政府以外のアクターや狭義の政治過程以外のプロセスも含む「ガバナンス」の在り方が探求されるようになった。ガバナンスの議論の中では，アクターの多様性が重要視されており，今日では特に市民という存在に注目が集まっているとしている。市民はガバナンスの主体として期待されているとしている（松田 2011: 93-94）。ここでは，ガバナンスの主体としての市民の在り方として「能動的市民としての市民像」と「「普通の知識」の提供者としての市民像」の2つの市民

像を提示している。前者の立場に立てば，能動的市民を育成するための教育プログラムが重要になる一方で，後者の立場に立てば，「普通の知識」と専門的な政策知識との間に立つ翻訳者のような存在が求められる（松田 2011: 104-111）。

　山本（2014）は，ガバナンスとは，公・私・共によって担われるべきものだとして「コー・ガバナンス」という考え方を提示している。「ガバメントからガバナンスへ」のアンブレラタームが広がりを見せる中で，Osborneたちが唱えた「ガバメントの再発見」という方向づけをめぐっては，市場原理主義に基づいたNPMの典型的な例として批判の対象ともされてきており，実際NPMの導入によって目覚ましく改善されたというエビデンスがないことを指摘している。そこで山本は，専らガバメントに委ねられてきたガバニング・プロセスを他のセクターとともに担う「コー・ガバナンス」として再構築していくことを提案しており，ガバナンスとは，公・私・共によって担われるべきものだとしている。公共サービスの遂行や政策評価過程だけではなく，政策形成過程にもその主体として関わっていくという意味で，公民パートナーシップが重要であるとしている（山本 2014: 8）。

　神野（2004）は，「市場の失敗」と「政府の失敗」を克服する道としてソーシャル・ガバナンスという概念を提唱している。

> 「市場の失敗」と「政府の失敗」を克服する道こそ，ここで提案するソーシャル・ガバナンスの道である。したがって，ソーシャル・ガバナンスとは，「政府の失敗」を再市場化によって克服しようとする新自由主義への対抗戦略ということができる。そして，ソーシャル・ガバナンスとは，「政府の失敗」を市場領域の拡大によって克服しようとするのではなく，市民社会を強化することによって克服しようとする戦略である。つまり，「公共縮小―市場拡大」戦略ではなく，「政府縮小―市民社会拡大」（less-state, more civil society）戦略ということができる。　　　　（神野 2004: 4）

　斎藤（2007）は，ソーシャル・ガバナンスが登場するに至った背景として，市場原理主義的な統治システムに対するオルタナティブとして論じられるよう

になったとしている。大筋の主張としては，行政国家・大きな政府・中央集権システムの限界を多元主義によって超克することにある。言い換えれば，営利・インフォーマル・行政・ボランタリーの各部門を有機的に組み合わせ新たな社会的ニーズや問題に適切に対処することとしている（斎藤 2007: 95-96）。

Fung ら（2003）では，ブラジルのポルトアルグレや，インドのケーララや，アメリカのシカゴの事例をもとに，一般の人々が効果的な参加を行うことを通して彼らの生活に直接的に影響を与えるであろう政策に影響を与えるような形での参加を Empowered participatory governance（EPG）として定義している（Fung & Wright: 2003: 5）。

Bell & Hindmoor（2009）では，コミュニティへの参加を通じたガバナンスに関する考察を行っており，住民の関与の範囲や度合いが増加してきていることを指摘している。その主な理由としては，第1に，最近の数十年で，インターネットの普及に伴い，市民の意見が政府に取り入れられやすくなったこと，第2に，規範的なレベルで言うと熟議や市民参加の重要性が擁護され始めてきていること，第3に，「積極的な市民」を育てることがコミュニタリアンや第三の道の論者の中において主要な目的になりつつあること，第4に，おそらく最も重要な意義としては，政府が，コミュニティへの関与により，コミュニティの能力を高めることで，政策を行いやすくなるということを学んだこと，そして最後に，専門的な知識だけでは必ずしも信頼に足るものとはなり得ておらず，市民やコミュニティとの対話や参加を通して得られるような形態の知識が価値のあるものであるとしている（Bell & Hindmoor 2009: 137-138）。

一方で，参加型ガバナンスは日本においては必ずしも根付いているとは言えず，ネガティブな面についても指摘されている。田中（2006）では，市民参加の受け皿であるはずの NPO が行政の下請け機関と化していることについての問題提起を行っている。ここでは，「民が支え，民が担う公」という考え方の提示を行っており，官が主体の制度にはすでに限界があり，NPO を通して民が主体の制度を築き上げていくべきだとしている。また田中（2008）においても，直接的にガバナンスという用語を用いてはいないが，市民社会論や NPO 論などの領域から次のように言及を行っている。新たな市民社会に求められる役割として第1に，自立した納税者・有権者としての市民の役割，第2に，租

税をベースに市民が公共サービスを担うという役割，第3に，市民が独自に公共的な活動を担う役割の3点を挙げている（田中 2008: 104-107）。

　他にも，神野（2004）においても，ソーシャル・ガバナンスは，グラスルーツでなければならず，財源節約のために，パブリックセクターがボランタリーセクターを活用することを企図するものは，政府による支配でありソーシャル・ガバナンスではないと指摘している。あくまでもソーシャル・ガバナンスとは，社会システムの自発的協力による社会統合でなければならないとしている（神野 2004: 11）。一方で，ボランタリーセクターの拡大を特色とした「参加型社会」は，本来自発的協力の拡大でなければいけないにも関わらず，日本における現状では政治システムの側から政治システムの領域の縮小のために，ボランティアやNPOの活用が叫ばれており，本末転倒な状態になっていることを指摘している（神野 2004: 13）。

3.5　まとめ

　序章においても定義を行ったように，本書で想定している「参加」とは，Arnstein（1969）による「参加の梯子」に対して本論文で独自の解釈を加えた「参加の踊り場」に該当する領域であり，この領域における「参加」を「自らのコミュニティや地域社会に恩恵を与えるような行為や活動」と定義した。本章では，序章で定義したような「参加」が，単に理念のレベルに留まるものではなく，アカデミックな文脈においても政治学・行政学のガバナンス理論において論じられていることを，その起源と議論の展開に焦点を当ててまとめを行った。その上で，ガバナンス理論の今日的展開として多様なアクターの参加による地域社会やコミュニティレベルでのガバナンスに関する議論に注目が集まっていることを確認した。

　また，本章において考察を行ってきた地域レベルでの参加に注目が集まっている流れは，単にアカデミックの世界における机上の空論ではない。自治体行政においても地域社会への住民参加を通して各々の自治体の自治の能力を向上させようとする取り組みが行われている。近年多くの自治体で導入されているものとして「協働」という考え方がある。自治体行政における協働の用いられ

方は，施政方針演説や総合計画の中などで用いられているもの，自治基本条例の中で論じられているもの，また，実際に「協働」の名を冠した担当部署を設置している自治体まで様々である。例えば，「協働推進課」（八王子市など），「市民自治推進課」（藤沢市など），「ボランティア・NPO課」（千葉県市川市など），「コミュニティ課」（流山市など），「法務ガバナンス課」（奈良市）等である。これらは，多様な名称が用いられているが，内実は市民と行政が協力をしながら地域コミュニティにおける課題解決を目指すことが掲げられており，「まちづくり」や「コミュニティの活性化」などの言葉とともに用いられている。

　これらの学術的な議論と，自治体の実際の取り組みなどを踏まえて「地域社会におけるガバナンスの向上」を以下のように定義する。

　　ICTを活用した地域住民の参加によって，地域社会における諸課題に対する課題解決能力が向上すること

　本書で扱う「地域社会におけるガバナンスの向上」の具体的な事例としては，序章においても述べた岡山県の電子町内会の事例のように，住民が自らで解決できる問題については自らの力で解決を行うという状況を想定している。以下，続く第Ⅱ部，第Ⅲ部においては，本章でまとめをおこなった参加型ガバナンスの観点から見て，「ICTを活用した地域住民の参加」は，どのような有効性を有するのか，言いかえれば，「地域社会の諸課題に関する課題解決能力」を有するのかを実証的に明らかにする。実証分析における詳細なリサーチクエスションの設定は次章で行う。

第4章 本研究のリサーチクエスション

4.1 本研究のリサーチクエスション

　本書では，従来のような政治参加ではなく，地域住民が地域の問題を解決するための手段として行う地域社会への参加を対象に研究を行う。この点に関しては，序章において定義を行ったように，Arnstein（1969）における「参加の梯子」に本書独自の解釈を行った「参加の踊り場」の段階における「参加（自らのコミュニティや地域社会に恩恵を与えるような行為や活動）」に焦点を当てて研究を進める。この本書における「参加」の位置づけを明確にすることを目的として第Ⅰ部においては理論研究を行ってきた。本章では，これら3章についての議論をまとめた上で，本研究におけるリサーチクエスションの導出を行う。

　第Ⅰ部においては，ここまでの3章の議論を通して以下のことを示した。情報通信技術の進歩と，e-Japan戦略をはじめとした一連の国の政策によりICT環境の基盤整備が行われ，多くの国民がICTを活用できる環境が整備された。このようなICT環境を活用するため，政治学・行政学の文脈においては，電子政府・自治体（e-government）という研究領域が確立されつつある。近年では，この中においても，民主主義に関係する研究領域としてe-デモクラシー（電子民主主義）やe-participation（電子住民参加）の研究領域が注目を集めるようになってきた（第1章）。また，このような参加の流れは，情報政策や技術革新の恩恵だけに限られた話ではなく，社会的な背景や，学術的な議論の観点から捉えた際にも確認することができる。社会的な背景としては，補完性の議

論の普及により参加型の社会が求められているということを示した（第2章）。さらには，学術的な議論の視点から見た場合にも，第2章において指摘したような社会的な背景も大きく影響して，多様なアクターの参加によるガバナンス形態を模索するような理論の構築に向けた議論が展開されていることを確認することができた（第3章）。

本書では，第Ⅰ部において考察を行ってきた理論研究における知見を下に，e デモクラシーや e-participation のように ICT を活用した住民参加が，地域社会におけるガバナンスの向上に対して，どのように貢献することができているかについての検証を行う。本論文における具体的な研究対象としては，序章において行った「参加」の定義にもとづき，2004 年に八代市で開始されて以降全国に広まった，SNS のサービス提供範囲が市町村程度に限られた地域 SNS を対象とする。また，序章においても指摘したように，従来の ICT を活用した住民参加政策に関して，ツールの衰退期や廃止に至った事例に関する検証が行われてこなかったという先行研究の欠落を埋めるために，本研究ではツールの利用者である地域住民と，ツールの管理・運営者である自治体の両者を対象として定量的手法と定性的手法の両方を用いて実証的に明らかにすることを目的としている。これらの議論を踏まえた上で本論文における研究テーマをリサーチクエスション（RQ）という形で定義すると以下に示すようになる。

RQ：地域 SNS の利活用と地域社会の課題解決能力の間には，いかなる関係があるか？

本論文のリサーチクエスションを導出するに当たっては，ガバナンスという言葉が多義的であり，一意に確定することが困難であるため，本論文における「ガバナンス」を「地域社会における課題解決能力」と定義した上でリサーチクエスションの設定を行った。

4.2　各章におけるリサーチクエスション

本節においては本研究を進めるに当たって，第 1 節で示した全体像に基づき

```
┌─────────────────────────────────────────────────────────────┐
│                    第Ⅰ部：理論研究                            │
│   RQ：地域SNSの利活用と地域社会の課題解決能力の間には，いかなる関係があるか？ │
│                 （本書全体を通してのRQ）                       │
└─────────────────────────────────────────────────────────────┘

┌──────────────────────────────┐  ┌──────────────────────────────┐
│ 第Ⅱ部：市民の利用実態          │  │ 第Ⅲ部：自治体の利用実態        │
│ RQ1：地域住民の地域SNSの利用実態は │  │ RQ3：地方自治体による地域SNSへの関 │
│ どのようになっているか。        │  │ 与実態はどのようになっているか。（第 │
│ （第5章）                      │  │ 7章）                          │
│                              │  │                              │
│                              │  │ RQ4：地域SNSが廃止に至る経緯として │
│ RQ2：地域社会における地域SNSの設置 │  │ は，どのような経緯があるか。     │
│ は，地域住民に対してどのような効果を │  │ （第8章）                      │
│ もたらしたか。（第6章）          │  │                              │
│                              │  │ RQ5：多くの自治体において，地域SNS │
│ ➡地域社会のガバナンス向上につながり │  │ が廃止に至っている反面，運営を継続し │
│ うるような利活用は行われているか？  │  │ ている自治体ではどのような工夫がなさ │
│                              │  │ れているか。（第9章）            │
│                              │  │                              │
│                              │  │ ➡地域社会のガバナンスを向上させるた │
│                              │  │ めのツールの運営を行えているか？   │
└──────────────────────────────┘  └──────────────────────────────┘

┌─────────────────────────────────────────────────────────────┐
│                         終章                                  │
│                    まとめと今後の課題                           │
└─────────────────────────────────────────────────────────────┘
```

図4-1　本論文におけるRQの相互関係

各章ごとのリサーチクエスションの定義を行う。本研究の研究対象として想定している地域社会を考えた場合には，非常に大まかな分類をすると主要なアクターの一つとしては，地域SNSの利活用の主体として想定されている「地域住民」が挙げられる。また，もう一つとしては，地域SNSの管理・運営主体として想定される「地方自治体」が挙げられる。そこで本研究では，先ほど掲げた全体を通してのRQを「地域住民に焦点を当てたRQ（第Ⅱ部）」と，「地方自治体に焦点を当てたRQ（第Ⅲ部）」に分類した上で定義をし直す。

4.2.1 第Ⅱ部におけるリサーチクエスション

　第Ⅱ部においては，実社会においていかに ICT を活用した住民参加が行われているかについての検証を行う。ここでは，本書が定義した「参加の踊り場」の段階における「参加」が，第3章において定義を行った「地域社会におけるガバナンスの向上」につながりうるような地域 SNS の利活用が行われているかについての検証を行う。第Ⅱ部における各章の問題意識を RQ という形で詳細に定義しておくと次に示す通りになる。

RQ1：地域住民の地域 SNS の利用実態はどのようになっているか。（第5章）

RQ2：地域社会における地域 SNS の設置は，地域住民に対してどのような効果をもたらしたか。（第6章）

　上記2つが地域住民を対象とした RQ になる。これら2つの RQ を通して地域 SNS を活用した地域住民の地域社会への参加が，地域社会における課題解決能力の向上に寄与しているかどうかについての考察を行う。具体的には，第5章で取り扱う RQ1 では，先行研究の多くは単一の成功事例を対象とした事例研究に留まっている中で，本研究においては，地域住民が SNS 上へ書き込んだテキストデータを対象として，地域住民の地域 SNS の利用実態をテキストマイニングの手法を用いて実証的に明らかにする。このことを通して，地域住民による地域 SNS の利活用が地域社会におけるガバナンスの向上にどのような形で寄与しうるかについての考察を行う。

　第6章で取り扱う RQ2 では，全国各地に地域 SNS の導入が行われる中で，地域社会に対して効果をもたらしているものは必ずしも多くないという指摘がなされている（総務省 2010）。そこで，地域 SNS の設置が，地域社会にどのような効果をもたらしているのか，さらに言えば，本論文における「地域社会のガバナンスの向上」につながるような利用がなされているかについて，3地域を対象に地域間比較を行う形で検証する。

　また，理論研究との関連としては，主に以下の2つの視点からの検証であると位置づけることができる。補完性の原理を取り扱った第2章において，地域

第4章　本研究のリサーチクエスション　　　　　95

SNSは住民自治の拡充方策のためのツールとして導入が行われたことを示した。本章では，総務省が掲げたような「地域社会への参加」や「地方行政への参加」による地域社会における課題解決能力の向上に寄与するような利用がなされていたかどうかについての検証を行う。

第3章における参加型ガバナンス理論との関連では，単に地域SNSの利用によって住民参加が促進されるのかという点についての検証ではなく，地域SNSを活用した住民参加の結果として，第3章において定義を行ったような「地域社会におけるガバナンスの向上」につながりうるのかという視点から考察を加える。

以上のように第II部では，地域住民の利用実態に焦点を当てて検証することを通して，地域住民による地域SNS利用による参加が，地域社会におけるガバナンスの向上につながりうるような利活用がなされているか（第5章），また，具体的にどのような点についての効果を有しうるかについての考察を行う（第6章）。その上で，これらの利活用が第2章でまとめを行った補完性の原理や，第3章において定義を行った本研究が想定するような参加型ガバナンスに貢献しうるかどうかについての考察を行う。

4.2.2　第III部におけるリサーチクエスション

第III部では，地方自治体を対象として研究を進めて行く。第1章においては，主に政府による地域情報化政策の経緯に関するまとめを行ってきた。ここでも確認ができたように，ICTの基盤整備の段階から，ICTの利活用の段階へと移行するに当たって，従来のトップダウン型の施策から，ボトムアップ型の施策へと移り変わっているという事実を描き出した。実際，地域情報化政策においても，地方自治体の主体的な取り組みが以前にも増して増えてきている。このような環境下において，地方自治体がどのように取り組んできたかについての検証を行う。第III部における問題意識をRQという形で定義すると次に示す通りになる。

RQ3：地方自治体による地域SNSへの関与実態はどのようになっているか。
　　（第7章）

RQ4：地域SNSが廃止に至る経緯としては，どのような経緯があるか。（第8章）

RQ5：多くの自治体において，地域SNSが廃止に至っている反面，運営を継続している自治体ではどのような工夫がなされているか。（第9章）

　ここに示した3点が，第Ⅲ部におけるRQということになる。これら3つのRQは地方自治体を対象としたRQであり，地方自治体が地域SNSの運営にどのように取り組んできたかを検証するものである。地域社会におけるガバナンスの向上を考えるにあたっては，地域住民の主体的な住民参加が必要であることに加えて，地方自治体や自治体における職員の取り組みも重要なファクターの一つであるといえる。このような認識の下，地方自治体における地域SNSの運営に焦点を当てて分析を行う。

　Medaglia（2012）の研究においても確認されているようにe-participationの研究領域における動向は，単に活動を対象とした事例研究から，評価や効果測定に関する研究に関心が移っている。またSorensen & Torfing（2007）では，ガバナンスネットワークに関する研究において，成功事例しか対象とされておらず，失敗した事例が意図的に排除されていること，失敗に関する事例の研究の重要性が指摘されている。これらのことなどを踏まえて第Ⅲ部では以下のように研究を進めていく。

　まず，第7章では，多くの自治体において地域SNSが廃止に至っている中で，地方自治体は地域SNSの運営にどのように関与を行ってきたかについて，その関与実態を明らかにする（RQ 3）。続く第8章は，いわば「失敗に関する事例研究」と位置づけることができる。すでに地域SNSが廃止に至った自治体を対象に，廃止に至る経緯としてはどのようなものがあるのかの分類を行う（RQ 4）。第9章は，第8章が「失敗に関する事例研究」であるのに対して，「成功に関する事例研究」であると位置づけることができる。ここでは，多くの自治体において地域SNSが廃止される中で，運営を続けている自治体においてはどのような取り組みが行われているのかを明らかにする（RQ 5）。第Ⅲ

部では，これら3つのRQを検証することを通して，自治体における地域SNSの運営が，地域社会におけるガバナンスの向上へ寄与しうるようなものであるかどうかについての検討を行う。

　第Ⅲ部における理論的な検証としては，主に次の2つの視点から行う。第1点目としては，第1章でまとめを行った地域情報化論の視点から見た際に，自治体が行ってきた地域SNSへの関与実態が，従来の地域情報化政策への関与と比較した際にどのように評価をすることができるのかという点である。第2点目としては，参加型ガバナンス理論との関連での検証である。ここでは，第Ⅱ部で行った市民の関与実態に関する考察に加えて，自治体による地域SNSへの関与が，市民の参加を後押ししうるような地域SNSの運営につながっているかについての考察を行う。具体的には，第7章において自治体の関与実態の把握を行った上で，第8, 9章においては，それぞれ効果的な運営につながらなかった自治体と効果的な運営につながった自治体を対象とした検証を行う。その上で，効果的な運営につながっている自治体においては，どのような要因が影響しているのかという点にまで踏み込んで考察を行う。

　以上，第Ⅱ部，Ⅲ部の分析を通して，地域住民による地域SNS利活用の実態把握と効果の検証（第Ⅱ部），自治体による地域SNSの運営に関する検証（第Ⅲ部）の2つの視点からの検証を行い，地域SNSを活用した住民参加と地域社会のガバナンス向上との間にどのような関係があるかについての考察を行う。

第Ⅱ部　地域住民に焦点を当てた分析

　第Ⅰ部においては，本研究を進めるに当たっての背景について理論的検証を行った上で，リサーチクエスションの導出を行った。続く第Ⅱ，Ⅲ部においては，第Ⅰ部で示したリサーチクエスションを検証するに当たって実証的な分析を進めて行く。第Ⅱ部では，地域住民に焦点を当てて，地域住民が本書で定義したローカルガバナンスの向上に資するような地域SNSの利活用を行えているかについて，以下に示す構成に基づいて検証を行う。

　まず，第5章においては，地域SNSの大きな特徴の1つである実社会との連動に焦点を当てて利用実態を実証的に明らかにする。具体的には，地域SNS上におけるユーザーの書き込みを対象として分析を行った。ここでは，地域SNS上でのやり取りがきっかけとなり開催されることになった実社会でのイベントを対象に，SNS上においてユーザーたちがどのようなやり取りをしているのかを，テキストマイニングの手法を用いて明らかにする。

　続く第6章においては，多くの地域において効果的な地域SNSの利活用に結び付いていないとされる中で，具体的にどのような利活用において効果を有しているかについての検証を行う。実際に2010年に全国で約500の地域SNSの存在が確認されている一方で，2014年時点における最新の調査では，約250とピーク時の半数にまで減少していることが報告されている（GLOCOM 2014）。そこで，地域SNSの設置が地域社会に対してどのような効果をもたらしてきたのかについて，効果の検証を行っていく。

　第Ⅱ部全体としては，以上2つの分析を通して，「地域住民が，ローカルガバナンスの向上につながりうるような地域SNSの利活用を行えているか」と

いう点について検証を行う。

第 5 章　地域 SNS の利用実態の把握
——地域 SNS 上におけるユーザーの書き込みを対象とした分析

　本章[1]では市民の ICT を活用した地域社会と地方行政への参加という観点から地域 SNS に着目した分析を行う．以下，本章の構成としては，第 1 節において，本論文の分析対象である地域 SNS の特徴と自治体における導入実態についてまとめる．第 2 節において，研究対象の概要とデータの説明を行う．第 3 節が分析編であり，関連する先行研究のまとめを行った上で，本研究に用いるデータの説明と分析手法に関して説明する．その上で，地域 SNS 最大の特徴である実社会との連動という点に着目をして実社会で行われた特定のイベントを対象として分析する．最後に第 4 節として全体のまとめを行う．

5.1　地域 SNS とは

　本節では地域 SNS の概要について以下に示す 2 つの視点からまとめを行う．第 1 点目として，一般的な SNS と比較した際の地域 SNS の特徴について，第 2 点目として，各自治体における地域 SNS の導入実態についてのまとめを行う．

---

[1]　本章は，「2009 年日本社会情報学会（JSIS&JASI）合同研究大会」で行った発表である「地域 SNS のユーザー間インタラクションに関する実証分析」に加筆修正を加えたものである．

5.1.1 地域 SNS の特徴

　民間企業が運営を行っている SNS は，商用に特化したものであり，想定されているサービスの地域も，日本国内はもちろん，全世界を対象として運営が行われているものが多い。これらの具体例としては，日本国内を対象としたものとしては，2004 年 2 月にサービスが開始された mixi や，同じく 2004 年 2 月には SNS の性質に加えてゲームの側面を全面に押し出した GREE などがある。これらのサービスは，2000 年代後半には登録ユーザー数が 1000 万人を超える規模にまで成長した。その後，2010 年代に入ると，Facebook や Twitter に代表されるようなグローバルな広がりを持つ SNS の日本国内におけるユーザー数が 1000 万人を超えるようになる[2]。

　一方，本論文で研究対象とする地域 SNS とは，主に市町村程度の範囲の特定地域を対象とした SNS のサービスである。地域 SNS の起源とされるのは，2004 年に熊本県の八代市において始まった「ごろっとやっちろ」である。「ごろっとやっちろ」の特徴の一つとしては，八代市の職員である小林隆生氏が，通常業務時間以外や休日等のプライベートの時間を使いシステムを構築したという点である。また，システムの運用を行うサーバーに関しても市の既存のサーバーを用いたため，ほとんど費用をかけずに運用を行うことができたという[3]。

　また，一般的な SNS と比較した際の地域 SNS の特徴としては，総務省(2006) は，第 1 にリアルコミュニティとの連動（地図 (GIS) との連携や，公募制の市民によるまちかどレポーターの制度），第 2 に災害時活用（災害発生時に画面が災害モードに切り替わるなどの機能），第 3 に分散型オープンネットワーク（地域単位での展開ではあるが，信頼できる地域 SNS との連携を行うこと）の 3 点を挙げている[4]。

---

[2]　総務省，「平成 24 年版情報通信白書」，2015 年 1 月 30 日取得，http://www.soumu.go.jp/johotsusintokei/whitepaper/ja/h24/html/nc123220.html
[3]　LASDEC，「電子自治体ベストプラクティス」，2015 年 4 月 19 日取得，https://www.j-lis.go.jp/lasdec-archive/its/bestpractice/original/p1.html. より
[4]　総務省『住民参画システム利用の手引き』，2013 年 3 月 31 日取得，http://www.soumu.go.jp/denshijiti/ict/index.html より

第5章 地域SNSの利用実態の把握

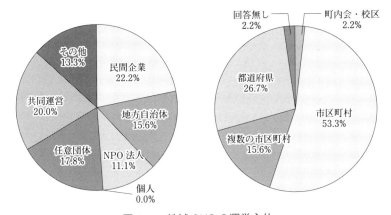

図5-1 地域SNSの運営主体

出典：総務省「平成22年版情報通信白書」, 2015年1月27日取得. http://www.soumu.go.jp/johotsusintokei/whitepaper/ja/2010/html/md123100.html

続いて，地域SNSの運営主体に視点を移してみると，LASDEC（2007）の行った調査によると，運営主体の主な分類としては，民間企業，地方自治体，NPO法人，任意団体，協働運営，その他という形態があることを確認している．また，これらのSNSが対象としている範囲としては，市区町村が約半数で最も多く，都道府県が26.7％，複数の市区町村が15.6％，町内会・校区が2.2％となっている（図5-1）．

地域SNSの運営主体の分類を行うと次の通りにまとめることができる．まず，市役所等が運営主体のSNSである．ここに分類されるSNSとしては，財団法人地方自治情報センター（以下，LASDECとする）が行っている「e-コミュニティ形成支援事業」に参加している自治体が多い．平成18年度から平成20年度までの3年間で，延べ約30の地域の市役所が参加している．ここでの実例として特に活発な利用が行われているものとしては，静岡県掛川市による「e-じゃん掛川」を挙げることができる．次に，地域のNPOが運営の主体となっているSNSについてである．具体的な事例としては，神奈川県横浜市を対象としている「はまっち[5]」や，兵庫県全域を対象としている「ひょご

---

5) ハマっち！SNS（http://sns.hamatch.jp/）

む[6)]」を挙げることができる。最後に，民間の企業が運営主体となっている地域SNSである。ここに分類されるものとしては，さらに次のように大別することができる。例えば，地域SNSの運営自体をビジネスの一環として行っているものとしては，福岡県の「VARRY[7)]」を挙げることができる。他にも，地方のマスメディアが運営している地域SNSも存在する。地方の新聞局が運営主体となっているものとしては，宮城県仙台市の河北新報社が運営している「ふらっと[8)]」，佐賀県の地方新聞社である佐賀新聞が運営を行っている「ひびの[9)]」，和歌山県田辺市に本社を置く地方新聞社である紀伊民報「みかん[10)]」がある。地方TV局が運営主体となっているものとしては，鹿児島県の鹿児島テレビが運営をしている「NikiNiki[11)]」がある。

　本書においては，LASDECによる「e-コミュニティ形成支援事業」の助成を受けてツールの導入を行った自治体がツールの運営または，保守・管理のいずれかにおいて中心的な役割を果たしている自治体に焦点を当てる。

5.1.2　地域SNSの導入実態

　地方自治体における地域SNSの導入は，前述の八代市における「ごろっとやっちろ」の誕生をきっかけに，翌2005年には総務省の実証実験の一環として，東京都千代田区における「ちよっぴー」（登録モニター数：903名，コミュニティの設置数125コミュニティ　2006年2月15日時点）と，新潟県長岡市における「おここなごーか」（登録モニター数：307名，コミュニティの設置数64コミュニティ　2006年2月15日時点）が開始された。第3章においてもまとめたように，地方自治体での成功事例を中央省庁が取り入れる形で施策の展開を行うボトムアップ型によるこの流れは，近年の地域情報化施策を特徴づけるものである。これらの地域における実証実験の期間としては，2005年12月16日から，

---

6)　ひょこむ（https://hyocom.jp/）
7)　VARRY（http://www.varry.net　リンク切れ）
8)　河北新報　ふらっと（http://flat.kahoku.co.jp/index/　リンク切れ）
9)　佐賀新聞　ひびの（https://hibino.saga-s.co.jp/）
10)　紀伊民報　みかん（http://mican.kiilife.jp/）
11)　鹿児島テレビ　NikiNiki（http://nikiniki.tv/　リンク切れ）

2006年2月15日までの62日間であり,防災目的,こどもたちの安心・安全,まちづくり,地域SNS間連携や,電子アンケート等の取り組みが行われた。

さらには,千代田区と長岡市の実証実験の結果を踏まえて,LASDECが中心となり「e-コミュニティ形成支援事業」が行われることを通して,全国各地の自治体において地域SNSが導入されることとなった。本事業の実施の趣旨として,LASDECのHP上には次のようにまとめられている。

> 本事業では,地域SNSを活用したe-コミュニティの活性化を通じて,住民参画や地域活性化を図る事業やICTを活用したシティプロモーションによる地域活性化に資する事業などの実証実験や支援事業を実施し,ICTを活用した地域活性化を推進する事業を実施しました。地域SNSプログラムについては,実証実験や支援事業が円滑に進行するように技術的側面から支援を行うとともに,機能の改善・拡充を実施しました。
> (出典:LASDEC HP,2013年12月15日取得,https://www.lasdec.or.jp/cms/9,263,22,121.html)

LASDECが,e-コミュニティ形成支援事業を開始する直前に,東京都千代田区と新潟県長岡市で行われた地域SNS実証実験の成果をまとめた際の調査報告書である『住民参画システム利用の手引き』においては,ICTを活用した住民参加ツールの利用が必要な理由として次のようにまとめている。

> 地方分権の推進により地方自治体の役割が拡大する一方で,厳しい財政状況にもかかわらず,少子高齢化が進展する中で,公共サービスへの新たな期待は増大するなど,地域をとりまく環境は大きく変化しており,「地域における課題解決力」の向上が求められています。具体的には,地域社会における課題解決に,地域住民がその担い手として参画していくよう,地域コミュニティを再生すること(=「地域社会への住民参画」)と,地方自治体における政策形成の過程に,地域住民が積極的に参画していくこと(=「地方行政への住民参画」)が必要です。
> 一方,インターネットの普及に伴い,情報の入手や情報の発信が容易に

なり，コミュニケーションツールとしての情報通信技術（ICT＝Information and Communication Technology）の有効性・利便性が注目されています。
（出典：総務省・財団法人地方自治情報センター，「住民参画システム利用の手引き」，2013年12月15日取得，http://www.soumu.go.jp/denshijiti/ict/）

　このような認識の下に，地方自治体に地域SNSを導入することで住民の社会参加を促すための助成支援事業として当該事業は実施されている。当該事業は，2005年度に実施された東京都千代田区と新潟県長岡市の成果を引き継ぐ形で，翌2006年から2008年までの3年間実施されたものである。また，助成支援事業の年度ごとの構成を見てみると，初年度である2006年度は「地域SNS機能や住民アンケート機能を利用して地域行政への参画や住民同士の交流等を促進する住民参画モデルシステム及び地域通貨モデルシステムを活用した実証実験」が全国合計で11団体，地域通貨モデルシステムについては4団体の合計15団体が採択されている。2年目である2007年度には，「住民参画モデルシステムを活用した地域活性化に関する実証実験」が7団体，「地域SNS間連携の実証実験」が3団体，「ICTを活用した地域産業支援モデルに関する実証実験」が3団体の合計13団体が採択されている。最終年度である2008年度には，「地域SNSモデルシステムを活用した地域活性化に資する取組に対する支援事業」が3団体，「ICTを活用したシティプロモーションによる地域活性化に資する取組に対する支援事業」が5団体採択されている。

　本研究では各年度における地域SNSの導入支援事業である，2006年度の「地域SNS機能や住民アンケート機能を利用して地域行政への参画や住民同士の交流等を促進する住民参画モデルシステム及び地域通貨モデルシステムを活用した実証実験」，2007年度の「住民参画モデルシステムを活用した地域活性化に関する実証実験」，そして，2008年度の「地域SNSモデルシステムを活用した地域活性化に資する取組に対する支援事業」に参加した自治体を調査対象とした。各年度における実証実験の参加自治体は表5-1ないし表5-3に示す通りであり，合計で21自治体となる。

　このような趣旨のもと進められたe-コミュニティ形成支援事業は，2006年度から2008年度まで実施された。この支援事業を通して全国各地の自治体に

表 5-1　2006 年度参加自治体

参加自治体名	SNS 名
青森県八戸市	はちみーつ
群馬県前橋市	まえりあ
埼玉県秩父市	ちっち
岐阜県大垣市	おおがき地域SNS
静岡県掛川市	e-じゃん掛川
京都府宇治市	お茶っ人
大阪府豊中市	マチカネっ人
福岡県大牟田市	おおむたSNS
長崎県五島市	Goto かたらんねっと
大分県大分市	だいきんりん
鹿児島県奄美市	ま〜じんま

表 5-2　2007 年度参加自治体

参加自治体名	SNS 名
北海道北広島市	きたひろしま地域SNS しゃべねっと
東京都三鷹市	みたか地域SNS
三重県松阪市	地域SNS まつさかべルネット
滋賀県高島市	高島市地域SNS 高島きてねっと！
兵庫県篠山市	丹波篠山地方SNS ホッと！ ささやま
香川県高松市	高松市地域SNS なんがでっきょんな
福岡県久留米市	くるめ地域SNS つつじネット

表5-3　2008 年度参加自治体

参加自治体名	SNS 名
静岡県三島市	三島市民ポータルサイト 地域SNS
愛知県安城市	安城市地域SNS あんみつ
滋賀県野洲市	野洲市地域SNS やすまる

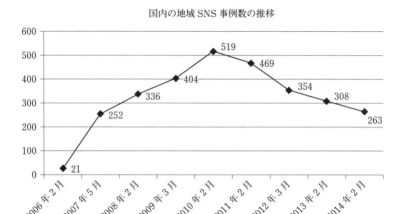

図 5-2　地域 SNS の推移

出典：地域 SNS 研究会「地域 SNS の推移」，2014 年 12 月 9 日取得
http://www.local-socio.net/2014/02/2014_localsns_examples.html

地域 SNS が導入されていくことになる。この流れとともに地域 SNS の設置数は全国的に増加していき，2010 年 3 月時点では全国各地に約 500 の地域 SNS が確認されるに至った（図 5-2）。しかし，2010 年 3 月を境に減少傾向になり，2013 年 3 月時点における調査では約 263 団体にまで減少していることが確認されている。また，GLOCOM（2014）によると，地域 SNS のサイトは開設されているものの，実際に利用するユーザーがいないサイトも多数存在しており，それらのサイトを除外すると，継続的に利用されていると考えられる地域 SNS は 171 事例以下であると指摘している。

5.2　研究対象の概要

本章における分析対象としては京都府宇治市の「お茶っ人」を取り上げる。ここで，「お茶っ人」を分析対象として取り上げる理由としては以下の 2 点である。まず第 1 の理由としては，「お茶っ人」の特徴的な利用状況にある。表 5-4 は，LASDEC が「e-コミュニティ形成支援事業」に参加した自治体の地域 SNS ユーザーを対象に行ったアンケート調査の結果である。ここでの結果

第 5 章　地域 SNS の利用実態の把握　109

表 5-4　オフ会や地域活動等への参加状況

	全体 (n=1197)	ちょっと /ヤ戸田区 (n=22)	もこみな ニコタが 西条市 (n=14)	ちこみな I コンパア 長岡市 (n=22)	まち良み I 鶴岡市 (n=45)	はちみ I ツチミッ 長之件 (n=377)	ルビやん 朝田川市 (n=193)	おーやに と地域SNS /大田原市 (n=121)	まかぶっ こ深くし /豊田市 (n=97)	おかぶっ ん深くし /豊田市 (n=55)	おねがた SNS/大 /豊田市 (n=42)	きのぶかた らんねっと /王島市 (n=81)	ねいきんい /大 (n=10)	ホームし まち電共 (n=31)
コミュニティのオフ会	18.6%	63.6%	21.4%	41.5%	13.3%	10.8%	14.0%	8.3%	29.5%	45.2%	12.3%	30.0%	6.5%
地域のイベント	14.6%	27.3%	42.9%	20.7%	17.8%	2.7%	8.3%	14.9%	51.7%	21.1%	19.0%	12.3%	10.0%	6.5%
SNSで紹介されたイベント	13.9%	18.2%	14.3%	29.3%	15.6%	2.7%	9.8%	10.7%	50.6%	14.7%	21.4%	13.6%	20.0%	16.1%
シンポジウム、地域SNSセミナー等	10.4%	22.7%	21.4%	17.1%	0.0%	0.0%	10.9%	6.6%	33.3%	10.5%	2.4%	7.4%	20.0%	9.7%
市民活動会、まちづくり会議、等	4.1%	4.5%	7.1%	6.1%	2.2%	2.7%	3.6%	0.8%	6.9%	8.4%	4.8%	4.9%	20.0%	3.2%
その他	6.0%	9.1%	21.4%	9.8%	13.3%	5.4%	6.2%	3.3%	8.0%	1.1%	0.0%	12.3%	10.0%	3.2%
参加したことはない	62.5%	27.3%	21.4%	34.1%	64.4%	75.7%	67.4%	71.1%	13.8%	60.0%	42.9%	65.4%	60.0%	71.0%

	しゃくわらの /三重地 と/未は /未田 豊市 (n=19)	三重地 SNS/三 重町 豊市 (n=19)	和笑くら /末キ区 取材 (n=76)	高島で ねっと /高島市 (n=27)	わやたIY さやたIY 慰山市 (n=80)	なんがが でやもと ぬ/美泰 (n=28)	ゴつさホオ トリム/久 米村 (n=33)							
コミュニティのオフ会	5.3%	10.5%	2.6%	0.0%	5.0%	0.0%	10.2%							
地域のイベント	5.3%	0.0%	14.5%	0.0%	0.0%	21.4%	0.0%							
SNSで紹介されたイベント	0.0%	0.0%	6.6%	3.7%	1.3%	7.1%	2.3%							
シンポジウム、地域SNSセミナー等	5.3%	26.3%	15.8%	3.7%	1.3%	3.6%	2.3%							
市民活動会、まちづくり会議、等	0.0%	5.3%	3.9%	0.0%	2.5%	0.0%	3.4%							
その他	15.8%	5.3%	1.3%	11.1%	6.3%	3.6%	1.1%							
参加したことはない	68.4%	63.2%	71.1%	81.5%	86.3%	64.3%	88.6%							

※1: 表中では、以下の規則で色づけをしている。
濃い灰色は、40.0%以上の項目
薄い灰色は、20.0%以上の項目

出典：LASDEC「地域 SNS モデルシステム運用の手引き 地域 SNS モデルシステム運用の手引き～地域 SNS に関する実証実験を踏まえて～」, 2013 年 12 月 15 日取得, https://www.j-lis.go.jp/lasdec-archive/cms/resources/content/6275/20080911-142449.pdf

をみると,「お茶っ人」のユーザーは,他の地域のユーザーと比べた際に,地域SNSがきっかけで知り合った人々がネットコミュニティ上ではなく,リアルの場で交流を行うオフ会や,地域の活動に積極的に参加していることを確認することができる.

第2の理由として本章においては,総務省(2006)でも挙げているように,地域SNSの大きな特徴の一つである「リアルコミュニティとの連動」という視点から,地域SNSを活用した地域住民の地域社会への参加状況に焦点を当てて分析を行う.そのため,オフ会や,地域社会への活動に対して積極的なユーザーが多い宇治市は本研究の分析対象として適している.

5.3 実社会のイベントの取り扱われ方に着目した分析

本節では,実社会でのイベントが地域SNS上で,どのように取り扱われているのかという点に着目した分析を行う.以下,本節の構成としては,5.3.1において関連する先行研究の整理を行うとともに本研究の位置づけを明らかにする.5.3.2においては,分析を行う際に用いたデータの説明,5.3.3においては,分析方法の説明を行う.続く5.3.4と5.3.5において分析の結果をまとめる.まず,5.3.4ではユーザーの書き込みデータにおける感情表現に着目して分析を行う.次に,5.3.5においては特徴語に着目した分析をする.

5.3.1 地域SNSやウェブログを対象とした先行研究

分析を進めるに当たって本研究と関連のある先行研究のまとめを行う.実社会のイベントが地域SNS上においてどのように言及されているかについての研究を行う際に関連の深い先行研究としては以下の3点に分類することができる.第1点目として,地域SNSを分析対象とした先行研究がある.第2点目に,SNSやブログを対象としたユーザー属性や書き込みを行う動機に関する研究が挙げられる.第3点目には,特定のイベントを対象とした分析や,盛り上がる話題についての分析を行った研究が挙げられる.ここでの分析では,主に3点目の先行研究で行われている研究手法を対象に分析を行った.

第1点目に挙げた本研究で対象とする地域SNSに関して行われた先行研究

のうち，質的な研究としては，庄司（2008）による事例研究をはじめとして数多く行われている．次に量的な視点から行われた研究としては，岡本・田中（2008），岡本ら（2008），鳥海ら（2008a, b）によるネットワーク分析，中野ら（2011），中野・田中（2013）によるアンケート調査の手法を用いた研究が行われている．一方で，地域SNS上におけるやり取りを対象にテキストマイニングの手法を用いて行われている研究としては，管見の限りでは筆者らの研究グループによるもの（田中ら2009; Tanaka・Nakano 2010）を除いては存在しない．

　第2点目として挙げたSNSやウェブログ全般に関する研究としては，ユーザー属性や，書き込みを行う動機に関する研究が行われている．松村・三浦（2005）では，「誰に向けてどのような内容を書くのか」という作者の志向性に着目した分析と，文書ごとにおけるモダリティ表現の出現に着目した分析を行っている．松村・三浦（2006）は，ウェブログのユーザーを対象に質問紙調査を行った．この研究では，ウェブログ作者の想定する読者層や，性別や年齢ごとに見たブログ記事での幸せ言及度に関して比較している．松村・三浦（2007）では，NTTデータのブログサービスであるDoblog[12]のユーザーを対象とした，男女別，年代別，地域別における，書き込みの頻度や特徴的な語に関する研究を行っている．また川浦ら（2004）は，mixiユーザーを対象に調査票を用いた調査で，ユーザーの属性や，SNS利用の実態に関する調査を行った．以上，これらの先行研究では，調査票を用いた研究やユーザーの属性に注目した研究は数多く行われているが，SNS全体における日記の書き込みの内容に着目した分析については筆者の知る限り確認できなかった．

　第3点目としては，ブログおよび電子掲示板を対象としたイベントの時系列分析や，話題の盛り上がりに関するテキスト分析に関する研究を整理する．本研究に関連するものとして，次の2種類の研究がある．まず，話題の時系列変化に着目した研究である．伊藤（2006）の，2ちゃんねるの24時間マラソン監視オフを対象としてイベント当日の話題の推移を分析した研究を挙げることができる．また，福原ら（2006a, b）では，ウェブログ記事と新聞記事を対象として，数カ月間の話題の変遷についての研究がある．次に，話題の盛り上がり

---

12) Doblog（http://www.doblog.com/）2009年5月30日でサービス終了．

に関する研究である．松村ら（2002）では，2ちゃんねるにおけるコミュニケーションが盛り上がるメカニズムについての分析を行っている．また，松村（2003, 2008）では，地域の掲示板を対象に，盛り上がる話題を提示するオピニオン・リーダーや影響力の強い語の特定を行った研究がある．

本書では，第3点目に挙げたブログおよび電子掲示板を対象としたイベントの時系列分析や，話題の盛り上がりに関するテキスト分析での手法を参考に分析を行う．

5.3.2 データ

本研究では，地域SNSを運営する「宇治大好きネット」が主催したイベントである「わいわいあつまろフェスタ」（以下，「フェスタ」）を対象として内容分析を進めた．フェスタは，宇治大好きネットが運営するホームページサービスの「eタウン宇治」の3周年と地域SNSお茶っ人の1周年の記念イベントとして，2007年12月16日に宇治市産業会館で開催された．地域コミュニティの活性化に関する午前の講演会の冒頭で久保田宇治市長が挨拶したほか，宇治市内の26団体等による展示・体験イベントや，子供から高齢者に至るまでの9団体によるステージ上でのダンスや演奏の発表などが行われた．午前10時から午後4時過ぎまでのイベントで，約600人の市民が参加した（岡本・田中 2008）．

地域SNSの日記は，本人が書き込む日記本体と，本人または本人以外のユーザーが書き込めるコメント部分から構成される．2007年10月1日以降の1年間の日記の中で，本体またはコメント部分でフェスタについて言及している日記（以下「フェスタ関係日記」）の数の推移は，図5-3に示すとおりとなった．本研究では，日記の数がある程度確保できる期間（2007年11月26日から2008年1月6日まで）を対象とした[13]．

対象期間中に，どの程度の割合のユーザーがフェスタの話題に触れているか

---

[13] 2008年1月13日まで対象とすることも考えられたが，時間的制約のため1月6日までの分析とした．

[14] 「12.16」は12月10日から12月16日までの一週間の期間を意味する．以下の図において，同じ．

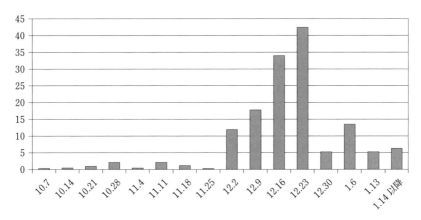

図 5-3　フェスタ関係日記数の推移[14]

を図 5-4 で確認した。同図は，分母を当該 1 週間に全日記の本体またはコメント部分に書き込んだユーザー数として，分子を当該 1 週間にフェスタ関係日記の本体またはコメント部分に書き込んだユーザー数とした比率の推移を示している。フェスタが開催された 12 月 16 日を含む 1 週間には，対象地域 SNS の日記に書き込んだユーザーの 8 割近くが，フェスタの話題に何らかの形で接していたことになる[15]。

以下では，フェスタの話題が日記でやりとりをされていた対象期間（2007 年 11 月 26 日～ 2008 年 1 月 6 日）において，フェスタ関係日記に書き込まれている内容とそれ以外の日記に書き込まれている内容を比較することなどで，対象地域 SNS でフェスタに関する話題の特徴を分析する。具体的には，感情表現と特徴語の 2 つに着目して，フェスタ関係日記とそれ以外の内容の推移を比較する[16]。

15）　日記本体またはコメント部分で，フェスタに言及しなかったユーザーも分子に含まれるが，当該ユーザーであっても他のユーザーの書き込みを通じてフェスタの話題に何らかの形で接していたと仮定した。
16）　分析に当たっては，KH Coder（http://khc.sourceforge.net/）を用いた。

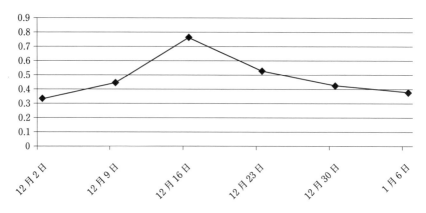

図5-4 フェスタの話題に接したユーザー比率の推移

5.3.3 分析方法

　本節では，分析の前提として，感情表現に着目したPlutchik（1960）および徳久ら（2001）に基づき，福原（2006a, b）などを参照にしながら，感情語を人手で表5-5に示す感情カテゴリーに分けた。また，テキスト・マイニングの分析結果をもとに，上記の先行研究では設けられていなかった，「感謝」と「慰労」のカテゴリーを新たに設けた。

　日記の本体またはコメント部分を一つの文書として扱い，分母を全文書数とし，分子を感情語が含まれた文書の数とした比率（出現率）をとり，フェスタ関係日記とそれ以外の日記に分けて，1週間単位で当該比率の推移をみた（図5-5）。

5.3.4 感情表現に着目した分析

　フェスタ関係日記とそれ以外の日記の比較で特徴的なカテゴリーは，喜び（図5-6），感謝（図5-7）および慰労（図5-8）であった。特定のイベントが終了した後に，さらに感情語の出現率が高まり，イベントの2週間後に最大の出現率になる点に特徴がある。年末年始の挨拶時期とも重なるという特殊要因もあり得るが，フェスタ関係以外の日記では年末年始にかけて出現率が大きく変化していないことから，このような季節要因の影響は受けていないものと考え

第5章 地域SNSの利用実態の把握

表5-5 登録した感情語の一例

恐れ（6）	恐ろしい, 怖い, 不安, 危ない, 心配, 恐怖
悲しみ（10）	悲しい, 切ない, 寂しい, 淋しい, さびしい
怒り（5）	怒る, 憤り, 苛立つ, 腹が立つ, 非難
喜び（17）	楽しい, 笑顔, 喜び, 嬉しい, 幸せ
嫌だ（39）	残念, 面倒, いや, 嫌い, 苦しい
驚き（8）	おどろく, びっくり, 思わず, 意外と
好ましい（25）	好き, 気持ちいい, さわやか, 微笑ましい, ありがとう
期待（9）	楽しみ, 待ち遠しい, ワクワク, ウキウキ
感謝（5）	有難い, 有難う, ありがとう, 感謝
慰労（3）	お疲れさま, お疲れ様, お疲れ

（注）左列の（　）は当該カテゴリーに該当する感情語の数

図5-5 分析対象日記の説明

出典：京都山城地域SNSお茶っ人，2015年年2月4日取得，http://www.sns.ochatt.jp/

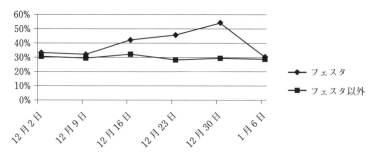

図 5-6　喜びの出現率の推移比較

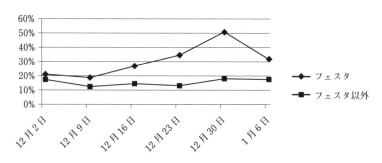

図 5-7　感謝の出現率の推移比較

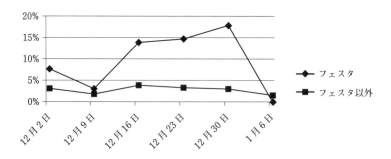

図 5-8　慰労の出現率の推移比較

られる。

5.3.5 特徴語に着目した分析

次に，フェスタ関係日記の頻出単語を特徴語として扱い，通年[17]の全日記と出現率[18]を比較した分析を行う。具体的には，伊藤（2006）を参照して，名詞と動詞を対象として[19]出現率の差に着目した。

名詞の頻出語の出現率比較は表5-6に示すとおりである。「(HN)」，「ステージ」および「笑顔」が，通年の出現頻度が低い一方でフェスタ関係日記での出現頻度が高いことから，フェスタ関係日記の特徴語と考えられる。

各語が出現している文書を個別に精査して，これらの語の用いられ方を分析すると，次のとおりになる。まず，「(HN)」は，フェスタ実行の中心的な人物のうちの一人のハンドルネームである。フェスタ開催後に当該人物にねぎらいの言葉をかける例が多かった。次に，「ステージ」と「笑顔」についてはフェスタでの出し物に関する話題の中で用いられることが多かった。特に「笑顔」については，フェスタの各出し物に対する印象として用いられていた。

そのほか，名詞の中で特徴あるものとしては，「自分」と「写真」が挙げられる。「自分」は通年で見ると第2位の出現率であるのに対して，フェスタ関係日記の中では第8位と低く，かつ，出現率も大幅に減少している点に特徴がある。また，「写真」は，フェスタ開催後に大幅に増加している特徴があった。個別の内容を確認すると，フェスタの様子を写した写真が日記に掲載されたことに関する話題となっていた。

次に，動詞の頻出語の出現率比較は，表5-7に示すとおりである。上位4語は，出現率に差異はあるものの，フェスタ関係日記と通年で順位に差異はない。それに対して，「楽しむ」，「頑張る」および「会う」の3つは出現率に差異が

---

17) 2007年10月1日から2008年9月30日の1年間。
18) 本節の出現率は前節とは異なり，分子が該当単語の出現回数となる。例えば，一つの文書に同一単語が2回使われている場合の分子は，前節では1となるのに対して，本節では2となる。
19) 形容詞，形容動詞，感動詞等にも差異のある語はあったが，これらは前節の感情表現と重なるので省略した。

表 5-6　頻出語（名詞）の出現率比較

単語	フェスタ関係日記		通年		出現率差/A-B
	順位	出現率A	順位	出現率B	
日記	1	0.061	1	0.054	0.007
写真	2	0.059	3	0.047	0.012
皆さん	3	0.052	6	0.032	0.02
楽しみ	4	0.049	5	0.033	0.016
(HN)*	5	0.034	圏外	n.a.	n.a.
イベント	6	0.032	24	0.013	0.019
新聞	7	0.031	25	0.013	0.018
自分	8	0.028	2	0.048	-0.026
ステージ	9	0.028	圏外	n.a.	n.a.
笑顔	10	0.025	圏外	n.a.	n.a.

注1.「(HN)」は，実際にはハンドルネームであるが，個人が特定できないような表記とした。
注2. 圏外とは，上位30位を下回っているもの。

あり，かつ，フェスタ関係日記での順位の上昇度合いが高い。これら3語は，フェスタ関係日記の特徴語（動詞）と考えられる。

　名詞と同様に，各語が出現している文書を個別に精査して，これらの語の用いられ方を分析すると，次の通りになる。まず，「楽しむ」については，フェスタ開催前は「楽しみ」などフェスタへの期待を表す内容で用いられる一方で，フェスタ開催後は「楽しかった」などフェスタに対する感想として用いられることが多かった。次に，「頑張る」については，フェスタ開催前は，フェスタ主催者や出し物の出演者などへの応援の文脈で用いられる一方で，フェスタ開催後はフェスタ以外の文脈で用いられていることが多かった。「会う」については，フェスタ開催前は同フェスタで会えるのが楽しみという期待の表出である一方で，フェスタ開催後は，実際に会えて良かったなどの感想の文脈で用いられることが多く，どちらかというと開催後の方が出現頻度が高かった。

　フェスタ関係日記の特徴語に関しては，総じて言えば，フェスタへの参加を前提とした文脈で用いられることが多かった。地域SNSは，地域コミュニティの活性化を目指す中で，実社会での活動との関連づけを重視して導入が進め

表 5-7 頻出語（動詞）の出現率比較

単語	フェスタ関係日記 順位	出現率A	通年 順位	出現率B	出現率差/A-B
思う	1	0.201	1	0.196	0.005
行く	2	0.119	2	0.144	-0.025
見る	3	0.099	3	0.131	-0.032
言う	4	0.099	4	0.121	-0.022
楽しむ	5	0.086	8	0.051	0.035
頑張る	6	0.072	13	0.04	0.032
来る	7	0.071	9	0.049	0.022
会う	8	0.064	19	0.031	0.033
聞く	9	0.058	6	0.059	-0.001
出る	10	0.051	7	0.057	0.006

られたが（総務省 2006），実際の利用実態でもユーザーによる実社会での活動が話題に反映されていることが確認された。

5.4 まとめ

本章では，自治体が運営主体である地域 SNS を対象に，地域 SNS の特徴の1つである実社会との連動という点に着目して，利用実態に関する研究を行った。本研究を通して明らかになったこととしては，以下のことが挙げられる。

本研究における実社会のイベントに着目して行った分析としては，特に活発な利用が行われている地域 SNS の特定のイベントに関する日記を対象として，どのような特徴があるかについてのテキスト分析を行った。その結果，感情表現に着目した分析に関しては，イベント開催後の2週間程度にわたって，「喜び」，「感謝」および「慰労」が増加していることが確認された。また，特徴語として，当該イベントに密接に関連する語の出現頻度が高いことが明らかになった。

本章におけるリサーチクエスションである「*RQ1：地域住民の地域 SNS の利用実態はどのようになっているか*」に対する結論としては以下に示す通りで

ある。実社会の活動と密接に結びついて活用されており，地域 SNS 上におけるポジティブな感情表現や，感謝の言葉を書き込むことを通して，地域社会への関心や地域社会におけるイベント等への興味関心を向上させることに一定の役割を果たしているということが示唆される結果を得られた。また，同じ研究対象を取り扱った田中 (2009) の研究では，地域 SNS の利用実態に対して，報酬を目的とした行動による外発的な動機づけではなく，活動それ自体に内在する報酬のために行う行為の過程を意味する内発的動機づけのプラットフォームとして機能している可能性について指摘している。このように地域 SNS の利用による効果としては，イベント終了後もポジティブな感情表現を伴った発言の比率が増加し続けることからもわかるように，当日のイベントに参加した人のみならず，当日は参加できなかった人たちも後日 SNS 上のやり取りを通して地域のイベントに触れることができる点を挙げることができる。このことが，地域社会への関心を高める効果に寄与しているものと考えられる。本書で定義を行った「参加」の視点から分析結果を捉え直してみると，「参加の踊り場」の段階における「参加」のきっかけ作りの場を提供するような活用がなされていると結論づけることができるだろう。

一方で，理論的な視点からの考察としては，第 2 章でまとめた補完性の原理との関連で，本章の結果に対して考察を加えると，次の通りまとめられる。上述のように「地域への関心」を向上させることに対しては，一定の効果がある可能性を示した。しかし，総務省が「住民参画システム利用の手引き」において掲げたような地域社会への参加や，地方行政への参加を通した地域課題の解決能力向上という点についてまでは，本章における分析からは確認できなかった。

また，本研究の限界についても指摘しておく必要がある。それは，単一の事例の一つのイベントを対象とした研究を行っているに過ぎないという点である。この点については，今後の課題として，宇治市における他のイベントを対象とした分析との比較研究を行うことや，他地域の地域 SNS との比較分析を行うことなどが求められる。

第6章　地域 SNS の設置効果の検証
——3 地域における比較研究

　第5章では地域住民による地域 SNS の利用実態について，実社会において行われたイベントに関する地域 SNS 上への地域住民の書き込みを対象とした分析を通して検証を行った。前章において確認できたこととしては，実社会の活動と連動した形での利用が行われており，地域社会への関心を高める可能性があるということであった。一方，本章[1]では，前章での知見を踏まえた上で，地域 SNS ユーザーを対象としたアンケート調査を行う。その上で，地域 SNS の設置効果が，地域社会や住民に対してどのような効果をもたらしうるものなのかについて考察を加える。

6.1　はじめに

　すでに述べた通り地域 SNS は全国において導入が行われてきた。しかし，2010 年を境に減少傾向へと転じている。このように地域 SNS は各地で導入される一方で，地域社会に何らかの活性化効果をもたらしているものはそれほど多くないと言われている（総務省 2010）。このような背景を踏まえて地域 SNS が地域社会に対してどのような効果をもたらしているのかについての検証を行う。
　本章では，これまでの研究の蓄積を踏まえた上で，以下の2つの視点から地

---

1)　本章は，『社会・経済システム no. 34』に掲載された論文である「地域 SNS の利用実態に関する研究」に加筆修正を加えたものである。

域 SNS の設置効果の検証をアンケート調査の手法を用いて実証的に行う。第1点目としては，地域 SNS ごとにおける設置効果の検証を行う。ここでは，地域 SNS の設置後一定期間が経過した後も比較的活発な利用状況がある地域 SNS と，近隣の地域 SNS が統合する形で新たな地域 SNS として誕生した SNS の合計 3 地域の SNS を対象として，それぞれの地域間における地域 SNS の設置効果の検証を行う。第 2 点目としては，地域 SNS を活用して地域コミュニティへの参加を行っているユーザーの特徴を明らかにする。これまで，地域社会とインターネットという視点で行われてきた多くの先行研究は，インターネットを活用して地域社会への参加や，政治参加を行っているユーザーの属性を明らかにすることを目的としている。そこで本研究では，地域 SNS を活用して地域社会への参加を行っているユーザーの属性について確認を行い，先行研究における知見との比較検討を行う。

6.2 先行研究

地域 SNS の利用実態に関する研究は，大まかに次の 2 つの視点から研究が行われている。まず，1 つ目の類型としては，サイト管理者に対するものである。LASDEC（2007）は，サイト管理者に対する電子メールによるアンケート調査によって，全国の地域 SNS の登録会員数やコミュニティ数，機能の概要等を把握するとともに，運営主体の行政関与に対する意識や，地域 SNS の導入目的，実際の成果，今後の展望などを把握した。庄司（2008）は，質問紙調査によって，運営主体に関する基礎的な事項のほか，SNS 内部の結束の強化に関連するオフ会やメディア活用などについて調査を行っている。総務省（2010）では，より新しい 2010 年時点の実態を明らかにしている（総務省：55-58）。なお，これらの調査は独立して行われており，各調査間での時系列変化などの分析は行われていない。

次に，もう 1 つの類型としては，利用者を対象とするものである。LASDEC（2008）は，LASDEC の e-コミュニティ形成支援事業の対象となった 21 団体の地域 SNS ユーザーを対象として，各地域 SNS のアンケート機能を利用した調査を実施した。その結果として，地域 SNS に参加したことによる意識的な

変化として「メンバーとコミュニケーションを取りたい」や「地域の情報を得たい」と考えるようになった割合が高いことなどを明らかにした。総務省 (2010) でも全国の地域 SNS を通じたアンケート調査を行っており、地域 SNS 利用の効果として「人との出会い」、「地域情報の入手」、「地元への愛着」が高いことなどを明らかにしている。このように地域 SNS に関するいくつもの調査が行われているが、アンケート調査結果の集計程度にとどまり、必ずしも統計的な検証が行われているとは言いがたい。一方で筆者らは、これまでにも統計的な手法を用いた検証として、地域 SNS の活発な利用事例として知られている宇治市における利用者と非利用者を対象としたアンケート調査を実施している。この調査においては、サンプルの収集にあたって、特定の地域イベントへの参加者を対象にしているという点と、地域 SNS 運営に関わる利用者を通じてアンケート用紙の配布を行っているという点において、サンプルセレクションに関しての限界は存在するものの、地域 SNS を活用した社会参加の可能性について、地域 SNS の利用者と非利用者との間で、どのような違いが生じるかの検証を行っている。この調査においては、①地域 SNS の非利用者と比較した際の利用者の特徴を明らかにするという点と、②利用者の属性と地域 SNS の効果の関係についての考察を行った (中野ら 2011)。そこでの結果としては、第1点目に関しては、地域 SNS 利用者と非利用者の比較として、両者の間には地域社会の活動のコミットメントの程度に統計的に有意な差異があり、前者の方がより高くコミットしている可能性があることが示された。第2点目に関しては、地域 SNS 利用者を対象とした分析では、近隣住人とのつきあいという尺度でみて地域 SNS は効果があったことが示された。さらに、属性に着目すれば、居住年数、年齢、学歴によっても効果に差があることが確認された。これらの結果は、地域 SNS 以外のオンラインコミュニティに関する先行研究の結果とは異なるものであり、ツールや地域によっても属性と効果の関係が異なる可能性があることが示された。

　また、地域 SNS に限定せず、オンラインコミュニティと地域コミュニティの関係という視点では、以前から定量的な研究が行われている。例えば、地域 SNS に類似するものとしては一般の SNS を対象に研究が行われており、これらの調査においては大学生を対象とした研究が数多く行われている (Subrahmanyam et al. 2007; Valnezuela et al. 2009 など)。これらの研究では，特定の大学における授業参加学生を対象としたアンケート調査や，学生に調査への協力依頼をメールで送り，その返信者を対象とした調査が行われている。他にも，地域社会とICTとの関係については，Hampton & Wellman（2003）によるNetville を対象とした研究が行われている。そこでの研究結果としては，インターネットユーザーと，非ユーザーを比較した際に，ユーザーの方が隣人との交流の頻度が有意に高いという結果が示されている。また小林ら（2007），志村・池田（2008）の一連の研究では，千葉県美浜区の大規模集合住宅地域「幕張ベイタウン」の居住者を対象としている。小林ら（2007）では，地域オンラインコミュニティの参加の有無に影響をあたえる要因についての分析をしている。ここでの結果としては，年齢，既婚，居住年数，賃貸，および通勤時間が影響を与えていることが確認されている。また，地域オンラインコミュニティへの閲読，投稿に関しては性別（男性）の影響のみが統計的に有意に高いという研究結果を示している。ほかにも，志村・池田（2008）では，地域オンラインコミュニティが社会的ネットワークに与える影響についての分析を行っている。この分析結果としては，同質性の高いネットワーク，異質性の高いネットワーク共に，性別（女性），居住年数の長さ，子供がいることが影響を与えるとしている。このように地域SNS以外のオンラインコミュニティに関する研究では，利用者の属性が，参加のあり方やツールの効果にどのような影響を与えるかが統計的に検証されている。

しかし，これらの先行研究においても複数地域間の比較が行われた研究は筆者の知る限り存在していない。そこで本研究では，複数地域を対象とした地域間比較という視点から地域SNSの利用実態に関しての研究を行う。また，本研究では，これまでの筆者らの研究の知見を踏まえた上で，ICTを活用した住民参加であるe-participationという視点から，地域オンラインコミュニティを対象とした先行研究の結果と比較することを目的として，地域SNSを活用して地域社会への積極的な参加を行うユーザーの特徴を明らかにする。

6.3 調査概要とデータ

6.3.1 対象地域 SNS

本研究では，LASDECによる2006年度e-コミュニティ形成支援事業の一つである京都府山城地域SNS「お茶っ人」と静岡県掛川市地域SNS「e-じゃん掛川」，また，2010年度末に近隣の3つの地域SNSが統合をしたことによって誕生した筑後地域SNS「わいわいちっご」を調査対象とする。

前者2つの地域の選定理由としては，「e-コミュニティ形成支援事業」参加自治体の中でも積極的な利用に関する報告がなされているということである。一方で，筑後地域SNSの「わいわいちっご」を今回の分析対象として加えた理由としては，調査時点において統合後約1年しか時間が経過していないという点である。このことによって，設置期間の長さにより地域SNSの利活用にどのような効果を与えるかについての検証を行う。また，「お茶っ人」や「e-じゃん掛川」と比較した際の「わいわいちっご」の特徴としては，複数の市町村が協力して運営を行っているため，地域SNSのサービス提供範囲が広いということが挙げられる（表6-1）。

2006年度e-コミュニティ形成支援事業に参加した大牟田市地域SNS「おおむた」，2007年度e-コミュニティ形成支援事業に参加した久留米市の地域SNS「つつじねっと」，福岡県の筑後田園都市推進評議会が運用する地域SNSである「ちっごねっと」が，これら3つの地域SNSが各々の抱える問題点を解消するために協力しながら運営しているのが「わいわいちっご」である（この詳細については，第9章において論じる）。

表6-1 調査対象地域の概要

	お茶っ人	e-じゃん掛川	わいわいちっご
運営主体	地元NPO（NPO法人宇治大好きネット）	掛川市役所	筑後田園都市推進評議会
運営開始時期	2006年11月3日	2006年11月3日	2011年6月1日
対象地域	おもに宇治市	掛川市	筑後地域（12市町）

表 6-2　回答者の基本属性

	お茶っ人 (N=141)	e-じゃん掛川 (N=105)	わいわいちっご (N=113)
性別（女性比率）	0.44	0.30	0.37
年齢	60.75	48.60	47.44
居住年数	5.10	4.62	4.16
通勤・通学時間（分）	25.72	16.47	24.47

*・年齢は，「1: 15 歳未満」，以降 5 歳きざみで「14: 80 歳以上」（表 6-2 においては，各きざみの名目値に各きざみの中央値を割り当てて，近似的に実数の平均値を計算した．
・居住年数は，「1: 1 年未満」，「2: 1 年以上 5 年未満」，「3: 5 年以上 10 年未満」，「4: 10 年以上 15 年未満」，「5: 15 年以上 20 年未満」，「6: 20 年以上」
・通勤・通学時間は「分」単位

6.3.2　調査方法

2011 年 7 月に上記の 3 地域 SNS の運営者の協力を得て，地域 SNS 上にてアンケート調査への協力を呼びかけた上で，インターネット調査会社である SurveyMonkey のアンケートシステムを利用してウェブアンケートを行った．回答者の基本情報としては，表 6-2 に示す通りである．

6.3.3　分析結果

本章では，地域 SNS の利用実態を明らかにすることを目的として，以下 2 つの視点から分析を行う．第 1 点目として，地域 SNS の利用が地域住民にどのような効果を与えているかについて検証する．総務省（2010）は，地域 SNS の多くは地域社会の活性化に効果的な役割を果たしていないことを指摘している．そこで，どのような利用に対して地域 SNS は効果を有しているのかを確認する．第 2 点目として，総務省（2006）の「住民参画システム利用の手引き」では，地域 SNS 導入の目的として，地域社会への参加と，地方行政への参加という 2 つを掲げている．本論文では，特に e-participation という視点から地域社会への参加に焦点を当てて，どのような属性のユーザーが地域社会への参加に積極的であるのかを検証する．

表 6-3　SNS 利用前後における信頼度

地域 SNS	お茶っ人				e-じゃん掛川				わいわいちっご			
	以前	以後	t 値	N	以前	以後	t 値	N	以前	以後	t 値	N
信頼度	7.37	8.06	7.22**	127	7.16	7.69	3.82**	94	7.08	7.05	0.14	93

†significant at 10% level; *significant at 5% level; **significant at 1% level; (以下同じ)

(1) 地域 SNS 利用の効果

本節では,地域 SNS の設置が具体的にどのように効果があるのかを明らかにする。「平成 22 年版情報通信白書」(総務省 2010) は,地域 SNS 利用者を対象としたアンケート調査において,「人との出会い」,「地域情報の入手」,「地元への愛着」に関しての効用が特に高いことを確認している。この結果を参考に「知り合いとのおつきあい」,「地域への関心」,また,ソーシャルキャピタルに関する調査の中でよく用いられている指標である「信頼度」を加えた 3 つの視点から,地域 SNS の利用前後においてどのような効果があったのかについて質問紙調査を行った (具体的な質問項目については,APPENDIX にまとめて掲載している)。ここでの調査方法としては,上に挙げた 3 つの項目に対して各々利用前と利用後に関する質問を行い,対応のある t 検定を行った。結果としては,以下にまとめる通りである。

第 1 点目として地域 SNS の利用前・後におけるユーザーの信頼度に関しては,お茶っ人と,e-じゃん掛川において有意水準 1% で利用以後の方が高くなった (表 6-3)。一方で,わいわいちっごに関しては有意な結果を得ることができなかった。この結果は,地域 SNS の設置経過年数が影響しているものと考えられる。前者 2 つの地域 SNS は設置後 6 年が経過している。一方で,後者は,おおむた SNS (大牟田市),つつじねっと (久留米市),ちっごねっとが統合される形で 2011 年 6 月に誕生した地域 SNS である。今回の調査実施時点において,SNS 統合後の時間があまり経過していなかったため,SNS 上での交流を行う機会が前者 2 つの SNS に比べると少なかったことが原因のひとつとして考えられる。

第 2 点目に近所との付き合い状況に関しては (表 6-4),お茶っ人では,「名前を知っている」という緩やかな付き合い状況から,「最小限の付き合い」と

表6-4 近所との付き合い状況

地域SNS	お茶っ人				e-じゃん掛川				わいわいちっご			
	以前	以後	t値	N	以前	以後	t値	N	以前	以後	t値	N
名前	5.51	6.68	6.57**	134	6.55	6.37	-0.93	98	4.79	5.28	2.29*	109
生活面での協力	3.21	3.42	1.83†	141	3.86	3.43	-2.96**	104	2.39	2.21	-1.47	112
対面での立ち話	4.40	4.77	2.64**	139	5.44	4.93	-2.76**	101	3.15	3.05	-0.64	111
最小限の付き合い	4.81	5.41	3.59**	139	5.77	5.13	-3.16**	96	3.4	3.41	-0.05	110
ネット上でのやり取り	3.69	5.01	8.35**	140	3.99	4.33	2.2*	103	3.42	3.69	1.59	111

いう実社会での交流まですべてにおいて，交流する人数が増加するという結果を確認することができた。一方で，e-じゃん掛川では，「ネット上でのやり取り」というオンライン上での交流人数に関しては増加したのに対して，その他の実社会での交流（「生活面での協力」，「対面での立ち話」，「最小限の付き合い」）に関しては交流する人数が統計的に有意に減少するという結果であった。この結果からは，地域によっては地域SNSの利用によって近隣住民との付き合いにネガティブな影響を及ぼし得ることが示唆されている。また，わいわいちっごの結果に関しては，「名前を知っている」という緩やかな付き合い状況に関する項目では，有意な結果を確認することができたが，その他の項目に関しては有意な結果を確認することができなかった。ここでの分析結果に関しても，信頼度に関する分析と同じように設置後経過年数の違いが影響しているものと考えられる。

　第3点目に，地域への関心に関しては（表6-5），3地域SNSともに全ての質問項目において統計的に有意に地域への関心が増加していることが確認できた。ここでは，設置年数の短いわいわいちっごにおいても，他の2つの地域SNSと同様の結果が得られていることが前述の2点とは異なる。まず，信頼度についてみれば，今回の調査対象は一般的信頼度であり，各人の経験等に基づき醸成されるものであり，その変化には一定の期間を要することが見込まれる。次に，近所とのお付き合いについてみれば，自分だけで水準を変えることは困難であり，相手方を見つけ，かつ，付き合いに応じてもらう必要があり，水準の変化には一定の期間を要することが見込まれる。これに対して，地域への関心については，前2者とは異なり情報が得られれば自分だけでも水準を変

表 6-5　地域への関心

地域 SNS	お茶っ人				e-じゃん掛川				わいわいちっご			
	以前	以後	t 値	N	以前	以後	t 値	N	以前	以後	t 値	N
地域の出来ごと	3.72	4.41	8.34**	138	4.02	4.34	5.55**	99	3.94	4.18	2.67**	107
地域への愛着	3.69	4.30	7.29**	139	4.02	4.35	4.73**	100	3.91	4.15	3.15**	106
積極的交流	3.35	4.04	7.80**	139	3.48	3.89	5.53**	99	3.51	3.81	3.74**	109
地域に役立ちたい	3.33	4.08	8.93**	138	3.82	4.09	3.98**	99	3.56	3.78	2.91**	108
地域行政に関わりたい	2.87	3.30	5.63**	131	3.48	3.70	3.7**	99	3.25	3.50	3.72**	106

えることは比較的容易である。加えて，わいわいちっごの場合，設置の経緯等から久留米市役所の広報広聴課がコミットして積極的に地域の情報を発信してきたという背景もある。こうしたことから，地域の関心については，設置期間が短いわいわいちっごであっても水準の変化が確認できたものと考える。

(2)　地域社会への参加に積極的な利用者の特徴

　本節では，ICT を活用した住民参加に関する研究分野である e-participation という視点から，地域社会への参加に積極的な地域 SNS 利用者の特徴を明らかにする。ここでは，社会参加の代理変数として，地域 SNS 利用後における 12 項目の地域活動への参加頻度[2]を用いた主成分分析を行ったところ，2 つの成分が検出された（表6-6）。そこで，本書では，第 1 成分の因子得点を地域社会への参加の代理変数として被説明変数とした。また，説明変数としては，まず，デモグラフィックな要因として，居住年数，年齢，性別，通勤時間，就業形態，配偶者の有無を取り上げた。次に，地域 SNS の利用に関する変数として，一週間当たりの地域 SNS へのアクセス回数[3]，地域 SNS 利用後経過年数[4]，地域 SNS 上におけるともだちの人数をとりあげた。また制御変数として地域

---

2)　表6-6 に示した 12 の項目（12 項目の詳細に関しては APPENDIX にまとめた）それぞれに対して，1:「参加したことはなく，参加したいとも思わなかった」，2:「参加したことはなかったが，機会があれば参加したいと思っていた」，3:「参加した経験があった」，4:「ふだんから参加していた」の 4 点尺度で測定した。
3)　1:「一か月に一日以下のアクセス」から，5:「一週間に 6-7 日」の 5 点尺度で測定した。
4)　1:「6 カ月未満」から，5:「4 年以上」の 6 点尺度で測定した。

表6-6 地域社会参加の主成分分析

	主成分1	主成分2
地縁活動	0.79	-0.21
PTA活動	0.60	-0.16
地域の子供	0.70	-0.34
高齢者	0.69	-0.11
障害者	0.67	-0.02
防犯・防災	0.83	-0.10
環境の維持・改善	0.83	-0.09
イベントや祭り	0.79	-0.15
スポーツ・趣味等	0.70	-0.20
市民・住民運動	0.72	-0.42
選挙・政治活動	0.59	-0.65
その他の団体活動	0.61	-0.53
固有値	6.12	1.16
分散の%	51.03	9.65

SNS利用前の地域活動への因子得点を用いた[5]。これらの変数を対象に本研究では、定量的な分析方法として重回帰分析[6]を行った。

その結果としては、まずModel1では、地域社会への参加に積極的な利用者の属性を明らかにするために、デモグラフィック変数を対象に重回帰分析を行った（表6-7）。その結果、制御変数として投入した社会参加因子得点において有意な結果が得られたのみで、社会参加に積極的な地域SNS利用者の属性要因は特定できなかった。続いてModel2では、地域SNSの利用が地域社会への参加に与える影響を確認するために、地域SNSの利用に関する変数を用いて分析を行ったところ、社会参加因子得点を統制しても、SNS上におけるともだちの人数が、地域SNS利用以後の社会活動への参加に有意に影響すると

---

5) 地域SNS利用前・後における社会参加への効果を検証することが本研究の目的であるため、地域SNS利用前の地域活動への因子得点を制御変数として用いた。
6) 重回帰分析を行うに当たり、地域ごとに重回帰分析を行うと回答者数が大幅に減少してしまうため、ここでは3地域を合計したデータを対象に分析を行った。

表 6-7　地域社会への参加に積極的なユーザーの特性に関する分析結果

	従属変数：地域社会の活動への参加因子得点（後）					
	Model 1			Model 2		
	推定値	標準誤差	t 値	推定値	標準誤差	t 値
（切片）	-0.02			0.10		
性別（女性比率）	-0.05	0.13	-0.39			
婚姻	-0.02	0.13	-0.13			
職業（1 = フルタイム）	-0.05	0.14	-0.33			
持ち家ダミー（1 = 持ち家）	-0.06	0.15	-0.39			
居住年数	0.02	0.08	0.28			
年齢	0.10	0.13	0.80			
通勤・通学時間	0.00	0.00	-0.93			
社会参加因子得点（前）	0.83	0.04	20.46	0.83	0.03	24.98
SNS 利用頻度				-0.07	0.07	-1.01
SNS 登録経過年数				0.02	0.06	0.40
SNS での友達数				0.01	0.00	2.58
N	160			177		
R^2	0.77			0.79		
調整済み R^2	0.76			0.79		

いう結果であった．地域 SNS 利用前の地域社会活動得点を制御してもなお，SNS 上における友達の数が多いほど，社会活動への参加が高まるということを確認できた．

6.4　考察

本研究では，地域 SNS の利用実態を，単一の地域に留まらず複数の地域を対象として調査を行うことで，地域ごとに地域 SNS の効果がどのように異なるのかを実証的に明らかにすることと，地域社会への参加に活発な地域 SNS ユーザーの特性を明らかにすることを目的とした．その結果としては，まず，地域 SNS 利用による他者への信頼感の効果に関しては，SNS の設置後経過年数が長い地域 SNS（お茶っ人，e-じゃん掛川）においては利用者の信頼感を増

加させることが確認できた。次に，地域への関心を高める効果については，今回の調査対象である3地域SNS全てにおいて効果があることが確認できた。このことは，これらの地域SNSの設置主体が地域情報や，行政情報の発信に積極的に取り組んでいるため，地域SNSの設置後経過年数の長短に関わらず，3地域全てにおいて地域への関心を高めるという結果につながったものと考えられる。その一方で，近所との付き合い状況に関しては，地域ごとで結果が異なった。中でも，e-じゃん掛川での結果が興味深いものであった。e-じゃん掛川は地域SNSの利用が活発に行われている地域SNSであり，実社会の交流に関しても地域SNSを利用することで近隣住民との付き合い人数が増えるものと想定していた。ところが，今回の結果では，同じく活発な利用が行われているお茶っ人では，近隣住民との付き合いに関しては全ての項目で交流する人数が増加したのに対して，e-じゃん掛川では，「ネット上でのやり取り」に関しては，交流する人数が増加したものの，実社会での交流に関する指標として用いた「生活面での協力」，「対面での立ち話」，「最小限の付き合い」の三項目については，統計的有意に交流人数が減少するという結果を確認することができた。この結果を解釈するにあたって，掛川市役所の地域SNS担当の自治体職員の方から聞き取り調査を行った[7]。ここで確認できたこととしては，掛川市では，生涯学習の街づくりや，市民総代会などの制度に代表されるように，もともと実社会における市民の活動や市民参加が活発であり[8]，地域SNSを介してあえて新たな知人や友人を作らずとも，すでに近隣の住民に関してはある程度の面識がある。そのため，地域SNSの利用方法としても，地域SNSがきっかけで新たなつながりを作るというよりは，知人や友人との連絡や情報共有のための利用や，既存のグループの活動を強化する点に重きが置かれた利用がなされているということである。このように，地域SNSを利用して新たなつながりを作ることよりも，これまでのつながりを強化するような地域SNSの利用方法であることが確認できた。このような利用方法の違いが，今回の分析結

---

[7] 掛川市役所の政策部IT政策課地域SNS事業担当の職員の方（主査）を対象に，2013年2月26日，掛川市役所本庁舎2階の打ち合わせホールにおいて，14時から16時30分までの約2時間30分聞き取り調査を行った。

[8] 詳細については，第9章においてまとめを行っているため，ここでの説明は省略する。

果に影響を与えているものと考えられる。しかし，このことは，地域 SNS 利用前後で比較した際の交流人数が変化しないことの説明にはなりえても，交流人数が減少したことの説明にはなりえず，さらなる考察については今後の課題としたい。

また，地域社会への参加に積極的な利用者の特徴としては，SNS 上における友人数が多いほど社会活動への参加が高まるということを確認した。一方で，総務省（2010）においては，地域 SNS の利用頻度とオフ会への参加経験には高い相関関係があることを確認している（総務省 2010: 59-60）。本研究では，被説明変数として社会参加を用いているという違いがあるが，SNS の利用頻度に関しては社会参加に対して有意な結果を確認することができなかった。この点については，オフ会については SNS 上における親しい人同士が集まる極めて私的な会合であるため，SNS の利用頻度が高い人ほど，SNS 上の友人とより多く交流を持つことが可能となりその結果として，オフ会に参加する人の割合が高まる傾向が生まれると考えられる。一方で，本研究で用いた社会参加得点を形成している項目をみてみると（表 6-6），私的な集まりの側面が強いオフ会に対して，公的な集まりの側面が強い活動を対象としている。このことが今回の分析結果に影響を与えているものと考えられる。

6.5　まとめ

以上のように本研究は，地域 SNS を活用した住民参加が，地域社会に対してどのような効果を及ぼしうるかについての考察を行った。本章におけるリサーチクエスションである「*RQ2：地域社会における地域 SNS の設置は，地域住民に対してどのような効果をもたらしたか*」に対する結論としては以下のようにまとめることができる。

第 2 章で考察を行ったような補完性の原理の観点から見た際には，第 5 章での分析結果と同様に本章においても，「参加の踊り場」の段階への今後の参加につなげるための地域社会への関心を高める手段の一つとして機能することを示す結果であった。しかし，本書における質問項目のみでは，地域における諸課題に対する課題解決能力の向上に関して効果があったかどうかについての詳

細な検証までは踏み込めておらず，この点については今後の検討課題としたい．

また，先行研究と比較した際に本書が果たした学術的貢献としては，先行研究においてこれまで行われてこなかった地域 SNS を対象とした地域間の比較に関する研究を行ったという点をあげることができる．一方で，地域 SNS の利用による効果に関する研究では地域ごとの比較研究を行えたものの，地域社会への参加に活発な利用者の属性を明らかにする研究に関しては地域ごとの比較にまで踏み込めておらず，この点に関しては今後の課題としたい．

6.6　第 II 部全体を通してのまとめ

以上，第 II 部では，第 5 章において，地域住民による地域 SNS の利活用の実態を明らかにし，第 6 章では第 5 章で得られた知見を踏まえた上で，地域住民による地域 SNS の利活用はどのような効果をもたらしているかについての検証を行った．

まず，第 5 章では，「*RQ1：地域住民の地域 SNS の利用実態はどのようになっているか*」に対する結論として，実社会の活動と密接に結びついて活用されており，地域 SNS 上におけるポジティブな感情表現や，感謝の言葉を書き込むことを通して，地域社会への関心や地域社会におけるイベント等への興味関心を向上させることに一定の役割を果たしていることを示す結果であった．

次に，第 6 章では，「*RQ2：地域社会における地域 SNS の設置は，地域社会に対してどのような効果をもたらしたか？*」に対する結論としては，地域社会への関心を高める効果があることについて確認するに留まり，近隣住民との交流に関しては，地域ごとに効果に差が生じているという結果であった．

第 II 部においては，これら 2 つの分析を通して第 II 部全体としての RQ である「*地域社会におけるガバナンスの向上につながりうるような活用は行われているか*」についての検証を実証的に行ってきた．ここでの結論としては，第 3 章において定義を行った「地域社会におけるガバナンスの向上」につながりうるような利活用までは確認することができなかった．一方で，本書で定義を行った「参加」という視点から見た場合，コミュニティへの関心を高めるガバナンス向上の土台となる住民参加に関して，そのきっかけとなりうる地域社会へ

の関心を高める効果があることを示唆する結果が得られた。

第Ⅲ部　地方自治体に焦点を当てた分析

　第Ⅱ部においては，地域住民のICTを活用した参加実態（第5章）とその効果の検証（第6章）を通して，地域社会におけるICTの利活用を通した住民参加がローカルガバナンスの向上につながりうるようなICTの活用が行われているかについての検証を行った。

　一方で，第Ⅲ部においては，ICTツールの管理・運営の主体である地方自治体に焦点を当てて検証を行う。具体的には，自治体が主導で設置を行った地域SNSの担当職員を対象に，自治体が本書で定義を行った「参加の踊り場」の段階における「参加」を通して，地域社会におけるガバナンスの向上に貢献しうるような地域SNSへの関与ができているかどうかという点についての検証をインタビュー調査の手法を用いて行う。

　第Ⅲ部の構成としては以下に示す通りである。第7章においては，自治体による地域SNSへの関与の実体を明らかにすることを目的にする。続く第8，9章においては，すでに廃止に至った事例（第8章）と，様々な工夫を行った上でツールの運営を継続させている事例（第9章）に分類した上で検証を行う。これらの結果を通して，効果的な運営につながらない自治体においてはどのような理由で廃止に至っているのか，また，効果的なツールの運営を行うに当たってどのような要因が重要であるかという2つの視点から検証を行う。

第7章　自治体による利用実態調査

　先行研究においては，地域 SNS に限らず ICT ツールの利用が廃止に至った事例について扱われているものは筆者の知る限り存在しない。その事情としては，低調な利用実態等のネガティブな理由により廃止に至っている事例がほとんどであることや，そもそもすでに廃止に至ったプロジェクトである場合には，調査対象の確保の困難性等の理由が考えられる。本章[1]では，地方自治体における ICT を活用した住民参加ツールへの自治体の関与実態を明らかにすることを目的に調査を行った。

　本研究では，調査協力を取りつけることの困難が伴うことが予想される研究テーマではあるものの，全調査対象の 18 自治体中の 14 自治体から調査協力を取りつけることができた（調査対象の確保率は 77% であった）。

　本章の構成としては，以下に示すとおりである。ます，第 1 節においては，当該研究領域における先行研究の整理を行うことを通して本研究の位置づけを明らかにする。第 2 節においては，本研究を行うに当たっての研究方法と，本調査での調査対象についての説明を行う。第 3 節においては，分析編としてインタビュー調査の結果を 4 つの視点からまとめる。続く第 4 節においては結果に対しての考察を行い，第 5 節において本章全体を通してのまとめを行う。

---

1) 本章は『社会情報学』第 2 巻 3 号に掲載された原著論文「地域 SNS への地方自治体職員の関与実態に関する考察」に加筆・修正を加えたものである。

7.1 先行研究と本研究の位置づけ

本節では，ICT を活用した住民参加ツールとして，2000 年代前半に注目を集めたツールという位置づけで電子市民会議室を，また 2000 年代後半に注目を集めたツールという位置づけで地域 SNS を取り上げる。その上で，これらのツールを対象とした研究がどのように行われてきたのかのまとめを行う。

まず，電子市民会議室に関する研究としては，藤沢市や大和市等の個別の成功した自治体に関する事例研究が多く行われている（小林 2004；金子 2004 など）。また，金安ら（2004）は，電子市民会議室を効率的に運営するための重要事項をまとめた研究を行っている。他にも，総務省（2006）では，電子会議室の抱える問題点として，A 市「閑古鳥」（参加者が少ない，議論が盛り上がらない），B 市「荒らし」（匿名による攻撃的，無責任な書き込みなど），C 市「対応ルールの不在」（行政における市民電子会議室の位置づけが不明確）という類型化を行っている（総務省 2006: 2-7）。加えて，田中（2014）では，藤沢市における電子会議室の 2014 年時点におけるこれまでの 17 年間の運用に対しての到達点と今後の課題についての考察を行っている。これら電子会議室に関する先行研究では，特定の注目を集めた自治体における事例研究は数多く存在する。一方で，その他の自治体の事例に関する調査・研究は必ずしも十分な蓄積がなされているとは言いがたい。

次に，地域 SNS の利用実態に関する研究としては，大まかに分類すると，市民の SNS の利用実態に焦点を当てて行われている研究と，SNS の管理・運営を行っている主体に焦点を当てて行われている研究に分類することができる。利用者を対象として行った調査としては，例えば，LASDEC（2007）は，LASDEC の e-コミュニティ形成支援事業の対象となった 20 団体の地域 SNS ユーザーを対象として，各地域 SNS のアンケート機能を利用した調査を実施した。他に総務省（2010）でも全国の地域 SNS を通じたアンケート調査を行っており，地域 SNS 利用の効果として「人との出会い」，「地域情報の入手」，「地元への愛着」が高いことなどを明らかにしている。

一方で，ツールの設置主体である自治体や，自治体の職員に焦点が当てられ

問7 現在,どのように関与しているか(複数回答)　　N=101

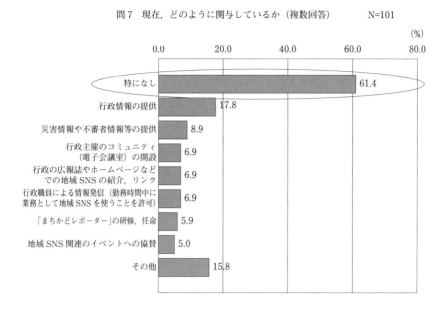

図7-1 自治体における地域SNSへの関与実態

出典:財団法人地方自治情報センター『地域SNSの活用状況等に関する調査の実施結果』,2014年12月10日取得,https://www.lasdec.or.jp/cms/resources/content/3686/result.pdf

た研究としては次のようなものが行われている。例えば，LASDEC (2007) は，サイト管理者に対する電子メールによるアンケート調査によって，全国の地域SNSの登録会員数やコミュニティ数，機能の概要等を把握するとともに，運営主体の行政関与に対する意識や，地域SNSの導入目的，実際の成果，今後の展望などを把握した。調査期間である2006年12月から2007年1月は，導入が行われた初期の時期にも関わらず，「地域SNSに現在，どのように関与しているか」という質問に関しては，「特に関与していない」という回答が6割を超えていた（図7-1）。この一因としては，導入当初において市が必ずしも積極的に関与すべきではないという議論が行われていたことや，一部の自治体では，運営の部分を地元のNPOに委託を行う等の方法を取っているため，このような結果になったということが考えられる。この数を除いたとしても，導入当初より自治体が地域SNSの運営に関して積極的ではないという姿勢が見て取れる結果になっている。また，庄司 (2008) は，質問紙調査によって，運営主体に関する基礎的な事項のほか，SNS内部の結束の強化に関連するオフ会やメディア活用などについて調査を行っている。他にも，後藤ら (2011) では，地域SNS設置の目的と効果に関連して，LASDECが公表している事例報告のテキストデータを対象に，地域SNS設置の目的と効果の関連に関する研究を行っている。ここでは，自治体が設定した目的に対応する成果が挙がっていないことと，当初の目的とは異なった成果が挙がっているということを明らかにしている。

　以上のように，これまでも，地域SNSの管理者を対象とした調査は行われているが，導入初期の段階における意識調査に留まっている。ツールの衰退期を対象に行われた研究としては，筆者の知る限り，田中 (2012) による地域SNSの導入目的とその結果に関する研究が存在するのみである。

　そこで，本研究では，全国において約4割の地域SNSが閉鎖に追い込まれている中で（GLOCOM 2014），特に自治体が運営する地域SNSを対象に，自治体職員がそれらに対してどのように関与をしてきたのかについての実態を明らかにすることを目的とする。

第 7 章 自治体による利用実態調査

図 7.2　調査対象地域

出典：財団法人地方自治情報センター（LASDEC）「地域 SNS モデルシステム　運用の手引き」，2014 年 12 月 10 日取得，https://www.j-lis.go.jp/lasdec-archive/cms/resources/content/6275/20080911-142449.pdf より引用したものを筆者が加工した

7.2　調査概要

本章における研究では，LASDEC の支援を受けて地域 SNS の導入を行った自治体の地域 SNS 事業を担当した職員を対象として聞き取り調査を行った。今回の調査に協力していただいた対象自治体 14 団体だけでみた場合では，地域 SNS の廃止，近隣の地域 SNS との統合や，地元 NPO への運営譲渡をした

自治体の合計は 8 自治体に及んでいる[2]（図 7-2）。また，全体で見た場合でも，LASDEC 実証実験への参加自治体の合計数が 21 自治体であるのに対して，すでに廃止や，何らかの形で管理・運営から撤退している自治体は 11 自治体に及び，これは，全体の約 5 割に当たる数字である（2013 年 6 月時点）。

7.3　調査方法

　本研究では，半構造化面接法を用いたインタビュー調査を行った。本研究では，2006，2007 年度の LASDEC による「e-コミュニティ形成支援事業」に参加した全ての自治体を対象に調査への協力依頼を行った[3]。調査対象者には，事前にメールで面接の目的と，おおよその聞き取り項目についてまとめたものを送付し，聞き取り調査の趣旨を理解してもらった上で日程の調整を行い調査を行った。面接内容は被面接者の了解を確認した上で IC レコーダーに記録した。調査協力者の概要は（表 7-1，表 7-2）にまとめる通りである。また，一部の自治体については，聞き取り調査の日程調整ができなかったため，メールで送付した質問に対してメールで回答という形で対応をしてもらった[4]。

---

[2]　この数字は 2013 年 2 〜 3 月にかけての調査時点においての数字である。原著論文の執筆時点である 2014 年 11 月時点においては，高島市と篠山市においても地域 SNS を廃止している。これらの自治体を加えると合計 15 自治体となり，廃止や自治体が何らかの形での地域 SNS への関与から撤退した比率は約 70％ となっている。

[3]　調査期間の制約上，2008 年度実証実験参加自治体に関しては，本研究では除外している。

[4]　大垣市（2006 年度），豊中市（2006 年度），篠山市（2007 年度），高松市（2007 年度）の 4 自治体に関しては，メールにて調査項目を送り，それに記入してもらうという方法を用いた。

第 7 章　自治体による利用実態調査

表 7-1　調査対象自治体（2006 年度）

自治体名[5]	地域 SNS の存続状況	調査方法	調査日時	対応者
群馬県前橋市	廃止（2013.3.31）	面接調査	2013 年 3 月 1 日 10 時から 11 時	政策部情報政策課情報政策係
岐阜県大垣市	廃止（2010.5.31）	メールでの回答	メール	企画部情報企画課
静岡県掛川市	継続中	面接調査	2013 年 2 月 26 日 14 時から 16 時 30 分	企画政策部 IT 政策課
京都府宇治市	地元 NPO による運営	面接調査	2013 年 3 月 17 日 15 時から 16 時	総務部 IT 推進課
大阪府豊中市	継続中	メールでの回答	メール	豊中市情報政策室（行政・地域情報システム G）
福岡県大牟田市	近隣の SNS と統合	面接調査	2013 年 3 月 25 日 10 時から 11 時 30 分	市民協働部地域コミュニティ推進課
長崎県五島市	廃止（2013.5.19）	面接調査	2013 年 3 月 29 日 14 時から 16 時	情報推進課広聴広報係
鹿児島県奄美市	廃止	面接調査	2013 年 3 月 7 日 9 時から 11 時	商工観光部商工水産課

---

5) 2006 年度に関しては，青森県八戸市，埼玉県秩父市，大分県大分市から返信を得られず（全 11 団体中 3 団体）。

表 7-2 調査対象自治体（2007 年度）

自治体名[6]	地域 SNS の存続状況	調査方法	調査日時	対応者
北海道北広島市	継続中	面接調査	2013 年 3 月 11 日 13 時 30 分から 15 時 30 分	総務部情報推進課
東京都三鷹市	継続中	面接調査	2013 年 8 月 29 日 14 時から 15 時 30 分	企画部情報推進課 運営委員会
滋賀県高島市	継続中	面接調査	2013 年 3 月 23 日 14 時から 15 時 30 分	政策部情報統計課
兵庫県篠山市	継続中	メールでの回答	メール	総務部総務課 情報政策係
香川県高松市	廃止	メールでの回答	メール	市民政策部地域振興課
福岡県久留米市	近隣の SNS との統合	面接調査	2013 年 3 月 23 日 13 時 30 分から 15 時 30 分	協働推進部広聴・相談課

7.4　インタビュー調査結果

　本節では，自治体または自治体職員による地域 SNS への関与実態について，以下に示す 5 つの視点に着目して整理を行う[7]。第 1 点目として，各自治体における地域 SNS の導入目的と，運営を行うに当たっての予算について，第 2 点目に，自治体における地域 SNS への取り組み体制（担当部署，人員）について，第 3 点目として，自治体職員による地域 SNS の業務利用の実態について，

---

6)　平成 19 年度に関しては，三重県松阪市が調査拒否との返信（全 7 団体中 1 団体）。
7)　本章におけるインタビュー内容は，原則として発言者が特定されないような配慮を行っている。この理由としては，一部の調査協力者から発言者が特定される形での発表を避けてほしいとの申し出があったためである。よって，文脈上やむを得ず発言者が特定される場合を除いて，インタビューについては，発言者が特定されないような記述を行っている。

第 4 点目として，地方自治体職員による地域 SNS の利用実態（業務利用とプライベートでの利用）についてである。第 5 点目としては，地域 SNS 導入によるメリットとデメリットについてである。以下では，これら 5 点について筆者が行ったインタビュー調査と公開されている資料をもとにまとめを行う。

7.4.1 導入目的と運営費用

(1) 導入目的

まず，地域 SNS の導入時点において，各自治体が「e-コミュニティ形成支援事業」の支援を得るに当たって，どのような目的を持って当該助成事業に応募をしたのかという点についての整理をする。導入当時の記録が残っている自治体や，当時の様子を直接的または間接的に知っている担当者が対応してくれた自治体においては，導入目的についての詳しい回答を得ることができた。しかし，このような自治体は一部であり，導入当時の担当者が残した記録（ある場合には）を頼りに回答する形がほとんどであった。そこで，本書を執筆するに当たっては，助成事業への申請時に作成したと思われる各自治体の資料[8]に記載されている導入目的を引用する形でまとめを行う（表 7-3，表 7-4）。また，担当部署については，インタビュー調査時に確認を行ったものである。そのため，インタビュー調査への協力を得られなかった自治体に関しては，筆者が地域 SNS のページや，自治体 HP 等を検索して特定したが，一部自治体に関しては確認できなかったものも存在する。

各自治体における導入目的の主な項目を確認してみると，多くの自治体が導入目的として掲げているものとしては，「災害，防犯情報」（掛川市，豊中市，三鷹市，高島市，篠山市）と，「地域・コミュニティの活性化，まちづくり」（八戸市，前橋市，秩父市，豊中市，大牟田市，三鷹市，篠山市）の 2 つである。前者の「災害，防犯情報」に関しては，LASDEC の地域 SNS には災害対応機

---

[8] LASDEC HP，「地域 SNS モデルシステム運用の手引き～地域 SNS に関する実証実験を踏まえて～」，2014 年 9 月 5 日取得，https://www.j-lis.go.jp/lasdec-archive/cms/resources/content/6275/20080911-142449.pdf．
　また，この資料においては，20 年度の参加自治体に関する情報が記載されていなかったため，ここでは，18，19 年度のみを掲載する。

能[9]があり，災害時には災害対応モードに切り替えることが可能になっているなど，地域 SNS の性質を活かした形での提案がなされたものであると考えられる。一方で，後者の「地域・コミュニティの活性化，まちづくり」に関しては，総務省が掲げた「住民参画システム利用の手引き」の内容に関連させた項目であると考えられる。

　また，地域 SNS の導入時における担当部署という視点で見ると，導入目的として掲げられている目的と，地域 SNS の運営を行っている担当部署のミスマッチングがある（中野 2014）。多くの自治体においては，導入目的として「地域・コミュニティの活性化，まちづくり」を挙げているものの，実際に地域 SNS の担当課となっているのは，情報推進課等に代表される，いわゆる庁内における情報システムの管理を行っている部署である。ツールの保守管理に関する業務がメインである部署であっても，これらの目的が達成できないというわけではないが，これらの部署が担当するに当たっては，関連する部署の協力は必要不可欠であると思われる。しかし，中野（2014）でも明らかにしているように，これらの自治体において，庁内の関連部署と連携をとりながら業務を行っているという自治体は，掛川市を除いては確認できなかった。また，庁外との関係では，地元の NPO 等と何らかの形で連携を図りながら業務を行っている自治体としては，前橋市，大垣市，宇治市，大分市，北広島市，三鷹市，篠山市などがある。しかし，これらの自治体の多くで，運営部分を NPO に完全に委託したことが，自治体の関与度合いが低くなる原因として働いたと考えられる。

　以上のように，各自治体における導入目的を見てみると，地域 SNS の防災機能を活用する形での防災時の利用に関連させた導入目的と，総務省が「住民参画システム利用の手引き」の内容に関連させたと思われるコミュニティや地域の活性化などを導入目的としたものが多い点を特徴として指摘することができる。しかし，上述の通り担当部署に関しては，関連部署の協力を得られていないことを考えると，業務内容と担当部署の間には少なからずミスマッチが生

9） 総務省 HP,『住民参画システム利用の手引き』「7.1 災害発生時の活用方法」, 2014 年 9 月 5 日取得, http://www.soumu.go.jp/denshijiti/ict/sns/7-1.html.

表 7-3　2006 年度参加自治体における導入目的

自治体名 （担当部署）	導入目的	主要な点
八戸市 （総務部情報 システム課）	・地域社会に対して住民が距離感を持っている中で，特に中心市街地活性化，観光，福祉，環境，防災，市民活動支援の分野で地域コミュニティの活性化と行政施策等に対するすばやい民意の反映を図る。	・コミュニティの活性化 ・民意の反映
前橋市 （政策部情報 政策課）	・郊外化やライフサイクルの多様化などを踏まえ，地域の活性化が課題となっている。そのために情報共有化を進め，中心市街地活性化のための行政と市民の連携，全市域の一体感醸成と新しい住民参加のまちづくり，地図を鍵とした情報インデックスの作成などを行う。	・地域の活性化 ・住民参加 ・地図
秩父市 （不明）	・合併後まもなく，広大な市域に分散している情報を統合するための統合コミュニティサイトを構築する。 ・そこに行政，住民，観光客，NPO，企業等が参加することで，回遊人口の増加を図り，地域活性化につなげる	・情報の統合 ・地域活性化
大垣市 （情報企画課）	・ネットワークを活用した地域情報の共有やコミュニケーションの円滑化を図り，行政施策への市民参加の促進を目指す。市民活動への支援も平行して行い，魅力あるまちづくりにつなげていく。	・市民参加の促進
掛川市 （企画制作部 IT 推進課）	・遠隔地の住民や高齢者，障害者等も行政情報，地域情報の入手やコミュニケーションを安心して行える仕組みを構築する。 ・東海地震の震源域にあたるため，災害時の相互の情報伝達を重要なテーマとする。	・安心できるコミュニケーションプラットフォーム ・災害時利用
宇治市 （総務部 IT 推進課）	・団塊世代の地域での活躍や情報提供の場，地域 FM との連携などを通じ，地域の問題解決力を増幅させる。 ・3 市が共同することで，住民の相互交流や広域連携を図り，業務改革の推進等につなげる。	・団塊世代の地域での活躍の場の提供 ・近隣地域との連携
豊中市 （情報政策室）	・まちづくりを行う地域コミュニティの活動支援を目的とする。 ・「おかまち・まちづくり協議会」が中心となって，防犯，防災面での情報発信を行う。	・コミュニティ活動支援 ・防犯情報
大牟田市 （市民協働部 地域コミュニ ティ課）	・全国でもトップレベルで高齢化，地域コミュニティの希薄化が進んでいる。その中で，10 年後の日本のモデルとなるような新たなコミュニティづくりの方向性を見出す。近隣の荒尾市とも協力して，実験を行う。	・コミュニティ作り

五島市 (情報推進課 広聴広報係)	・地域特性や歴史的価値，人のつながり等の社会資源を活かし，地域主義的な経済モデルの確立を目指す。 ・五島市外に居住している五島市出身者にも多数の参加を募り，情報交換を行うことで，五島市への移住や五島市の物産拡販につなげる。	・地域主義的な経済モデル ・市外に住む市民への情報発信
奄美市 (商工水産課)	・物理的な距離，情報の不足，都市部と郡部の意識差，世代間の意識差の解消のため，「地産地消を通じた高齢者の生きがいの創出と世代間・地域間交流の実現」をテーマとする。	・世代間・地域間交流

出典：財団法人地方自治情報センター「地域SNSモデルシステム運用の手引き 地域SNSモデルシステム運用の手引き～地域SNSに関する実証実験を踏まえて～」, 2014年9月1日取得, https://www.j-lis.go.jp/lasdec-archive/cms/resources/content/6275/20080911-142449.pdf (表7-4も同じ)

じていたものと考えられる。

(2) 運営費用

次に，運営を行うに当たっての重要な項目として，年間の運営費について整理する。今回の調査結果では，年間の運営費用は自治体間においてかなりの程度差が開いていることを確認できた（表7-5，表7-6）。まず，最大値は，三鷹市の700～1000万円であり，最小値は，高島市の実質0円であった。その他の自治体に目を移すと，百数十万円から，二百数十万円の間であった。

三鷹市における運営費用が他自治体と比較して群を抜いて高額な理由としては，運営を委託しているNPOの職員の給料を全額支出として計上しているためであるとのことであった。NPOへの運営委託を行っている自治体には，他にも前橋市，宇治市や，北広島市などがあるが，宇治市においては0円，前橋では約180万円，北広島市では120万円であることを考えると，三鷹市の運営費用が高額であることを確認できる。

また，各自治体における支出の内訳に目を移してみると，ほぼ全ての自治体において，金額の支出用途は，サーバーやシステムの保守管理費用であった。一方で，サーバーの保守管理と運営委託費用以外の費用を支出している自治体は，前橋の危機管理費（約50万円），運営委員会補助費（約10万円）と，久留米市のアンケート事業費のみであった。

第7章 自治体による利用実態調査

表7-4 2007年度参加自治体における導入目的

自治体名(担当部署)	導入目的	主要な点
北広島市(総務部情報推進課)	・市中央部の国有林により3つに分割された地区間で，それぞれの地区での市民活動の情報を発信するなどし，コミュニケーションを促進する。 ・もう一つのテーマとして，不登校の児童・引きこもりの住民との接点を行う。	・コミュニティ間のコミュニケーションの促進 ・不登校児，引きこもり住民対策
三鷹市(情報推進課)	・これまで「三鷹ユビキタス・コミュニティ推進基本方針」に従い行ってきた取り組みに地域SNSの活用を加え，コミュニティへの入口づくりや，教育や子育て関連の情報交換，災害情報の発信，高齢者の見守り等を行う。	・コミュニティ作り，教育，子育て，災害情報，高齢者見守り
松阪市(戦略部IT推進室)	・団塊世代の市民参加を促進する。団塊世代への情報提供ツールとして活用するだけでなく，団塊世代の経験・技能をまとめる人材バンクの役割や，地域ニーズを収集するニーズバンクの役割，そして人材とニーズをマッチングさせる役割を持たせ，市民活動に参加するきっかけづくりを行う。	・団塊世代の市民参加や市民活動
高島市(情報統計課)	・自治会に防災リーダーを配置し，防災リーダーが携帯電話で被災状況を情報発信するといった地域防災の推進に地域SNSを活用する。 ・観光客と住民をつなげ，エコツーリズムの推進などを行う。	・防災 ・エコツーリズム
篠山市(総務部IT推進課)	・隠れた観光名所を発見したり，特産物を用いたレシピのアイデアを出し合い，実際に飲食店でその料理を提供するなど，地域活性化につながるコミュニティづくりを行う。 ・災害時に被害を最小限に抑えるための知恵や情報を出し合うなど，安全・安心のまちづくりにつながるコミュニティづくりを行う。	・地域活性化 ・防災
高松市(市民政策部地域振興課)	・既存の地域コミュニティ組織である協議会のメンバー間での連絡や，異なる地域の協議会間の情報共有の補助手段として地域SNSを活用し，地域SNSとリアルの活動の双方を盛り上げる。 ・普及率の高い携帯電話での利用を推進し，より幅広い層の参加を促す。	・情報共有の補助手段 ・幅広い層の取り込み
久留米市(広聴・相談係)	・ネットモニターの取り組みにより，市政に関心の高い市民層を形成し，地域SNSによる意見交換や人的交流で，自発的な成長を促す。 ・愛称募集や観光事業との連携を通じ，地域SNSの知名度をあげ，より有効に活用していく。	・ネットモニター ・他事業との連携

表7-5　2006年度参加自治体運営費

自治体名	運営費用	内訳
前橋市	平均すると約250万円	・運営委託費：約180万円 ・危機経費：約50万円 ・運営委員会補助費：10万円
大垣市	2007年度：142.3万円 2008年度：211.8万円 2009年度：206.6万円	「公的個人認証対応電子アンケートシステム」事業も含む
掛川市	約80万円	サーバーの管理費用のみ
宇治市	不明	サーバーの維持管理費のみ。地元NPOへの運営委託を行っていたが、委託料等は出していなかった。
豊中市	2009年度：156万円 2010年度：163.4万円 2011年度：147万円	回答なし
大牟田市	約20万円	地元企業へのサーバーのレンタル料金
五島市	数万円程度	年間の維持管理費用
奄美市	2009年度：230万円 2010年度：230万円 2011年度：80万円（最終年度）	通信運搬費等

出典：筆者調査による

7.4.2　運営体制について

　運営体制については、前項でも触れたように大まかに次の2つに分類できることを確認した。1つ目の区分としては、情報推進課やIT推進課等に代表される庁内の情報システムの保守、管理を行っている部門である。2つ目の区分としては、市民協働課や自治推進課、広聴広報課等の情報発信に関する部署や、住民との関係づくりに関連する業務の部署である。今回の調査では、9つの自治体においては、前者のシステムの保守・管理に関する部署が主管課となっており、5つの自治体において後者の情報発信や住民との関係作りに関する部署が担当となっていた。また、担当部署については、SNSの運営開始後に「システム系の部署」から、「住民関係の部署」への担当替えが行われている自治体を何件か確認することができた。例えば、高島市や、大垣市などでは、地域SNSの導入当初においては、情報統計課（高島市）や、情報企画課（大垣市）

表7-6　2007年度参加自治体運営費

自治体名	運営費用	内訳
北広島市	150万円	・地元NPOへの運営委託費：120万円 ・システム保守：30万円
三鷹市	2009年度：856.6万円 2010年度：772.8万円 2011年度：1010.9万円 2012年度：908.2万円 2013年度：720.3万円	・ランニングコスト，システム修正費用 （＊2009，2010年度は別途サーバー利用料がかかっている） ・NPOへの委託
高島市	20万円（2011年度までカフェグローブへ委託） それ以降は，実質0円	システムの保守管理
篠山市	25.2万円	初年度を除く年度のランニングコスト
高松市	初年度のみの運用のため，市による持ち出しなし	—
久留米市	2007年度：557.5万円 2008年度：144.3万円 2009年度：129.9万円 2010年度：116.7万円 2011年度：83.9万円 2012年度：19.8万円（最終年度）	システム運営費＋アンケート事業費等

出典：筆者調査による

などのシステムの保守・管理担当の部署が導入を行っているか，その後に，企画広報課（高島市）や，市民活動推進課（大垣市）に担当替えが行われている（表7-7，表7-8）。

　どの部署が担当するかについては，現場の職員の声として以下のような事を確認することができた。

　　担当者A：IT関係ではあるのですが全然違いますからね。一般的には，IT関係と言うとシステム管理と言う感じですよね。「本来ITがすべきことなのか」という議論がずっとありました。それは地域政策であるわけだから，うちで言ったら，自治振興課とかになると思います。ポジションが。そりゃ，ITはあくまでもツールだから，まちづくりなんかというのは少

表 7-7　運営体制（2006 年度参加団体）

自治体名	担当人数	担当部署	一日当たりの地域 SNS 関連業務時間	
			積極的な時期	消極的な時期
前橋市	3 名	政策部情報政策課	1 人当たり 0.3 人工程度	1 人当たり 0.1 人工
大垣市	1 名	導入当初：情報企画課 2008 年度以降：市民活動推進課	—	—
掛川市	2 名	企画政策部 IT 政策課	2 人合わせて 1 人工	2 人合わせて 0.5 人工
宇治市	2 名	総務部 IT 推進課	不明	不明
豊中市	約 2 名	情報政策室	0.05 人工	0.01 人工
大牟田市	2 名	市民協働部地域コミュニティ推進課	平均すると 0.1 人工 （導入期に関してはもう少し多い）	
五島市	1 名	情報推進課広聴広報係	積極的：1 人で 0.1 人工	それ以降：1 人で 0.1 人工
奄美市	1 名	企画運営：商工水産課 サーバー管理：企画調整課電算係	導入前後： 1 人当たり 0.3 人工	それ以降（閉鎖直前）：0.1 人工

出典：筆者調査による

表 7-8　運営体制（2007 年度参加団体）

自治体名	担当人数	担当部署	一日当たりの地域 SNS 関連業務時間	
			関与の多かった時期	関与の少なかった時期
北広島市	2 名	総務部情報推進課	0.2～0.3 人工	0.1 人工
三鷹市	–	情報推進課	—（運営委員会への参加のみ）	
高島市	2 名	導入当初：情報統計課 現在：企画広報課	1 人工以上（立ち上げ時期）	0.2 人工（その後）
篠山市	計 4 名	総務部 IT 推進課	—	—
高松市	11 名	市民政策部地域振興課	—	—
久留米市	2 名	広聴・相談課	2 人で 0.5 人工（合併前）	2 人で 0.1 人工（合併後）

出典：筆者調査による

し違うんじゃないのと言う話はありました。それは少し難しいところではありました。でも本当はこれは，＊＊＊＊じゃなくて，地域活性化って言う意味で，もっと上手にしたらもっと上手にできる可能性があるわけですよ。やっぱり，ITがするべきじゃないと思いますね。結構，あのー本質を間違えてしまいますね。　　　　　　　　（出典：筆者インタビュー調査より）

このように，ツールの導入は行ったものの，ツール運営の業務と，担当している部署における業務の違いにより困惑が生じているという自治体が，他にもいくつか存在した。また，大牟田市の事例では，導入後における担当替えではないが，導入を行うに当たって，庁内の議論によってLASDECの事業に応募を行った部署から，他の部署へと担当替えが行われているということを確認できた。

7.4.3　業務での利用実態

地方自治体職員の地域SNS利用としては，日常業務の一環として必要なために利用を行っているという場合と，業務を離れてプライベートな利用との2種類に分類することができる。ここでは，前者の業務上での利用についてのまとめを行う。

(1)　関与時間と方法

まず，地域SNS業務への担当職員の関与時間についてである。ここでは，地域SNSへの積極的な関与が行われていた時期と，消極的な関与の時期について一日当たりの全体の仕事量を1とした場合の関与時間をたずねた。一日当たりの地域SNS関連業務時間としては，積極的な時期では，関与時間の少ない自治体では0.05，関与時間の多い自治体では1以上という回答であった。また，消極的な時期としては，関与時間の少ない自治体では0.01，関与時間の多い自治体では0.5という回答であった（表7-7，表7-8）[10)11)]。このように地域

---

10)　一部の自治体では，地域SNSの運営部分を地元のNPOに委託している（北広島市，大垣市）。そのため，運営に関する日常業務においては，特別な業務がないという自治体もあった。

11)　ここでは，これまでの地域SNSの運営を通して，「特に積極的に関与していた時期

SNS関連業務の時間が少ない自治体の多くは，ツール設置後一貫して関与時間が少なかったということが確認できる（豊中市，五島市，奄美市）。

また，担当者の違いにより，ツールへの関与の時間が異なってくるということも確認できた。

> *担当者B：担当者毎によりSNSへのコミットメントの度合いが全くことなっている。熱意の様なものに関しては引き継ぐことができない。*
> （出典：筆者インタビュー調査より）

この発言からは，担当者に熱意を持った職員がつくかどうかによって，ツールの運用状況が全く異なってきてしまうということを確認できる。また，多くの場合は，事業の導入を担当した初代の担当者は積極的に関与する傾向が強いようであるが，担当者が交代することにより業務も行われなくなるということが確認できた。加えて，2013年2月に安城市において開催された地域SNS全国フォーラム[12]にて，自治体における地域SNSの担当者が行ったディスカッションでは，ほぼ全ての担当者は，前任の部署ではソーシャルメディアとまるで関わりのない部署で業務を行ってきた人ばかりであり，着任後1週間か2週間後には地域SNSの担当者として対応をしなければいけない状態にある現状が報告されている。その一方で，これらのソーシャルメディア上での情報発信スキルや対応方法などが，一部の職員（多くの場合は導入を行った際の担当者）だけの特殊スキルになってしまっている可能性があることが指摘された。その一方で，担当職員が地域SNSの利用を活発なものにしようと努力はしているものの，厳しい状況であることも確認できた。

> *担当者C：全庁的に人員削減が行われており，関連する他の部署に地域SNSへの情報提供の依頼を行っても断られてしまう。*

における一日当たりの業務に費やした時間」（＝積極的な時期）と，「あまり関与をしていなかった時期」（＝消極的な時期）として，それぞれについて聞いた。

12) 2013年地域SNS全国フォーラムin安城，「分科会③：もし，行政担当者がSNSで困ったら…？」における議論より。

(出典：筆者インタビュー調査より)

　次に，自治体内における地域 SNS の利用状況についてである。地域 SNS 導入の主管課（係）以外で，業務上での地域 SNS の利活用を行っている自治体はほとんど存在しない。そのような中で，掛川市においては，全庁的な地域 SNS の利用が行われていることが確認できた。掛川市での具体的な取り組みとしては，①管理職による情報発信，②防災訓練での利用（危機管理課），③地元イベントの実施報告（生涯学習協働推進課），④地域 SNS 上でのアンケート調査（環境政策課）が挙げられる。これらの各組織が，それぞれの業務内容に関連させた地域 SNS の利用を行っている。また，市役所以外でも，地元の小中学校教員や，市立病院看護部の方々による情報発信が行われている。このように，自治体の内部での利用はもちろんのこと，市の関連の様々な組織との連携を行っているという点も大きな特徴の一つとして挙げることができる。掛川市において，このように全庁を挙げての協力体制を築きあげることができた理由としては，導入に至る際の経緯が影響しているものと考えられる。

　　掛川市担当者：最初にあったのは電子会議室で，SNS の前から取り組みたいと考えていました。当時，トップ（首長）の方から電子会議室ができないかと言う風な話が，当時の担当者にありました。

(出典．筆者インタビュー調査より)

　このように，導入の背景として首長が関係していたことが確認できる。そのため，担当部署が孤立してしまうことなく，関連する部署や，上司からの理解を得ることができたと考えられる。加えて，掛川市においては「第一次　掛川市総合計画」[13]の中においても地域 SNS の活用が，市民生活・市民活動を支援する環境の一環として位置づけられており，総合計画の目標年次である 2016 年に向けて，アクティブユーザー数やコミュニティ数を増加させることを目標

---

13)　静岡県掛川市「第一次掛川市総合計画　後期基本計画」，2013 年 6 月 6 日取得，http://www.city.kakegawa.shizuoka.jp/data/open/cnt/3/6816/1/kokikihonkeikaku.pdf.

として掲げている（掛川市 2012: 126-127）。総合計画の中に位置づけられたこاとも，活発な利用につながった一因であると考えられる。

(2) 業務内容

次に，地域 SNS に関する自治体職員による業務内容についてである。詳細は，表 7-9，表 7-10 に示す通りである。

担当部署における職員は，電子会議室の時に問題にされたような「荒らし」とまではいかないものの，不規則発言への対応にかなりの時間を割かなければならないという状況があったということを確認できた。他にも，一部自治体においては，利用者から寄せられた質問や，要望への回答を全て行っていたという自治体も数例であるが存在していた。しかし，これらに回答する際には，各担当部署に確認を行って公式回答という形での回答を行わなければいけない関係で，とても大きい労力が必要になり，日常業務に支障をきたしはじめたという。

7.4.4 自治体職員によるプライベートでの利用実態

次に，行政職員個人によるプライベートな部分での地域 SNS 利用についてである。この点に関しては，今回の調査対象の自治体においては，自治体職員によるプライベートな利用はほとんど行われていないということが確認できた。この一因としては，自治体職員が地域 SNS 上での発言をすることに対して慎重になっているという背景が関連しているものと思われる。

> 担当者D：電子掲示板を何年間か運用したのですか，結構荒れると言うような感じになってしまいました。市の悪口のようなものがどんどんどんどん増えてきてしまいました。そのため，一度閉鎖をしたという経緯があります。

> 担当者E：みんな怖がるんですよ。「そんなの仕事で入ってどこまで日記書けるんですかってね。」，それに対しては，「曖昧でいいんだ」って言ってたんですけどね。「電話と一緒だ」と言っていたんですけどね。

第7章　自治体による利用実態調査

表7-9　業務内容（2006年度参加団体）

自治体名	業務内容	ガイドライン	業務引継ぎ
前橋市	・不規則発言のチェック ・運営者からのお知らせという形での情報提供 ・ユーザーの書き込みに対する返信	なし	・書類ベース ・前任者へ問い合わせ
大垣市	・地元NPO法人による運営	なし	―
掛川市	・不規則発言のチェック ・運営者からのお知らせという形での情報提供 ・ユーザーの書き込みに対する返信	なし	・2時間程度の対面形式 ・前任者へ問い合わせ
宇治市	不明	なし	―
豊中市	不明	なし	―
大牟田市	・不規則発言のチェック ・サイトの不具合のチェック	なし	・初代担当者のみで事業終了
五島市	・不規則発言のチェック ・サイトの不具合のチェック	なし	・形式的なもののみ
奄美市	・不規則発言のチェック ・運営者からのお知らせという形での情報提供	なし	・一般業務内での範囲

出典：筆者調査による

表7-10　業務内容（2007年度参加団体）

自治体名	業務内容	ガイドライン	業務引き継ぎ
北広島市	地元NPOへの委託のため行っていない	なし	前任者へ問い合わせ
三鷹市	地元NPOへの委託のため行っていない	なし	NPOへの委託
高島市	不規則発言のチェック	なし	―
篠山市	コミュニティの把握と監視	なし	―
高松市	他部署との連携あり	登録マニュアルの作成	―
久留米市	不規則発言のチェック	なし	資料による

出典：筆者調査による

> 担当者F：ユーザーの中に意見の強い方がいたため，利用に二の足を踏んでしまった。

（出典：筆者調査による）

また，そもそも自治体職員に対してのSNSの利用を原則禁止するという対応を取っている自治体も一部存在している。

> 担当者G：これも先ほど申し上げましたが，書き込むと言うことに対してですね，今のフェイスブックやツイッターもそうなのですが，行政的な質問であればいいのですが，個々の嗜好性に応じたコミュニティが結構出来上がるわけじゃないですか，その中に職員が書き込むと言うのはちょっと本当はやっちゃまずいことなんじゃないかと言うところがありまして，行政の情報発信という部分ではそれ自体は問題がないと思うのですが，そこの部分とうまく切り離すことができないんですね。<u>システム上，我々職員に対してはフィルタリングで，掲示板等への書き込みは基本的には禁止させています。閲覧に関しても本来はダメな形にしています。</u>

> 筆者：閲覧まで禁止しているんですか。

> 担当者G：そうですね。掲示板等に関してはそうしています。現状では，閲覧だけは開けています。<u>いや，業務で使うと言う所（部署）の掲示板だけ開けています。</u>
> そういう部分においても我々のシステムを使われると言うのはちょっと，いかがなものなのかと言うことがありまして，こちらはあまり情報を発信していないと言うことになります。ただ，＊＊＊＊と＊＊＊＊[14]をやっている部署がありまして，そこの関係では確か国際交流か何かのコミュニティを作っている感じがするんだけど……まあこのように，特異的なもの

---

14) 部署の名前が入るが発言者が特定される恐れがあるため，ここでは伏字とする。

表 7-11　自治体職員の地域 SNS への登録人数（2006 年度参加団体）

	前橋市	大垣市	掛川市	宇治市	豊中市	大牟田市	五島市	奄美市
登録人数	不明	不明	約250	約50	不明	約100	約10	約30〜50
活発な利用人数	少数	不明	約10	ほぼなし	不明	少数	ほぼなし	数名

出典：筆者調査による

表 7-12　自治体職員の地域 SNS への登録人数（平成 2007 年度参加団体）

	北広島市	三鷹市	高島市	篠山市	高松市	久留米市
登録人数	約20人	不明	不明	約20人	約200人	不明
活発な利用人数	なし	不明	なし	—	—	少数

出典：筆者調査による

につきましては認めた部分があったような気がします。

（出典：筆者調査による）

　ここで示した自治体においては，職員が地域 SNS 上での書き込みや，情報発信に二の足を踏んでしまっているという状況を確認することができた。一方で，いくつかの自治体で数名単位ではあるが，非常に積極的に地域 SNS を利用している自治体職員がいるということも確認できた（表 7-11，表 7-12）。さらに興味深い点としては，これらの積極的な利用を行っている職員の多くが，地域 SNS の導入に関連した部署以外の職員であるという点である。

7.4.5　導入による役立ったこと，負担になったこと
　地域 SNS を導入したことによって，担当職員から見て，役立ったことや，負担になったことについて，以下のことを確認することができた（表 7-13，表 7-14）。まず，「役立ったこと」についてである。この点に関しては，多くの調査協力者が「中々思いつかない」という回答であった。筆者が「強いて言うのであれば」という形で回答を依頼したところ以下のような回答を得ることがで

表7-13 地域SNSの導入による役立ったこと，負担になったこと
（2006年度参加団体）

	役立ったこと	負担になったこと
前橋市	・地域住民の方々と円滑な関係を築けたということ。 ・（利用者の方に）地域づくりという観点から情報発信を行ってもらえた。	・ユーザーの書き込みに対する対応（市の政策への批判，他の人の書き込みへの批判）
大垣市	なし	・運用経費
掛川市	・地域住民と円滑な関係を築けたこと ・SNS上でのアンケート（年に2〜4回）	・ユーザーの書き込みに対する対応（市の政策への批判，他の人の書き込みへの批判） ・導入当時は，広聴ができるということに対する期待があったが，24年度が終わる時点で広聴が上手くできているかと言われると疑問が残る。
宇治市	—	—
豊中市	・地域に根差した情報を得ることができた。	・宣伝等にかなり力を入れないと盛り上がりにつながらない。
大牟田市	・一部のコミュニティ（同窓会）では，活発な利用が行われていた。 ・福岡空港移設に関するパブリック・インボルブメントを，SNSのオフ会で行った。	・書き込みのほとんどが，ユーザーによる批判的なものだった ・ユーザーの書き込みに対する対応（地域SNSへの批判，他の人の書き込みへの批判，不適切な画像の掲載，職員個人に対する誹謗中傷） ・システムの動作環境に対する対応
五島市	・市長公室が行っていた「五島市心のふるさと心の市民」での情報発信。これに関しては，五島市の良いPRになっている。（他は，特に思い当たらない）	・ユーザーの書き込みが中々増えない ・ユーザーの書き込みに対する対応（地域SNSへの批判，他の人の書き込みへの批判，不適切な画像の掲載，職員個人に対する誹謗中傷）
奄美市	・各種コミュニティから市民の生の声を聞くことができた。	・ネット環境の整備が整っていなかった ・招待制にしたことによる会員数の伸び悩み ・新鮮な話題を提供するための更新作業

出典：筆者調査による

きた（大垣市，宇治市，篠山市などに関しては，このような依頼をした後でも，「特に思いつかない」という結果であった）。それらの回答としては，ネット上での

表 7-14　地域 SNS の導入による役立ったこと，負担になったこと
（2007 年度参加団体）

	役立ったこと	負担になったこと
北広島市	―（NPO への運営委託のため）	―（NPO への運営委託のため）
三鷹市	―（NPO への運営委託のため）	―（NPO への運営委託のため）
高島市	・特になし。 （単発の情報は結構集まるが，全体としての情報が集まらない）	・ユーザーの書き込みに対する対応 （市の政策への批判，他の人の書き込みへの批判） ・書き込みへの返信のレスポンスの速度
篠山市	不明	・各コミュニティの把握と監視
高松市	・様々な切り口で事業を考えたり，ICT の活用について可能性を感じることができたという意味では意義があった。	・市民ブログという地域 SNS と似たネットサービスを立ち上げることになり，実証実験担当者として戸惑いがあった。また，短期間でのシステム構築により事務が繁忙となり負担であった。
久留米市	・市民の方との距離が近くなるということ。 ・ネットアンケートに協力してもらえるというメリットがある。	・導入期：立ち上げ当初は，会員数が 100 名位の時期が続いたため，会員数を増やすための取り組みに苦労した。 ・それ以降：サイト内での市民の意見や質問等の対応に多くの時間を割かれた。 ・動作環境に関するもの：土日などにサイトの不具合が生じた場合に，月曜日に対応を行うと，ユーザーから「対応が遅い」という苦情が多かった。

出典．筆者調査による

　アンケート調査が比較的簡単に行うことができるということや，地元住民との交流を行うことができたことなどであった。
　一方で，「負担になったこと」に着目してみると，最も多く挙げられているものが，「ユーザーの書き込みに対する対応」であった。しかし，不規則発言を行うユーザーは一部の特定ユーザーに限られていたため，電子会議室の時に問題視されていたような「炎上」という事態にまで至ったという自治体は今回の調査では確認できなかった。また，広聴のツールとして考えた場合に生じる難しさも存在することを確認できた。市政に関する様々な部署に対する苦情や要望を，SNS を担当する 1 つの部署だけで対応するのは事実上困難である。市民から寄せられた苦情としては，SNS の動作環境に関するものや，返信に

対する対応のスピード等であった。これらに関しては，土，日，祝日等の後に寄せられることが多い苦情であったという。また，利用状況が停滞してからは，ツール存続の妥当性についての意見が多く寄せられるようになったという。これらの対応に関しては，地域 SNS の運営を行うに当たって担当職員の負担になるものではなかった。しかし，活性化のための方策を打ち出すことができないという状況の中で業務を続けることに対する精神的な負担が非常に大きなものであったという回答が多く聞かれた（表7-13，表7-14）。

7.5 考察

本章では，自治体や自治体職員の地域 SNS への関与の実態を明らかにすることを目的としてインタビュー調査を行った。今回の研究結果として確認できたこととしては以下の通りである。第1点目として，導入目的と運営費用についてである。地域 SNS の災害機能を活かす形での防災利用に関する目的での導入という目標を掲げている自治体と，「地域住民参画システム利用の手引き」におけるコミュニティの活性化や地域の活性化に代表される目標が掲げられている傾向があることが確認できた。上述のような目的を掲げていながら，情報推進課等に代表されるシステムの保守管理を担当している部署が担当になっているために，担当部署のミスマッチングが生じている可能性を指摘した。また，運営費用に関しては，運営費用を多くかけている自治体と，かけていない自治体の間における格差が非常に大きなものであることが確認できた。さらに，費用の内訳という視点で見ると，大半の自治体では，サーバーの維持費やシステムの保守管理に予算をかけており，コンテンツの充実やサイトの活性化のために費用が用いられていない。地域 SNS の維持が目的となり，ツールの活用を意図した形での予算の使われ方がされていないという点も，ICT ツールの導入は行ったものの効果的な活用に結びつけることができていない一つの理由として指摘できるだろう。

第2点目としては，運営体制についてである。今回調査を実施した14自治体のうち，9自治体において，地域 SNS 関連業務を，システムや機器の保守・管理に関連する部署が担当している。そのため，事業の導入や，ツールの

導入の段階では，スムーズに行うことができるものの，ツールの運営開始後に積極的なコミットメントができなくなっていったという実態を確認することができた。確かに，システムの保守・管理の部分においてはこれらの部署の協力が必要不可欠なものであると考えられる。しかし，システム系の部署で導入が行われた場合において，情報発信や住民関係の部署に担当替えが行われている事例が存在することや，その他の自治体においてもIT系の業務に関連する部署が運営を行うことに関して困惑している自治体がいくつか存在した。このようなことから，運営体制については，ツールの導入段階において慎重に検討を行うことが求められる。

第3点目として，自治体における地域SNSの業務での利用実態についてである。多くの自治体では，地域SNSの導入後に，ほとんど手をかけずに放置状態になっている場合が多いということを確認できた。これに関しては，LASDEC（2007）の調査において，「地域SNSに現在，どのように関与しているか」という質問に対して，6割の自治体が「特に関与していない」と回答した結果と整合的なものであった。本書では，これらの原因として，担当者ごとに関与の度合いが異なっていること，自治体における人員削減等の背景から業務多忙になっていることなどが影響していることの2点を確認することができた。それでは，このような環境の中で，自治体における積極的な関与体制を築きあげるためには何が必要なのであろうか。今回の聞き取り調査で，全庁的な利用につながっている自治体を見てみると，担当者レベルでの協力だけでは不十分である可能性があり，首長レベル，または，全庁的な理解が必要であると考えられる（掛川市の事例）。この点に関しては，田中（2014）においても藤沢市の事例をもとに興味深い考察が行われている。ここでの議論のポイントとしては，ICTツールの庁内における位置づけの重要性である。藤沢市における電子会議室導入の背景としては，自らの目玉政策として扱っていた市長の存在が大きかったことが記されており，2008年に市長の交代が行われたことにより，行政職員による電子会議室上における発言を行う職員の数，職員が行った発言の数の両方が減少していった点を指摘している。

第4点目としては，自治体職員による利用についてである。全国の自治体において職員の地域SNS利用があまり行われていない背景としては，電子会議

室や電子掲示板を運営していた自治体などでは，過去に「荒らし」があった経験等から，自治体職員の情報発信に関して消極的になっているということを確認できた。一方で，多くの自治体では，少数であるが，プライベートで地域SNSを利用して，住民と積極的な交流を図っている職員がいるということを確認できた。ICTを活用した住民参加ツールの将来を考えるに当たっては，このような職員の存在が重要になる。上山・伊関（2003）においても指摘されているように，今後の自治体の目指すべきモデルとしてニューパブリック・ガバナンス・モデルが提案されているが，この中においては，単に住民参加が重要であるということだけではなく，自治体の職員が地域社会に積極的に参加することを通して公務員の市民性を回復することが重要であると論じている（上山・伊関 2003: 224）。地域SNSは，単に住民参加のためのツールであるだけではなく，地域における一市民としての自治体職員にとっての参加のツールにもなりうる。今後は，この点についての検討策も求められていくことになるだろう。

　最後に，第5点目としては，導入を行ったことによって自治体職員にとって役立ったことと，負担になったことについてである。まず，ここでの調査結果として特徴的だったこととしては，「負担になったこと」における回答として，「ユーザーの書き込みに対する対応」が最も多かった点である。電子会議室の運営時に問題視されていたような「荒らし」という事態までには至らなかったものの，ユーザーからの問い合わせ，要望や，苦情への対応に追われる時間が非常に大きかったということを確認できた。多くの自治体では，地域SNSが批判の窓口と化していたという実態がある。そのため，これらへの対応を含めた地域SNS上の治安維持をするのに手一杯で活性化策を考える段階にまで至っていなかった。一方で，「役立ったこと」としては，一応の回答を得ることができたが，多くの自治体においては，回答に窮しており，地域SNSのツール自体には可能性のあるものだということの確認はできるが，有効な活用を行うことを考えると相当な労力が必要であるとの意見があった（表7-13，表7-14）。

　本章での結果は，地域SNSの導入を行う以前に自治体内における十分な議論がなされてこなかったことや，十分な受け入れ体制が取られずに地域SNS

の導入が行われた可能性があることを示唆する結果であった。同様の指摘は，第1章における従来の地域情報化政策に対する批判的な指摘に通じる点が多々ある。例えば，住民のニーズを汲み取れていないという指摘（伊藤・花田 1999; 林 1999）や，実験的な要素が強く長期的な持続可能性が弱いという指摘（中野 2005; 木村 2012）などがそれである。

7.6　まとめ

　本章では，自治体における地域SNSへの職員の関与実態を明らかにすることを目的に，地域SNSの導入目的と運営費用，自治体における運営の組織体制，日常業務での地域SNS利用，自治体職員のプライベートでの地域SNS利用，導入により役立ったことと負担になったことという5つの視点から考察を行ってきた。これらの視点からの検証を通して本章でのRQである「*地方自治体による地域SNSへの関与実態はどのようになっているか*」に対する結論としては，大半の自治体において十分な関与が行われていないということである。すでに廃止に至った自治体だけではなく，現在も運営を続けている自治体においても，地域SNSの運営を行うに当たって積極的な関与が行われていないところがあるという状況を確認することができた（表7-15）。

　表7-16に掲げた調査対象は，あくまでも「全員に公開」をしている個人の日記の数であるため，公開範囲を限定しているユーザ や，コミュニティ上への書き込み数に関しては把握できていない。しかし，大分市では約2年前の日記を最後に新しい日記の書き込みが行われていない。このような低調な利用状況であるにも関わらず，行政サービスの一環として運営を続けているところについては，その意義が問われるものと考える。

　最後に，本章における調査結果からは，活発な利用が行われている自治体が少なかったため，活発な利用に向けての考察を行うことは難しいと考える。一方で，利用が行われなくなる背景としては，運営側の積極的な関与が行われていないということが1つの要因であると考えられる（表7-7, 表7-8）。しかし，この責任を現場の担当者に押しつけるというのはあまりにも短絡的である。人員削減や，予算削減が進む中で，他業務との兼任を強いられている環境下では，

表 7-15　運営を続けている地域 SNS の直近 3 カ月間の日記数

	八戸市	掛川市	宇治市	豊中市	大分市	北広島市	三鷹市	高島市	篠山市
日記数	231	706	190	255	—[15]	63	590	5	5

出典：筆者調査による[16]

十分な関与を行いたくとも行えないというのが実情であると感じた。自治体におけるソーシャルメディアの利用が進む中で，今後も自治体におけるソーシャルメディアの運用はますます重要になりうる。ソーシャルメディア専任の部署とまでは言わないまでも，専任職員の存在なしでは効果的な運営は難しいものと考える。

次章以降では，ここでの知見を踏まえた上で，第 8 章で近年多くの地域 SNS が廃止に至る中，すでに廃止に至った自治体では，どのような経緯で廃止に至っているのかについて，また，第 9 章では，このような環境下においても一定の利用状況を保ちつつ運営を継続できている自治体においてはどのような工夫が行われているのかについての考察を行っていく。

---

15)　最後に日記がアップされたのが 2011 年 10 月 22 日。
16)　2013 年 7 〜 9 月の 3 カ月間を対象としている。

第8章　廃止に至る経緯に関する類型

　本章[1]においては，第7章で調査した自治体14団体のうち，地域SNSの運営に関与している自治体が半数以下という実態を踏まえた上で，地域SNSが廃止された自治体において，どのような経緯を辿って廃止に至ったかについての検証を行う[2]。

　地域SNSを対象とした研究領域においては，衰退期から廃止に至るまでの研究が行われていないことはすでに第7章で示した通りである。また，ICTを活用した住民参加ツールに関してはこれまでも電子会議室等の取り組みが行われてきたが，電子会議室に関しても廃止に至る経緯という視点から行われた議論は確認できない。そこで本章では，第7章において実施したインタビュー調査の研究対象の中から，すでに地域SNSの廃止や，運営から行政が撤退した事例を対象として研究を行い，地域SNSが廃止に至った経緯についての類型化を行う。

　本章の構成としては以下に示す通りである。第1節においては，本章で扱う分析対象とデータについての説明を行う。第2節においては，分析方法についての説明を行う。続く，第3節から第5節においては分析結果についての説明

---

1)　本章は，『社会経済システム　第35号』に掲載された「官製地域SNSが廃止に至る経緯に関する考察―自治体職員へのインタビュー調査より―」および，『2014年社会情報学会（SSI）学会大会研究発表論文集』での研究発表「地方議会における地域SNSについての議論に関する研究」に加筆修正したものである。
2)　本書の執筆時点である2019年3月時点においては，高島市，篠山市，豊中市，北広島市，三鷹市においても地域SNSが廃止されている。

を行い，第6節において考察を行う。最後に第7節において全体のまとめを行う。

8.1 分析対象

本章は，前章で示した2006, 2007年度の実証実験に参加した自治体のうちすでに地域SNSの廃止をしたもの，または，自治体が地域SNSの運営への直接的な関与から撤退したものを対象とする。具体的には，2006年度の実証実験に参加した自治体では，群馬県前橋市，岐阜県大垣市，京都府宇治市，福岡県大牟田市，鹿児島県奄美市の5自治体[3]，2007年度の実証実験に参加した自治体としては，香川県高松市，福岡県久留米市の2自治体である（表8-1ないし表8-3）。また，2007年度の参加自治体に関しては，上記の自治体に加えて，松阪市においても地域SNSの廃止に至る過程の議論が市のHP上に公開されていたため本章における分析対象として追加した。加えて，第7章の分析においては時間的な制約もあり2006, 2007年度のみを対象とした分析としているが，本章においては，その後調査協力を得ることができた2008年度参加自治体の安城市に関しても分析対象として加えて，合計10の自治体を対象として分析を行う。

---

3) 長崎県五島市については，インタビュー調査を行った時点が，地域SNSの廃止が決定された直後であったため，廃止に至る経緯についての詳細を確認できなかった。そのため，本章での分析からは除外する。

第 8 章　廃止に至る経緯に関する類型　　171

表 8-1　地域 SNS の存続状況と廃止理由（2006 年度）[4]

自治体名	存続状況	廃止理由
前橋市	廃止（2013.3.31）	サマーレビュー
大垣市	廃止（2010.5.31）	費用対効果により廃止
掛川市	継続中	—
宇治市	地元 NPO による運営	期限を決めての導入
豊中市	継続中	—
大牟田市	近隣の SNS 統合	近隣の SNS との統合
五島市	廃止（2013.5.19）	利用状況の低迷により廃止
奄美市	廃止	利用者の減少

出典：筆者調査による

表 8-2　地域 SNS の存続状況と廃止理由（2007 年度）[5]

自治体名	存続状況	廃止理由
北広島市	継続中	—
三鷹市	継続中	—
高島市	継続中	—
篠山市	継続中	—
高松市	廃止	期限を決めての導入
久留米市	近隣の SNS との統合	近隣の SNS との統合

出典：筆者調査による

表 8-3　地域 SNS の存続状況と廃止理由（2008 年度）[6]

自治体名	存続状況	廃止理由
安城市	廃止	期限を決めての導入

出典：筆者調査による

4）　調査の対象者，方法，日時，場所については表 7-1 と同じ。
5）　調査の対象者，方法，日時，場所については表 7-2 と同じ。
6）　安城市役所企画部情報システム課推進係柴田氏に，2013 年 2 月 25 日 13 時から 14 時 30 分までの 1 時間 30 分にわたってインタビュー調査を実施した。

8.2 分析データと方法

　本章においては，すでに地域 SNS の廃止に至った 10 の自治体を対象に，どのような経緯で廃止や自主的な運営からの撤退という判断が下されるに至ったかについて，その経緯を明らかにし廃止に至る経緯の類型化を行うことを目的としている。筆者の行ったインタビュー調査の結果に加えて，HP 上で公開されている資料に基づき分類を行った結果，これらの 10 の自治体の廃止理由は，次の 3 つに類型化できた。それらの分類としては，(1) 事業評価により廃止に至った事例，(2) 期限付きでの導入，(3) 既存の ICT ツールの存在，である（一部自治体に関しては複数項目にまたがるものも存在する）。

　また本章においては，インタビュー調査や，HP 上で公開されている情報に加えて，廃止に至る決定に大きな影響を与えたであろう市議会における議論についても議事録より引用を行い検討を加える。以下に示す表 8-4 ないし表 8-6 は，各自治体における市議会において地域 SNS についての議論を行った回数をまとめたものである。ここでのカウント方法としては，各市議会における議事録検索システムを用いて「SNS」と「各自治体における地域 SNS 名」の 2 つを検索キーワードとして「or 検索」を行い，その結果これら 2 つのワードが発言者の中に一回以上含まれている発言を「1」として数えた[7]。また，ここで示している数は，地域 SNS に言及しているもののみである。例えば，「SNS」でヒットした発言に関しては，必ずしも地域 SNS に関しての発言ではなく，グローバル SNS に関する発言である事例が数多く含まれていた。そのため，これらの発言に関しては，個別に内容を確認した上で除外している。

---

[7]　大垣市に関しては，地域 SNS 名が「おおがき」であり一致件数が大きくなってしまったため，「SNS」の 1 語のみを検索ワードとして設定した。

表 8-4　平成 18 年度実証実験参加自治体[8]

	八戸市	前橋市	秩父市	大垣市	掛川市	宇治市	豊中市	大牟田市	五島市	大分市	奄美市
発言数	6	31	4	11	31	37	8	3	18	5	N.A[9]

出典：筆者調査による

表 8-5　平成 19 年度実証実験参加自治体

	北広島市	三鷹市	松阪市	髙島市	篠山市	高松市	久留米市
発言数	1	123	50	2	2	1	1

出典：筆者調査による

表 8-6　平成 20 年度実証実験参加自治体

	三島市	安城市	野洲市
発言数	43	28	N.A

出典：筆者調査による

8.3　事業評価により廃止に至った事例（群馬県前橋市，岐阜県大垣市，福岡県大牟田市，三重県松阪市，愛知県安城市）

8.3.1　各地域における事業評価の概要

　ここでは，上で示した3つの類型の1つである「事業評価により廃止に至った事例」に焦点を当てる。地域SNSを始めとしたソーシャルメディアの利用効果に関する検証は，多くの自治体においては行われていないということが確認されている（日本都市センター 2013）。そのような中でも，今回の調査対象地域では，市による地域SNS事業に関する事業評価が行われていた自治体は合計で5自治体あり，全てにおいて「不要」または，「廃止」等のネガティブな評価であった（表8-7）[10]（ただし，安城市に関しては，導入時点において2年間と

---

8) ここでの調査では，2013年12月までの議事録を対象として調査を行った。調査を行った時期は2014年の1月である。
9) N.Aと表記している自治体に関しては自治体HP上に議事録検索システムが存在しなかったものである。
10) 大垣市に関しては，メールでの調査協力であったことに加えて，HP上で地域SNS

いう期間を定めての運営であり，地域 SNS に対しての事業評価はあくまでも形式的なものであったと考えることができるため，ここでは安城市を分析対象から除外する[11]）。5 自治体のうち，大垣市，大牟田市，松阪市では，廃止後に向けての何かしらの対応がなされている。例えば大垣市においては市により設置されていたポータルサイトである「おおがきかがやきサイト」と統合する形がとられている。このサイトは，大垣市が取り組む「かがやきライフタウン構想」の一環として行なわれており，公益活動に取り組む市民活動団体等の情報の発信・受信の場となっている[12]。また，松阪市の場合は，事業評価によって「不要」という判定が下された。その後は，地域 SNS の再構築を目指して，松阪市と地域 SNS 運営委員会が協議を重ねたが，結局は廃止という判断に至っている。他にも，大牟田市に関しては，事業評価を経て廃止という決定に至った。しかし，大牟田市の場合は，その後，久留米市によって近隣の 3 自治体（福岡県，久留米市，大牟田市）による「地域 SNS の統合」という提案が出されたため，その提案を受ける形で市による単独運営からは手を引くという結論に至った[13]。

一方で，前橋市に関しては，地域 SNS の存続に向けての協議が行われなかったという点で上記の 3 団体とは異なる。前橋市では，新市長により導入が行なわれた「サマーレビュー」という事業評価において「廃止」判定を受けている。この判定を受けた担当部署による認識も，以前から改善の必要のある事業だという認識を持っていた。事業評価による判定と，担当部署による認識がほぼ一致していたため，事業評価を受ける形で翌年の 3 月で地域 SNS 事業の廃止という結果につながったという（筆者のインタビュー調査による）。

に関する事業評価の結果を見つけることができなかったため，正式にどのような判定であったかは不明。

11) 安城市に関しては，冒頭で示した 3 つの類型のうち 2 つ目の類型である「期限付きでの導入」の項目において詳しく分析を行う。

12) 運営業務に関しては，大垣商工会議所を中心に県内の産業界や大垣市の出資を受け，1987 年に設立された第三セクターの情報通信会社である「グレートインフォメーション株式会社」（http://www.ginet.jp/）が行なっている。

13) 大牟田市における地域 SNS の合併に至る経緯の詳細については，第 9 章「9.2.1 福岡県大牟田市の事例」において論じる。

第8章 廃止に至る経緯に関する類型　　175

表8-7　事業評価結果一覧

自治体	事業評価判定	結果
前橋市	まえばしSNSは、アクティブユーザー数も少ないことから廃止し、他のコミュニケーションツールに移行。 (前橋市HP「2012.サマーレビュー[14]」より)	この判定を受ける形で、2013年3月に廃止。
大垣市	登録者人数を指標としていた。 (筆者のメール調査に対する回答による)	登録目標人数は達成していたが、利用促進のため、同様のポータルサイトである「おおがきかがやきサイト」と統合して「大垣かがやきポータルサイト」として運営。
大牟田市	外部評価D：早急に事業の休止・廃止も含め、事業のあり方について検討すること。 (大牟田市HP「平成22年度外部評価[15]」より)	費用対効果により廃止 →近隣の地域SNS（久留米市、福岡県）と統合して、筑後地域SNS「わいわいちっご」として運営。
松阪市	仕分け判定結果A: 不要 対応方針：再構築 事業仕分けでの論点、検討課題：市が実施する必要性が感じられない。民間事業者が提供しているサービスを活用すべき。 (松阪氏HP「平成23年度松阪市事業仕分け対応方針[16]」)	「まつさかSNS運営プロジェクトチーム」、「まつさか地域SNS運営委員会」で3年計画で再構築プランの策定を目指した。しかし、平成24年度途中で断念し廃止という判断に至った。

8.3.2　議会における廃止をめぐる議論

上述の4自治体のうち、事業評価がきっかけになり廃止が決定した群馬県前橋市、三重県松阪市の2地域の市議会においては、事業評価での結果をもとにした今後の存続可否や、運営体制についての議論が行なわれていることを確認することができた。以下では、これらの自治体の市議会での議論の内容についての検討を行う。

---

14)　2012前橋市サマーレビュー、2014年3月4日取得、〈http://www.city.maebashi.gunma.jp/sisei/499/506/009/p009722.html〉
15)　大牟田市平成22年度外部評価、2015年3月25日取得、〈http://www.city.omuta.lg.jp/common/UploadFileDsp.aspx?c_id=5&id=3776&sub_id=1&flid=3&dan_id=1〉
16)　平成23年度松阪市事業仕分け対応方針、2014年3月5日取得、〈www.city.matsusaka.mie.jp/www/contents/.../files/2011taiouhoushin.pdf〉

表 8-8　前橋市サマーレビューの結果概要

4　各担当課による評価
資料 1　「担当課の考え方」集計表のとおり

拡充	継続	見直し可(H25)	見直し可(数年後)
73 件(5%)	1,120 件(82%)	52 件(4%)	51 件(4%)
一部見直し可(H25)	一部見直し可(数年後)	廃止	
34 件(2%)	21 件(1%)	20 件(1%)	

5　レビュー結果の概要
(1) 所属別の結果一覧
資料 2　サマーレビュー結果集計表のとおり

A 拡充	B 維持	C 見直し縮小	D 廃止※
34 件(3%)	1,210 件(88%)	55 件(4%)	72 件(5%)

※なお、D 廃止には他事業への統合によるもの 31 件、事業完了や制度終了によるもの 26 件を含む。

出典：前橋市「前橋市サマーレビューの結果概要について」、2015 年 1 月 30 日取得、http://www.city.maebashi.gunma.jp/sisei/499/506/009/p009722.html

(1)　群馬県前橋市の事例

　まず，群馬県前橋市の事例についての検討を行う。前橋市においては，市長の交代によって導入が行われた事業評価であるサマーレビューにおいて「廃止」の判定が下された。前橋市の事業評価では，事前に担当課が業務に対する自らの評価を提出した上で，それに基づいて判定人らにより審査が行われるという。ここでの結果をみてもわかるように，レビュー結果において「D. 廃止の判定」を受けた事業は全体の中で 5% であり，地域 SNS 事業は厳しい評価を受けた（表 8-8）。

　前橋市でのインタビューにより，事業評価後に市議会での答弁を経て地域SNS の廃止へと進んでいったことを確認した。そこで，以下では，市議会における地域 SNS をめぐる議論について，今後の地域 SNS をめぐる方向性に関する議論の一部始終を引用することを通して議論内容を示す（傍線部は筆者による）。

*　次に，まえばし SNS につきまして，この利用状況を含めてお伺いいた*

します。本市では，総務省の e-コミュニティ形成支援事業の支援を受け，平成 18 年 10 月よりまえばし SNS まえりあを開設して運営をされております。SNS の開設から 6 年が経過するところでありますけれども，現在までの利用者数の推移とアクセス数，そして現在の利用状況についてお伺いいたします。

平成 23 年度決算委員会 _ 総務委員会「前橋市議会会議録」〔横山委員発言〕（2012 年 9 月 19 日）

まえばし SNS まえりあの利用状況についてでございますけれども，平成 24 年 8 月末の時点での利用登録者数は 2,430 名，登録コミュニティー数は 344 件でありまして，<u>全国の地域 SNS の中でも比較的上位に位置づけられます</u>。しかしながら，1 カ月以内にその SNS にログインした利用者，いわゆる<u>アクティブユーザー数と言われておりますが，これは 181 名，1 日平均 1 件以上のアクセスがあったコミュニティーにつきましては 19 件</u>にとどまっており，利用が進んでいない状況というふうになっております。以上です。

平成 23 年度決算委員会 _ 総務委員会「前橋市議会会議録」〔関口情報政策課長発言〕（2012 年 9 月 19 日）

<u>当初の目的を達成したのかなという思いがありますけれども，まえばし SNS は新前橋市総合情報化推進計画の実施計画において，まえばし SNS の活用促進が施策として位置づけられておりました。</u>ただ，先ほども答弁をいただいたような状況があることから，<u>平成 23 年度の計画の進行管理では施策の抜本的な見直しや廃止が必要という評価結果となっております。</u>そこで，事業の費用対効果の視点から，まえばし SNS に関する年間経費と事業効果及びその課題についてお伺いいたします。

平成 23 年度決算委員会 _ 総務委員会「前橋市議会会議録」〔横山委員発言〕（2012 年 9 月 19 日）

まえばし SNS の年間経費につきましては，システム運用委託料，それか

らサーバーの機器賃借料等，合わせて約240万円となっております。事業効果としては，地域の身近な情報や共通の話題等の交換による利用者間のコミュニケーション促進，それから本市の地域づくり推進事業と連動した地域活動の情報交換，情報発信の場としての活用等が上げられますけれども，実際の利用者数は伸び悩んでおりまして，利用内容も個人の日記としての利用が多いことなどから，事業効果は限定的であると考えております。また，当初想定しておりました民間団体への運営移管の受け皿がなかなか見出せないこと，自主財源の確保は困難であることなど，事業継続に当たっては多くの課題があるものと認識をしております。以上です。

平成23年度決算委員会_総務委員会「前橋市議会会議録」〔関口情報政策課長発言〕（2012年9月19日）

多くというよりも課題があるということで承知をしておきたいと思いますけれども，本市に限らず全国的に地域SNSの活用が伸び悩んでおり，ツイッターやフェイスブックなどの活用のほうが進んでいるということもありまして，既にSNSを閉鎖した自治体もあります。近隣では太田市が今月末でSNSおおたんネットを閉鎖するということを聞いておりますけれども，平成23年度の評価結果では，経費削減のためシステムをASPへ移行することを検討しながら，行政としての活用方法について模索するとの記載がございました。まえばしSNSの今後の方向性についての見解をお伺いいたします。

平成23年度決算委員会_総務委員会「前橋市議会会議録」〔横山委員発言〕（2012年9月19日）

まえばしSNSの今後の方向性でございますが，現在利用しているシステムのサーバーのリース期限が平成25年9月までとなっておりますので，平成25年度に向けて本市としての方針決定を行っていく予定でございます。ASPへの移行に限らず，平成18年のまえばしSNS開設当時には想定が難しかったフェイスブック等の民間のSNSの利用が進んでいる現状等も踏まえた上で今後の方向性を検討させていただきたいと考えておりま

す。以上です。

平成23年度決算委員会_総務委員会「前橋市議会会議録」〔関口情報政策課長発言〕（2012年9月19日）

SNS のリース期限が来年9月，ちょうど1年後ですね。ということで予定されているということでありますが，実はこれまで18年度から今現在まで，これにかかわってボランティア活動でやってきてくださっている方がおります。その方たちもこのことを大変心配しておりまして，では次のステップで私たちは市に何を提供できるか，何のお手伝いができるかということを真剣に考えているようでございます。それらを踏まえて情報政策課のほうで次の対応を考えていただければというふうに思います。

それからもう一つ，他市のほうではフェイスブックの採用というのを実質的にやっているところも出てきております。これらを踏まえて，フェイスブックにつきましては検討課題ということでぜひ研究していただければというふうに思います。

平成23年度決算委員会_総務委員会「前橋市議会会議録」〔横山委員発言〕（2012年9月19日）

　上の議論のやり取りを見ると廃止の原因としては，利用状況の停滞，民間団体への運営移管を探すも受け皿がみつからなかったこと，サーバーのリース期限が近づいていたことであった。また委員からは，地域SNSの廃止後に向けた対応としては，Facebookの開設等が考えられる旨の発言がなされている。

(2) 三重県松阪市の事例

　松阪市に関しては，前章におけるインタビュー調査においては調査協力を得ることができなかった。そのため，前章においては分析の対象に加えていない。一方で，松阪市においては，事業評価のみならず，事業評価での「廃止」判定を受けた後に，再構築に向けた取り組みに関しての議論が全て公開されていた。以下では，これらの資料をもとに議論を進めていく。

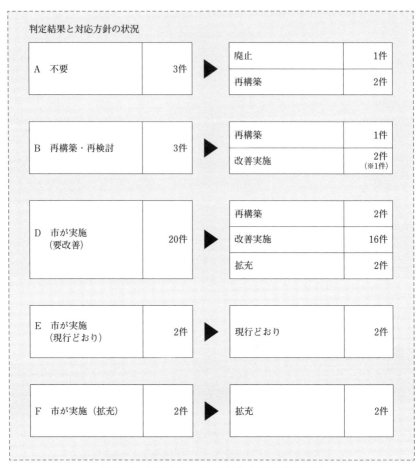

図 8-1 松阪市における事業仕分け結果概要
出典:松阪市「平成 23 年度松阪市仕分け方針」,2015 年 2 月 28 日,http://www.city.matsusaka.mie.jp/www/contents/1337077729711/files/2011taiouhoushin.pdf

2011 年 7 月 23,24 日に「平成 23 年度松阪市事業仕分け[17]」が,30 件(39 事業)を対象に行われた。事業仕分けの判定結果としては,「不要」,「再構

---

17) 平成 23 年度松阪市事業仕分け結果,2015 年 4 月 5 日取得,〈http://www.city.matsusaka.mie.jp/www/contents/1000007123000/files/hyoukasheet7.pdf〉

築・再検討」，「国・県が実施」，「市が実施（要改善）」，「市が実施（現行どおり）」，「市が実施（拡充）」の6つの区分で市民判定委員による評価を受けた。この中で，最も厳しい評価である「不要」は全30件中3件で，地域SNS事業はこの3件中の1件であった（図8-1）。

　地域SNS事業については，5名の仕分け人による判定では，4名が「不要」の判定，1名が「再構築・再検討」の判定であった。15名の市民判定人による判定では，9名が「不要」の判定，4名が「再構築・再検討」，5名が「市が実施（要改善）」，1名が「市が実施（現行どおり）」という判定であった。また，コメントを見ても厳しい意見が多く，仕分け人のものとしては，「市としての活用方法の方向性が不明確。民間事業者の提供しているサービスと違いがないのであれば実施する必要性はない」，「意思なく補助金メニューに乗っかることはやめよう。導入するに当たってイメージづくりが重要。広報が担当すべき」，「市が実施する必要がわからない」等がある。一方で，市民判定委員のコメントとしては，「助成やシステムありきで市が活用しきれていない」等，導入時において明確な目的もないまま導入が行われていることが指摘されている。このような厳しい事業評価の結果を受けて，市議会においても今後の地域SNSの運営方針に関しての議論が行われるようになる[18]。

　松阪市においては，前橋市と異なり事業評価の判定を受けて，いきなり廃止の決定を行うのではなく，当初は再構築に向けての検討を行うことになる。その後再構築期間を設けた上で，再度立ち上げる計画が持ち上がるも廃止に至るという経緯を辿っている。廃止に当たっては，内部的な要因としては担当部署の変更と，それに伴い住民の利用状況が停滞したことが指摘されている。外部的な要因としては，民間のSNSが普及する中で，それに見合っただけのサービスを提供するには費用がかかる点が指摘されている[19]。また，導入時においては民間のSNSがあまり普及していなかったという背景があるが，十分に普及している現時点において，自治体が費用を負担したうえで，SNSを自主運

---

[18]　平成23年度松阪市事業仕分け結果，2015年4月5日取得，〈http://www.city.matsusaka.mie.jp/www/contents/1000007123000/files/hyoukasheet7.pdf〉

[19]　平成24年9月定例会（第4回）「松阪市議会会議録」P. 427〔市長（山中光茂）発言〕（2012年10月10日－07号）による

営することに対しての意義の見直しが指摘されている[20]。このような中で，市議会における市長答弁において以下のような考えが示されたことをきっかけに，再構築の方向から，廃止の方向へと向かっていくことになる[21]。

　　先ほど部長からの答弁もございましたけれども，まずフェイスブックの浸透というのがこの1年間において非常に浸透がしてきた中で，武雄市，多可町，または陸前高田市などもこの1年間の中で新たなフェイスブックの枠組みを，自治体という形を通じて，特に武雄市の場合は少し前からフェイスブック課を通じて，またホームページを3年間かけてさまざまな形でフェイスブックとして行政で活用していくという方向にあります。
　　ただ，一方でフェイスブック，ツイッターというのは情報のマネジメント，武雄市長自体のツイッターにおける情報の漏えいなどの問題も出てくる中で，民間のSNSを活用する上での危険性と便宜性，または行政として活用することが今大きな課題がある中で，松阪市としてもこの4月以降においても非常に検証を進めているところでございます。
　　一方で，地域SNSの位置づけにおいては，今，平成24年9月現在において日記のコメント数，私もよく部長ブログなども含めて見せていただいておるんですけれども，日記のコメント数が今1カ月大体574件，アクティブユーザーという形で会員数はおっしゃるとおり900人といっても，実際には900人使っているわけではないのは事実です。ただ，アクティブユーザーというのが確認されているのが今79人いらっしゃるのは事実です。この中で，ここをコミュニティの中でも情報の交換の場にして，例えば食べ物どころとかを地域の形で使っている方々がいるのも，私自身も確認させていただいて，間違いなくいらっしゃるのは事実です。ここを単純に，もうすぐに使っている人が少ないから閉鎖するというのではなくて，中瀬古議員が先ほどからおっしゃっていただいているように，フェイスブック

---

20) 平成24年9月定例会（第4回）「松阪市議会会議録」P.126〔中瀬古初美発言〕（2012年09月10日－02号）による

21) 平成23年9月5日から平成24年12月13日にわたって開かれた地域SNS運営員会の議事録による。

を通じて，または他の民間の SNS を通じてさまざまな行政，地域，民間が連携，コミュニケートの場がしっかりとつくられていく枠組みというのも構築しながら，今の他の市町ともいろんな形で情報交換したりとか，例えば武雄市でかかわっていただいているそういうフェイスブックを活用する専門家の方とも話し合いや，うちの職員もそういう研修も今後受けていこうという話もしておるんですけれども，そういうところの移行も含めて，地域 SNS からフェイスブックなど民間に対するソフトランディングというところを含めて，前向きに検討していければと思っておるところでございます。

平成 24 年 9 月定例会（第 4 回）「松阪市議会会議録」p. 427〔市長（山中光茂）発言〕（2012 年 10 月 10 日 - 07 号）

他にも，市議会の議員からの指摘としては，地域 SNS の導入が行われた 2007 年時点においては，同様のサービスが存在せず，自治体がサービス提供を行うことに一定の意義を見出すことができた。しかし，昨今の Twitter，Facebook 等に代表される民間のソーシャルメディアの普及によって，自治体がこれらのサービスを提供することに意義があるかという点に疑問が投げかけられている。

その当時，確かにまつさか地域 SNS というのは画期的だったということは理解をしております。ただ，時代背景が随分変わってきておりまして，やはり今タブレット PC であるとかスマートフォンが非常に普及してきている時代である。そして，市長もフェイスブックやミクシーやツイッターという，そういうような SNS も使うように推奨もされているというところがございます。ですので，今考えると，所期の目的が達成されたのではないかと，やはりそのように思いますので，仕分けにおいても不要の判定が出てきたのではないかと。この事業も一定の期間があると言いながら，その一定期間はどこにあるのか。やはり廃止という方向で，ここでも不要というものがはっきり出ているわけですし，ではその一定期間というのがどこにあるのかというものを考えますと，廃止を考えるべきだというふう

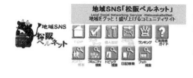

図8-2 松阪ベルネットの終了告知

出典:松阪市 HP，2014年12月9日取得．http://www.city.matsusaka.mie.jp/www/contents/1359678662176/files/kouhou2502_0002.pdf

にも思っておりますが，それについてはいかがお考えでしょうか．

平成24年9月定例会（第4回）「松阪市議会会議録」
P.126〔中瀬古初美発言〕（2012年09月10日 - 02号）

このように導入当時においては，市が地域SNSを運営することに対して一定の意義があったものと思われるが，いわゆるグローバルSNSが普及しつつある昨今の状況下では，あえて市が行うことの意義は薄れてきているという旨の指摘が行われた．以上のように，松阪市においては，事業評価による「廃止判定」と，上に挙げた市長による議会での答弁により地域SNSは廃止の方向に向かって動き出すこととなる（図8-2）．

[まつさか地域SNS運営委員会] 以下では，事業評価での「廃止」判定を受けた後に，当初は地域SNSの再構築に向けての話し合いの場として設けられた「まつさか地域SNS運営委員会」における一連の議論を示す．松阪市においては，厳しい事業評価を受けた後も持続可能な運営方法をめぐって議論が

表8-9　地域SNS運営員会の日程

日時	会議の名称	会議の方向性
2011年9月5日	平成23年度第1回まつさか地域SNS運営委員会	SNSの再構築に向けた議論
2012年1月19日	平成23年度第2回まつさか地域SNS運営委員会	SNSの再構築に向けた議論
2012年10月10日	市長による市議会での民間SNSへのソフトランディング発言	
2012年11月1日	平成24年度第1回まつさか地域SNS運営委員会	廃止に向けての議論
2012年12月13日	平成24年度第2回まつさか地域SNS運営委員会	これまでの活動の総括と廃止に向けての議論

出典：松阪市HP上における筆者調査による

行われることとなる。この議論は，平成23年の7月23日に実施した事業仕分けの結果を受けて開催されることになった。運営委員会の開催は，表8-9に示すように，2011年度に2回，2012年度に2回の合計4回開催されている。以下では，4回に渡る運営委員会の会議概要を順を追ってまとめていく。

「平成23年度第1回まつさか地域SNS運営委員会」においては，これまでの運営体制の妥当性についての議論が行われている。第7章でも指摘したように，松阪市においてもIT系の部署が担当になっていたため，適切な情報提供や，管理運営が上手くいかなかった点が指摘されており，担当部署としても情報IT推進室ではなく，広報広聴課のような部署が担当すべきであるとの指摘が委員よりなされている。

　事務局
　会員さんから意見をいただき，行政側から回答できる部分は，管理者である政策課職員が当初より回答して意見交換ができていましたが，一部の会員さんから時間中に行政情報以外の対応をしているということで指摘を受け，回答を自粛してきたという経緯もあります。今は，SNSのご意見に対しての受け答えは，政策課や広報広聴課のように全庁的な情報を持って

いないため，IT 推進室ではできず，システムのメンテナンスにとどまっています。

　　　　　　　　　　（～中略～）

委員
広報広聴課等が管理者になる方が良いと思います。何に使うかはっきりしないところが管理しているからうまく使えないようなことになるのだと思います。(p. 3)

　　　　　（出典：松阪市 HP「平成 23 年度第 1 回まつさか地域 SNS 運営委員会議事録」，2015 年 1 月 28 日取得，http://www.city.matsusaka.mie.jp/www/contents/1000007487000/files/23_09_05_itssns.pdf）

　その他にも，運営部分を外部に委託する方向性などを探る議論が行われている（p. 5)[22]。また，松阪市の各地区に存在する住民協議会の仕組みが導入され始めた時期でもあり，この住民協議会の仕組みを活用した地域 SNS の活性化策が模索されていた (p. 7)[23]。

　続く，「平成 23 年度第 2 回まつさか地域 SNS 運営委員会」においては，松阪市役所の各部署から選抜された職員から成る「まつさか SNS 運営プロジェクトチーム」が，地域 SNS の再構築の方針をまとめた。この「再構築計画（案）」に対して，委員がコメントを行うという形で進められている。この運営委員会において示された「再構築計画（案）」において 3 年間という再構築の期間が設けられたことを確認できる。この案の中では，平成 24 年度から 26 年度までの 3 年間に活性化に関する取り組みを行って，最終年度の平成 26 年度に改めて存続させるかを決めるということが定められている。

　通算で第 3 回目の開催となる「平成 24 年度第 1 回まつさか地域 SNS 運営委員会」においては，2012 年 10 月 10 日議会における市長の「民間 SNS へのソフトランディングを検討する」という発言を受けて，「平成 23 年度第 2 回まつ

---

[22]　平成 23 年度第 1 回まつさか地域 SNS 運営委員会，2015 年 4 月 5 日取得，〈http://www.city.matsusaka.mie.jp/www/contents/1000007487000/files/23_09_05_itssns.pdf〉

[23]　平成 23 年度第 1 回まつさか地域 SNS 運営委員会，2015 年 4 月 5 日取得，〈http://www.city.matsusaka.mie.jp/www/contents/1000007487000/files/23_09_05_itssns.pdf〉

さか地域SNS運営委員会」において提出された「再構築計画（案）」の議論は行われなくなり，どのような形で廃止をするかという点に焦点が当てられて議論が行われるようになった。実際，この運営委員会においては，事務局側からは，「松阪ベルネット終息に向けたスケジュール（案）」が提出されている。

運営委員会としての最後の会議となる「平成24年度第2回まつさか地域SNS運営委員会（12月13日）」においては，これまでの地域SNSの取り組みを総括するための案の取りまとめの議論と，終了するに当たっての方策についての2点が主な論点として論じられている。まず，前者のこれまでの総括に関しての考察としては主に以下の議論が行われ，地域SNSの利用が沈滞化した原因として次の4点が指摘されている。

> 1つ目は，職員のスキルが十分でない中で無償のオープンソースを使ったことで，システム障害や今急速に普及しているスマートフォン等への対応ができていないこと。2つ目は，使い方講習会や地域情報化フォーラムの開催が継続してできなかったこと。これは，行政の責任であると思っています。3つ目は，管理者としてのファシリテーション不足や話題性のある情報発信が継続的にできなかったことから，徐々に会員との絆も薄れてしまったこと。4つ目は，非常に大きい原因だと思っていますが，ツイッターやフェイスブックなどの新しいタイプの民間のSNSが躍進しており，松阪ベルネットの会員におかれても，そちらの方へ活動の場を移行されることが多くなったということ。
>
> （出典：松阪市HP「平成24年度第2回まつさか地域SNS運営委員会議事録」，2015年1月28日取得，http://www.city.matsusaka.mie.jp/www/contents/1335143497508/files/24_12_13_its.pdf）

1つ目から3つ目までは，行政の職員側のスキル不足や，十分な関与が行われていないことに起因するものが挙げられている。一方で，4つ目に関しては，グローバルSNSの普及に伴う環境的な要因であることが指摘されている。これら4点に加えて委員からは，市民の要望と，市の職員のそれに対する対応に関してズレが生じている点について，原因の1つとして追加をすることが求め

られている。

　以上の合計4度に渡る地域SNS運営委員会においては，当初こそ再構築の計画に向けて動き出していたものの，市長の発言を受けて以降，どのように廃止に向けて動き出すのかという一点に議論が集中することとなる。

　一見すると，松阪市の事例は再構築を目指したにも関わらず途中で挫折してしまったという印象を与えかねない。しかし，地域SNS運営委員会において再構築の可能性について議論が行われたことの大きな意義の1つとしては，これまでの運営についての検証を行ったことであり，報告書という形でとりまとめを行ったという点にある。このように批判的な検討が行われたことは，今後の同様の事業を行う際の財産ともなりうるものであり，有意義なものであったと考えられる。

8.4　期限付きでの導入（京都府宇治市，香川県高松市，愛知県安城市）

　本節では，冒頭で示した3つの類型のうち2つ目として，あらかじめ運営期間を定めた上で関与を行っているという事例である宇治市，高松市，安城市の3地域を対象に検討を行う。

8.4.1　京都府宇治市の事例

(1)　概要

　宇治市では，地域SNSの導入当初に，設置後1年半で，会員数が2500人という目標を掲げており，この目標が達成された場合には，引き続き市が運営を行うという方針であった。結果的には，期間内にこの目標会員数を達成することはできなかった。しかし，一定のユーザー数と活動実績があることが認められて，地域SNSシステムの保守・管理に関する部分については，実証実験の期間終了後も，宇治市のサーバリプレースの期間である2011年4月までは，宇治市が引き続き面倒をみることになった（中村・杉本，2009）。市によるサーバーの保守・管理期間終了後の2011年4月25日からは，地元のNPO法人である「宇治大好きネット」が，地域SNSシステムの保守・管理から運営までを行っている。

第8章　廃止に至る経緯に関する類型　　　　　　　　　　　　189

　宇治市に関する取り組みを考える際には，これまでの地域情報化政策に関する取り組みの蓄積があることが大きい[24]。実際，宇治市において実社会の活動と連動する形で地域SNSの利活用が行われた要因としては，地元のNPOである「宇治大好きねっと」が運営を担っていたという点である。このNPOの取り組みの成果によって，地域住民が地域社会のイベント時に積極的に活用することにつながっていった。一方で当初より，地域SNSの運営部分を完全にNPOに委託してしまったことにより，市役所としての関与が低調になってしまったおそれがある側面も見逃すことはできない（北広島市や三鷹市においても同様の事例を確認している）。市役所内における職員の関与実態が低調であったことについては，インタビュー調査に加えて，議会における議論においても確認することができた。

(2)　宇治市としての関与実態
　以下では，宇治市としての関与実態がどのようなものであったのかについて，市議会における議事録と，筆者によるインタビュー調査で入手したデータの両方をもとに検討を行う。
　まず，市議会でのやり取りで明らかにできたことは以下の通りである。特に，助成事業等については，予算がついている期間に関しては行政としての関与が行われるが，それ以降に関しては手つかずの状態になるということが常態化していることが指摘されている。また，導入後に関しても担当になった部署にのみ業務や目標が押しつけられており，庁内における協力体制が構築できておらず，その結果として，SNS上で十分な情報が提供できていなかった状態や，職員の育成についても行われてこなかった点についての指摘がなされている。

　　　お茶っ人も活発にアクセスがあるということはよく理解できましたし，多分所期の目的は一定達しているのかなというふうには思うんですが，登録者数が目標に対して半分以下の状況というのは，やっぱりどっかに問題があるのかなという気もしないでもないです。eタウン・うじにしてもそ

――――――――――
24)　詳細については第9章でまとめを行う。

うですけども，予算がついている間は行政としても担当部局が一生懸命やってくださっていますが，それ以外の市の職員も含めてほとんど無関心だと思うんです。これ庁内で例えばわかれば，お茶っ人に登録されている方って，大体推定職員が1,400名ぐらい，パートとかいろんな方もいらっしゃるとして，ひょっとしてこれ10人以下ということはないですよね，まさか。その辺ちょっと状況，もしわかっているんであれば市長も含めて副市長とか入っておられるのか，総務部長も，その辺ちょっと意識を聞きたいんですけど。

　　　　　　　　　平成19年10月決算特別委員会（第3回）「宇治市議会会議録」〔平田研一副委員長発言〕（2007年10月23日－03号）

　ただ，そのぐらいの，僕は1つの担当課にこういう目標値を設定させて押しつけているというのは，とても行政のやり方としてだめみたいな気がするんです。この取り組みや目標数を設置させておいて，じゃ，庁内でどういうバックアップをしているのかということに対して，ちょっと副市長のコメントを最後にいただいて，この質問を終わりたいと思うんですけど。

　　　　　　　　　平成19年10月決算特別委員会（第3回）「宇治市議会会議録」〔平田研一副委員長発言〕（2007年10月23日－03号）

　それから，今も話にありましたSNSの行く末の問題ですけども，役所がいっちょかみする目的は終わったという言い方ですけども，当初から言われていたのは，1つは，役所の情報発信もSNSへ使っていこうということだけど，市役所の職員がそれに対応する職員はほとんどおられず，ほとんどお茶っ人には行政情報は流れませんでした。だから，行政が地域SNSを使って情報発信なり，災害のときにはこれを利用できるとか，大分と宣伝文句はいっぱい言われていたんですけど，結局，そういうことができる職員の育成は皆無だったので，結局，SNSに行政がかんで活用するということは，正直，ありませんでした。今もない状態。そうすると，SNSに対する行政側の情報発信，これは，どういうふうにしていくのかということ。

第 8 章　廃止に至る経緯に関する類型　　　　　　　　191

> 平成 24 年 2 月総務常任委員会（第 2 回）「宇治市議会
> 会議録」〔水谷修委員発言〕（2012 年 2 月 1 日 – 02 号）

　また，市の関与が弱かったことを表す事例としては，筆者によるインタビューや，LASDEC が行った当事の担当者を対象としたインタビュー記事においても確認することができる。当時の担当者の発言からも他部署からの協力を得ようと努力していたものの，他部署からの協力を取りつけられなかったことが語られている。

> 宇治市担当者：ほとんどないですね。逆に，私は，そのようなセクションを集めて動いていたのですが，全然動いてくれませんでした。「『お茶っ人』を作りました。だからこれを使って，広報活動であるとか使ってくれ」と言う事を言ってました。例えば男女共同参画ですとか，自治振興課ですとか，それと保育関係ですね。一応このあたりにさらっと声はかけていました。それも，私が始めて半年で（担当を）変わってしまったものですから，なかなか軌道には乗らなかったんですよね。
> 利用された例としてはね，毎月一回ロビーコンサートがありました。ですから，ロビコンなんかはよく入ってくれたりしていました。それと防災関係とかね。これらの中で，いくつかは動いてくれてはいましたが，向こうから使わせてくれと言う事はありませんでした。
> 　　　　　　　　　　　　　　　　　　　　（筆者インタビューより）

> 宇治市担当者：実証実験の期間中，役所の中で確かに風は吹きました。生活圏の情報交流や活動を充実させる基盤として，「お茶っ人」が使える道具であることは充分に示せたんです。しかし，全庁的に巻き込むことができませんでした。多くの職員に関わってもらおうとワーキングチームを作り，「電話で対応するときのように『お茶っ人』にも書けば」と言っても，「文章が残るから」と返ってくる。役所の中で，私もかなり動いたけれど，実りませんでした。今思えば，ただ単にやれというだけでなく，「それぞれの職員の持っている課題解決のために，このように利用ができる」とい

うように，具体的な手法を示せばよかったのかもしれません．
(出典：LASDEC 地域 SNS システム，「地域 SNS インタビュー　第 2 弾運営母体が行政から民間へ移行　～京都山城地域 SNS「お茶っ人」の今～」，2014 年 12 月 9 日取得，http://lasdecsns.jimdo.com/%E5%9C%B0%E5%9F%9Fsns%E3%82%A4%E3%83%B3%E3%82%BF%E3%83%93%E3%83%A5%E3%83%BC/%E4%B8%AD%E6%9D%91%E4%BF%8A%E4%BA%8C%E6%B0%8F/)

このような活動に加えて，IT 推進課として主要なメンバーを集めて組織内のワーキングチームというものを作るなどして働きかけを行っていた．また，庁内の働きかけに加えて，運営を担当していた「宇治大好きネット」に対しての働きかけも行っていた．しかし，導入時に担当していた職員が別の部署に異動した後は，このような働きかけはほぼ行われなくなっていったという（筆者のインタビュー調査による）．「第 7 章 7.4.3 業務での利用実態」においても指摘したように，ソーシャルメディアへの関与が，一部の職員のみの「職人芸」のようになってしまっており，ノウハウの共有や伝達が行われていないことの弊害をここでも確認することができる．

　また，宇治市による継続的な運営を続けるか否かの指標として用いたユーザー数についても，当初は順調に伸びていたが，途中で目標値に上方修正が加えられた．当初課せられた目標登録人数は「市内外を問わず合計ユーザー数 2000 名」だったが，この数値の到達目前で「宇治市内のユーザーだけで 2500 名」に変更されたという．この目標値の上方修正が行われたことに加えて，地域 SNS の導入時において提案責任者であった担当者が人事異動で別の部署に異動してしまったこともあり，この目標を達成することができず，結果的に市としてのツールへの直接的な関与は行わないという判断へとつながった（筆者のインタビュー調査による）．

8.4.2　香川県高松市の事例

　高松市の場合には，導入当初に目標として 1000 人の登録者数を設定していたが，実証実験の終了時点で半数以下に留まっていたこと（登録者数：425 人，アクティブユーザー数（1 カ月以内にログインした人）：193 人　2008 年 2 月 15 日時

点）と，同時期に「市民ブログ」という地域SNSに類似したネットサービスが立ちあがったことや，災害対応機能がニーズを満たさないことなどを理由に，本格運用に向けた予算が認められず廃止になった．

　以上のような理由により，高松市では，当初設定した実証実験の期間である1年半で地域SNSの廃止という決定を下すことになった．しかし，高松市においては，地域SNSの導入を行うにあたり，導入の提案を行った担当課である市民政策部地域振興課に加えて，関連のある担当課からの協力を事前に取りつける（表8-10）など，他の自治体と比較しても，計画的に行われていたということが言える．また，導入後も登録者数を増やすための試みとして，部長会での地域SNS開始の周知やメンバー登録の呼びかけ，他にも，市長をはじめとした各所属の文章取扱い主任に対して「ともだちメール」の配信を行い，所属内職員全員に対しての登録呼びかけを積極的に行うなど，導入後も地域SNSの利用を活性化させようとする取り組みを数多く行っていた．しかし，実際に地域SNSへのメンバー登録までは協力してもらえても，親睦会や私的利用に関しては勤務時間外に行う必要があり，運用面での活用までにはつながらなかったという（筆者のメール調査による）[25]．

　高松市においては，このように様々な工夫を行っていた．そのため，閉鎖の決定がなされた時期には，モデル地区となっていた地域コミュニティ協議会において，バーチャルから，リアルへの橋渡しの事例も出始めていたこともあり，閉鎖を惜しむ声が数多く聞かれたという．実際，登録者数が当初目標として掲げていた1000人を達成できていれば，その後は運用を続けていくことができたと感じていたと当時の担当者は述べていた（筆者のインタビュー調査による）[26]．

---

[25]　この点に関しては，どういった分野，内容のものならば，限定的であれ，私的利用が認められるか，運用面での協議や工夫を行う必要があったという．
[26]　この目標登録者数を達成できなかった背景として，地域SNSとほぼ同時期に導入が行われた同様のICTツールの存在があったという．この点においては次の第9章において詳しい説明を行う．

表 8-10　高松市運営体制

所属		補職名	氏名	実証実験における役割
市民政策部	地域振興課	部次長 課長事務取扱	原田典子	提案責任者
		主幹	村上和広	実証実験責任者
		係長	藤田晃三	実証実験担当者
		主事	宮本康弘	実証実験担当者
総務部	情報システム課	課長	篠原也寸志	システム管理責任者
		課長補佐 係長事務取扱	角陸行彦	システム管理担当者
	庶務課防災対策室	室長	高島眞治	防災機能実験担当者
		主事	十河知史	防災機能実験担当者
	広聴広報課	課長	橋本良治	住民アンケート実験担当者
		課長補佐	藤川幸彦	住民アンケート実験担当者
消防局	予防課	課長	福田健之	防災機能実験担当者

出典：高松市地域 SNS 導入事業担当者村上和広氏へのメールでの調査による

8.4.3　愛知県安城市の事例

　安城市においても，導入後約 1 年半（2008 年 12 月～ 2010 年 3 月）を実証実験の期間と定めており，それ以降は地元の民間会社に運営を委譲する計画を立てていた。宇治市の事例においては，自治体が直接的な関与から撤退した後も，地元 NPO が中心となり運営を持続させた事例と位置づけられる。これに対して，安城市の事例においては，地元の民間企業が中心となり運営を継続させるに至った事例であると位置づけることができる。安城市においては，事業評価も行われているが，導入当初より 2 年間の期限付きということで導入が決められていた。そのため，事業評価は形式的なものであると判断し「期限付きでの導入」に分類した。

　以下では，安城市における市議会において，実証実験期間が経過した後の運営方針について市議会での議論の考察を行う。

行政報告書53ページ、地域ポータルサイト構築事業から質問いたします。
　安城市地域ポータルサイトあんみつは、ここにも書いておりますとおり平成20，21年度と実証実験をされて、その後自主運営、民間運営に移行すると書いてあります。昨年度で実証実験は終了したわけですけれども、民間運営に移行できるだけの素養が整ったということでよろしいのか、また自主運営できるだけの運営費が賄える状況になったのかということをお聞きしたいと思います。
　　　　　　　　　平成22年9月決算特別委員会（総務企画関係）「安城市議会会議録」〔野場慶徳発言〕（2010年9月16日－01号）

今年度で、実証実験が終了します地域情報化計画というのがあるんですが、その中での地域ポータルサイト、これはあんみつという名前がついておりますけれども、来年度から自主運営で本格運用に入りますので、民間での自主運営とはいいましても、このサイトは結構行政の情報の発信、特にごみ減量、それからまちづくり、町内会情報も今後入れていくということで、決して行政と無縁ではございませんので、その中に活動としてパソコン講座とかそういうものも開催しておりますので、その中に一つ乗っかってやっていくのも、一つの方法かというふうに考えております。
　　　　　　平成22年3月総務企画常任委員会「安城市議会会議録」P.19〔情報システム課長（杉浦二三男）発言〕（2010年3月15日－01号）

　一方で、ページビューに関しては目標値を達成できなかったものの、会員数に関しては当初の目標を達成できたこと、また、非常に公共的な部分を担っているサイトであるという点も踏まえて、実証実験の終了後も自治体として何らかの形での地域SNSへの支援の在り方を探っていることが確認できる。

　それから、地域ポータルサイトです。いわゆるあんみつですけれども、登録の会員コミュニティが非常に目標よりも増えておるということでありまして、私も登録はさせていただいておるんですけれども、これを見ると非常に公の部分をかなり担っているサイトであるなというふうに感じており

ます。いろいろアクセスしている皆さんの内容を見ても，かなり公の部分が入っておると。先ほど野場委員のほうから自主運営に当たって経済的な支援はどうかというお話がありましたが，経済的なことはまた別の議論だと思うんですけれども，<u>公の部分を担ってもらっているということに対して何か今こちら側から何か支援をできないか</u>，あるいは課題，状況，そのあたりをあわせてお考えがあればお聞きしたいと思います。お願いします。
　　　　　　　　　平成22年9月決算特別委員会（総務企画関係）「安城市議会会議録」P.19〔石上誠発言〕（2010年9月16日 − 01号）

　地域SNSというツールの性質上，広告収入に頼る形での運営は，サービスの提供範囲が非常に限定されたサイトであることもあり，会員数や閲覧件数が少ないため，広告収入を得ることが難しいという実態がある。実際，地域SNSの事業を引き継いだmeetsは地域SNSの運営を収益化することには成功しておらず，年間百数十万円の赤字を出しているという[27]。

　課題なんですけれども，年間300万円ぐらいの経費がかかるというふうに聞いておりますので，それをどういうふうに捻出していくのかというのが一番問題になっておるわけで，先ほど申しましたように運営委員会のほうでも最後まで結論が出なかったわけです。例えば，バナー広告等でも地方のサイトでありますので会員数も見る件数も少ないということで，どうしても規模のメリットがありません。したがいまして，参加していただける企業，店舗等なかなかないというのが現状でございました。市としても何かできないかなということで，IT推進委員会にもポータルサイト部会を設けておりますので，このサイトを盛り上げていく，また活用していく，この中で検討して，よい案があればここのIT推進委員会からあんみつのほうに提案をしていきたいというふうに思っております。
　　　　　　　　　平成22年9月決算特別委員会（総務企画関係）「安城市議会会議録」P.19〔杉浦二三男発言〕（2010年9月16日 − 01号）

---

[27]　筆者によるインタビュー調査より。また，詳細については次章において詳しく論じる。

8.5 競合するICTツールの存在（鹿児島県奄美市，福岡県大牟田市，香川県高松市）

いくつかの自治体においては，地域SNSに類似した機能を有している他ICTツールの存在が，地域SNSの運営に対して影響を与えている事例を確認できた。例えば，奄美市では，自治体外における地元の民間企業のSNSが台頭してきたことが，また大牟田市や高松市においては，自治体内における競合する同様のICTツールの存在が，地域SNSを運営する上でネガティブな効果をもたらしていたということを確認できた。また，同様の事例は，調査時点においては地域SNSの運営を続けている自治体においても確認することができた[28]。これらの自治体では，地域SNSの利用状況は停滞しているが，既存のICTツールに関しては活発な利用が行われているという実態を確認できた。以下本節においては，各自治体における事例の詳細について考察を行っていく。

8.5.1 鹿児島県奄美市の事例

奄美市の事例を見てみると，2009年に民間のブログサービスである「しーまブログ」（図8-3）というサービスが伸びてきたことが，奄美市役所が運営を行っていた地域SNSである「ま〜じんま」の利用が活発化しなかったことの一因であったという。このブログサービスは，地元の民間企業が，島々のブログを集めて，交流事業などを行うサービスであった。このようなサイトが登場してきたということもあり，あえて行政がSNSを運用する意味があるのかということになったという。

また，すでに第7章においてもまとめているが，奄美市においては，地域

---

[28] 他にも，現在も地域SNSの運営を継続中の地域においても同様の事例が確認できている。例えば，北海道の北広島市においては，ネットを活用した動画投稿サイトである「きたひろ.TV」(http://tv.city.kitahiroshima.hokkaido.jp/) というサイトが地域SNSの導入以前より運営を行なっており，地域SNSよりも積極的な利用が行なわれているという。また，高島市においても，地域SNSの導入時期とほぼ同じ時期に「インターネットTV高島みてねっと！」というツールの設置を行なっており，このツールに関しても地域SNS以上の利用があるという。

図 8-3　しーまブログ

出典：しーまブログ，2015 年 2 月 4 日取得，http://amamin.jp/

　SNS の導入時点においては，ストレスなくインターネットの利用ができる地域が，島の市街地に限られており，そもそもインターネットの利用者人口が少なかった。加えて，奄美市における地域 SNS への登録方法の特徴的な点として，開設直後から廃止に至るまで一貫して「招待制」を採用していたという。このことにより，担当者が市のイベント等で地域 SNS への入会勧誘を行っているときに手続きを行うか，または，市の担当課に直接入会の依頼を行うという方法を取らなければ，地域 SNS に入会できないという環境にあったという。

　　<u>担当者：最後の方になってくると，外部ブログとのリンクでの活用などが主になっていました。そのような事を起こしてる方（地域 SNS の利用を行っている自治体職員）は当然いたのですが，うちは役所が管理する SNS と言うことで招待制でした。その設定自体（招待制）を変えることはありませんでした。それが，会員が伸び悩んだひとつの理由だったとも考えています。</u>その結果として，SNS 全体が閉鎖的なものになってしまったという印象を受けます。閉鎖的と言ってしまったのは少し語弊があるかもしれ

第 8 章　廃止に至る経緯に関する類型　　　　　　　　　　199

ません。常時開放型じゃないといった感じか。見ることができたと思うんですが。あれ？　見ることもできなかったのかもしれません。

　担当者：原則的には，市民の方で利用したい人が，自治体の担当者のほうに連絡をしてきていたと言うことでした。担当者はそれを受けて招待メールを送ると言う形で運営をしていました。そのような形で広げていったという形です。おそらくイベント等に参加した際などに，紹介を行いメールを送ってもらえるという形にしていたようです。すみません。ただその詳しい資料が見つからないのでどのような形で参加登録を行っていたかという点に関してはあまり定かではありません。ですので，<u>それがなければ，結局役所の中でしか広がらないということになってしまいます。</u>

　これらのことが影響したこともあり，奄美市における地域 SNS の登録者数は，運営開始直後の 2007 年 2 月時点においては 81 名，閉鎖の直前である2012 年 9 月時点においても 146 名とかなり低調であった。さらには，招待制という制度を採用したために，市民による登録者数が伸びず，登録者全体における自治体職員の登録者数比率が 2 ～ 3 割を超えるという結果になったという。

　担当者発言③：<u>（登録者全体に占める自治体職員の比率が）2 ～ 30% は楽に超えていたと思います。</u>ですので，市民の方が気楽に登録できなかったというような環境にあった事は否めませんねぇ。だからこそイベントなど（における SNS の紹介）も積極的に行って，繰り返し繰り返し勧誘を行うことが必要だったかもしれません。そこまでしていなくて伸び悩んだと言う事はあると思います。
　　　　　　　　　　　　　　　　　　　（出典：筆者調査による）

8.5.2　福岡県大牟田市の事例

　大牟田市においては，地域の安心・安全情報発信のためのメールシステムとして「愛情ねっと」というシステムの運営を荒尾市と共に行っていた（図 8-4）。「愛情ねっと」では，両市における防犯，防災，福祉，健康，観光・イベント，徘徊・行方不明，行政情報等が配信されている。利用者は，サイト上において

図 8-4　愛情ねっと

出典：愛情ねっと，2015 年 2 月 4 日取得，http://ai-jo.net/Community/

　自身のメールアドレスの登録を行い，情報を必要とする地域の指定（大牟田市と荒尾市における地域）と，情報のカテゴリーの指定を行うことにより，必要な地域における必要なカテゴリーの情報が配信されるようになる。このツールの方が，活発に利用されており，2013 年 3 月の調査時点においても地域 SNS 以上に活発に利用されているという。

8.5.3　香川県高松市の事例

　高松市の概要については，すでに「4. 期限付きでの導入」において考察を行った。高松市では，地域 SNS の導入とほぼ同時期に，NPO 等からの提案のうち可能性のあるものについて事業化を図る「平成 19 年度高松市協働企画提案事業」として，「たかまつ市民ブログ」という地域 SNS と似たネットサービスが立ち上がった。このサービスの登場により，有力な市民発信者が分断されてしまったことがツールの廃止に至る原因の一つになったという。また，この

第 8 章　廃止に至る経緯に関する類型　　　　　　　　　　201

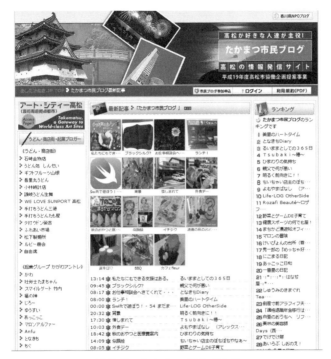

図 8-5　たかまつ市民ブログ

出典：たかまつ市民ブログ，2015 年 2 月 4 日取得，http://ashita-sanuki.jp/_t11

「たかまつ市民ブログ」は，本書の執筆時点である 2019 年 3 月時点においても運営が行われているサービスである（図 8-5）。

8.5.4　その他

　以上，8.5.3 までに取り上げた 3 自治体は，すでに地域 SNS の廃止に至った事例である。本項においては，調査時点においては地域 SNS の運営を続けているが，上でまとめた 3 自治体と同じく地域 SNS 以上に，類似の ICT ツールの方が活発な利用実態がある事例として，北広島市と高島市を取り上げる（表 8-11）。

　まず，北広島市の事例を見ると，「きたひろ .tv」という地元の市民が撮影した動画を投稿するサイトが作られている（図 8-6）。このサイトの運営について

表 8-11　ツールの競合状態

自治体名	ICT ツール	現状
大垣市（廃止）	大垣かがやきサイト	統合して運営
大牟田市（廃止）	愛情ねっと（荒尾市と共同で運用を行っている）	SNS 以上に活発な利用
奄美市（廃止）	しーまブログ（地元民間企業によるサービス）	特に若者の利用者がこちらへ流れた
高松市（廃止）	たかまつ市民ブログ	情報発信者が分断された
参考		
北広島市	きたひろ.tv	SNS 以上に活発な利用
高島市	みてねっと	SNS 以上に活発な利用

出典：筆者調査による

も，北広島市からの委託を受ける形で，地域 SNS の運営も行っている地元の NPO 法人である IT ネットワークが中心となって運営を行っている。このサイト上には，「お知らせ」，「キラリ☆仲間たち」，「きたひろ.TV ニュース」，「おしえて！　きたひろ」，「みーつけた！　北広島」，「みんなの広場」の合計 6 つのカテゴリーが設けられている。カテゴリーごとに投稿が行われており，市民の日常生活に焦点を当てたものから，行政情報の発信や市長からの挨拶等まで，多彩なジャンルの情報発信が行われている。また，2012 年の 6 月からは，「きたひろ.tv」の Facebook ページを作成して，新着の動画やサイトの更新情報の発信等も積極的に行っている。

　次に，高島市の事例では，「インターネットテレビ　高島みてねっと！」の取り組みが行われている（図 8-7）。高島市において，「インターネットテレビ　高島みてねっと！」が導入された時期は，地域 SNS の導入が行われたのとほぼ同じ平成 19 年 6 月であった。地域 SNS の導入時期が，「インターネットテレビ　高島みてねっと！」の導入時期よりもわずかに後であったため，早い時期より運営を行っていた「インターネットテレビ　高島みてねっと！」の運営の方に自然と重点が置かれるようになり，地域 SNS に関してはあまり関与できないという状態であったという。実際，本書の執筆を行っている 2019 年時点においても，「インターネットテレビ　高島みてねっと！」は，高島市の HP のトップページ上に大きな広告のリンクが張られている。

第 8 章 廃止に至る経緯に関する類型

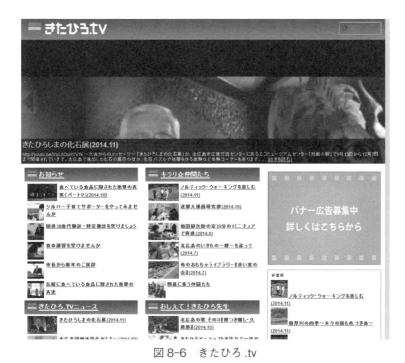

図 8-6 きたひろ.tv

(出典:きたひろ.tv, 2015 年 2 月 4 日取得, http://tv.city.kitahiroshima.hokkaido.jp/)

8.6 考察

本章では, 地域 SNS を導入した自治体の中でも, すでにツールの直接的な運営から撤退している自治体を中心として, それらの自治体が廃止に至った経緯についての分析を行ってきた。本章の分析結果から確認できたこととしては, 以下の通りである。

第 1 点目としては, 廃止に向けた議論の必要性についてである。今回の調査対象とした全 10 自治体のうち, 地域 SNS の廃止を行うに当たって公式な形での事業評価が行われていたのは 5 自治体であり, これらの全てが「廃止」に準ずる判定であった。一方で, このような事業評価の仕組みを持っていない一部の自治体においては, ほぼツールの利用実態がない状況にも関わらず, 見かけ

図 8-7　高島市 HP

出典：高島市 HP，2014 年 12 月 9 日取得，http://www.city.takashima.lg.jp/www/toppage/0000000000000/APM03000.html

上の予算が低いという理由で運営が続けられていた。このような場合は，導入を決定する前にあらかじめ導入期間を定める（宇治市，高松市の事例）などの工夫が必要であると考えられる。

　第 2 点目としては，地域 SNS と，各自治体における既存の ICT ツールとの関係についてである。今回のインタビュー調査において奄美市は，不安定なインターネットの接続環境のためにツールの活発な利用につながらなかったという環境的な要因による失敗であったと言えよう[29]。一方で，奄美市以外の 9 団

---

29) 奄美市では，実証実験当初，島全体に ADSL が行き渡っておらず，安定したネット接続ができる環境は市街地のみであったという。

体では，環境的な要因というよりは，地域 SNS の運営を行っていく際の自治体の関与方法や，市民利用者の意識の問題が大きいと考えられる．実際に地域 SNS の運営においては必ずしも成功していないものの，類似の ICT ツールに関しては活発な利用につなげているという事例をいくつか確認できている．今回の調査結果からは，同時期に同様のツールを複数運営することの困難さを確認することができた．このような事態に対する対策として考えられることとしては，組織レベルでの対応と担当者レベルでの対応の 2 つである．

まず，組織レベルについては，第 7 章においても指摘しているように，ツールの導入を行う前に全庁を挙げての取り組み体制の構築や，他部署からの協力の取りつけを行うことの必要性が考えられる．次に，担当者レベルで見ると，導入時の担当者は比較的熱心に取り組む傾向があるようだが，それ以降の担当者は必ずしも積極的な関与につながっていかないという点も指摘されている．今回のインタビュー調査を行ったほぼ全ての担当者の前職は，ICT やソーシャルメディア等の運営業務とは関連がない部署であった．そのため，2 代目以降の担当者にとっては，前任者からの事業の引き継ぎが行われることが重要である．それにも関わらず，ほぼ全ての自治体においては，事務的な書類の受け渡しによる事業の引継ぎが行われるに留まっているという点も，このような結果に影響を与えていると考えられる（表 7-9，表 7-10）．少なくとも事業の引継ぎに関しては，担当者レベルにおいて緊密な連携を図って行う等の工夫が必要であると考えられる．

8.7　まとめ

本章では，すでに地域 SNS の廃止に至った自治体を対象にどのような経緯を経て廃止に至ったかについての考察を行ってきた．問題の性質上調査対象の確保が困難な中で，地域 SNS の直接的な運営から撤退した自治体を対象に，地域 SNS が廃止に至る経緯の類型化に関する調査を実施した．本研究での研究結果としては，廃止に至った事例は，①事業評価，②期限付きでの導入，③既存の ICT ツールとの競合，という 3 類型に分類できることを示した．また，本章における結果は，第 1 章において議論を行った地域情報化政策の視点から

捉えると，丸田（2006）が定義を行ったような，主に自治体内部の情報化（行政情報化）の時代では，設備の設置さえ行われれば事足れりであったのに対して，近年の地域社会を対象とした情報化（地域情報化）に関しては，従来型の関与では不十分であることを示す結果であった。

　地域SNSの起源のもとをたどれば，八代市の「ごろっとやっちろ」に行きつく。「ごろっとやっちろ」については第1章でもまとめを行ったが，いわゆる中央主導の政策ではなく，地方の自治体の草の根的な取り組みにルーツを持つ。このような経緯を有するものであるからこそ，各々の地域が独自の創意をこらした運営を行うことが求められるのではないだろうか。一方で，本章において取り上げた自治体の関与実態を見ると，近年における地域SNSの関与に消極的な時期においては大半の自治体で，0.01〜0.1人工という結果であり，運営を行うに当たっての関与がほぼ行われていない（表7-7，表7-8）。各地域におけるガバナンスを考えるに当たっては，何よりも地域のニーズに合わせた各自治体の取り組みが必要であると考えられるが，本章で取り上げた研究では，必ずしもそのような取り組みを確認できなかった。

　本章では，地域SNSの廃止に至った自治体を対象に調査を行った。このように多くの自治体においては地域SNS事業が廃止に至る一方で，様々な工夫をこらすことによって地域SNSの運営を継続している自治体が少ないながらも存在する。そこで，次章では，地域SNSの効果的な運営を行うことができている自治体においてはどのような工夫がなされているのかについての考察を行う。さらに，本章で得られた知見と，次章における検証によって，自治体がICTを活用した住民参画事業を効果的に行うに当たって必要とされる要件についての確認を行う。

郵便はがき

恐縮ですが切手をお貼りください

112-0005
東京都文京区水道二丁目一番一号

勁草書房
愛読者カード係 行

(弊社へのご意見・ご要望などお知らせください)

・本カードをお送りいただいた方に「総合図書目録」をお送りいたします。
・HPを開いております。ご利用ください。http://www.keisoshobo.co.jp
・裏面の「書籍注文書」を弊社刊行図書のご注文にご利用ください。ご指定の書店様に至急お送り致します。書店様から入荷のご連絡を差し上げますので、連絡先(ご住所・お電話番号)を明記してください。
・代金引換えの宅配便でお届けする方法もございます。代金は現品と引換えにお支払いください。送料は全国一律100円 (ただし書籍代金の合計額 (税込) が1,000円以上で無料)になります。別途手数料が一回のご注文につき一律200円かかります(2013年7月改訂)。

愛読者カード

30278-9 C3031

本書名 KDDI総合研究所叢書8
　　　　地域SNSによるガバナンスの検証

ふりがな
お名前　　　　　　　　　　　　　（　　歳）

　　　　　　　　　　　　　　ご職業

ご住所　〒　　　　　　　お電話（　　）　―

本書を何でお知りになりましたか
書店店頭（　　　　　　書店）／新聞広告（　　　　　新聞）
目録、書評、チラシ、HP、その他（　　　　　　　　　　）

本書についてご意見・ご感想をお聞かせください。なお、一部をHPをはじめ広告媒体に掲載させていただくことがございます。ご了承ください。

◇書籍注文書◇

最寄りご指定書店

市　　町（区）

書店

(書名)	¥	(　)部
(書名)	¥	(　)部
(書名)	¥	(　)部
(書名)	¥	(　)部

※ご記入いただいた個人情報につきましては、弊社からお客様へのご案内以外には使用いたしません。詳しくは弊社HPのプライバシーポリシーをご覧ください。

第 9 章　各地域における工夫をこらした運営形態に関する考察

　ここまで，地域 SNS の運営状況に関する知見を踏まえた上で（第 7 章），どのような経緯によって地域 SNS が廃止に至るのかについてその経緯の類型化を行った（第 8 章）。

　本章[1]では，多くの自治体が地域 SNS の廃止や運営の譲渡に至る中で，様々な工夫を凝らした形で運営を継続している自治体が存在する点に着目する。原著論文の執筆時点である 2014 年時点においても一定の利用状況があると思われる地域 SNS を対象に，どのような形で運営を継続しているのかという視点から検証を行う。第 8 章がいわゆる「失敗」に関する研究であるとすれば，第 9 章は「成功」に関する研究であると位置づけることができるだろう。

　本章においても第 7，8 章に引き続き自治体担当者を対象としたインタビュー調査をもとに研究を進める。本章における調査対象者としては，表 9-1 に示す通りである。

　第 1，2 節においては，自治体が主導する形で運営を行っている事例を取り上げる。第 1 節においては，静岡県掛川市により運営が続けられている事例を取り上げる。第 2 節においては，近隣の地域 SNS が合併する形で運営を行っている福岡県筑後地域の事例（福岡県，久留米市，大牟田市）を取り上げる。次に，第 3，4 節においては，自治体以外の主体が中心となって運営を行っている事例を取り上げる。第 3 節においては，NPO が中心となって運営を行っ

---

[1]　本章は，2014 年 NPO 学会において発表を行った「行政と NPO による ICT を活用した住民参加ツールの協働運営に関する事例研究」に大幅に加筆・修正を加えたものである。

表 9-1　第 9 章における調査対象一覧

自治体名[2]	ツールの存続状況	調査方法	調査日時	対応者
第 1 節調査対象				
掛川市	継続中	面接調査	2013 年 2 月 26 日 14 時から 16 時 30 分	企画政策部 IT 政策課　戸田慎吾氏
第 2 節調査対象				
福岡県大牟田市	近隣のSNSと統合	面接調査	2013 年 3 月 25 日 10 時から 11 時 30 分	市民協働部地域コミュニティ推進課　山田元樹氏
福岡県久留米市	近隣のSNSと統合	面接調査	2013 年 3 月 26 日 13 時 30 分から 15 時 30 分	広聴・相談課　三牧隆治氏
福岡県	近隣のSNSと統合	面接調査	2013 年 3 月 26 日 11 時から 12 時	広域地域振興課　松尾典宣氏
第 3, 4 節調査対象				
東京都三鷹市	継続中	面接調査	2013 年 8 月 29 日 14 時から 15 時 30 分	三鷹市：企画部情報推進課課長　土合成幸氏, 運営委員会：SOHO CITY みたかフォーラム　河瀬謙一氏, NPO 法人シニSOHO 普及サロン・三鷹事務局長　堀池拓郎氏, 久保律子氏
京都府宇治市	地元NPOによる運営	面接調査	2013 年 3 月 17 日 15 時から 16 時	総務部部長　中村俊氏
第 5 節調査対象				
愛知県安城市	地元企業による運営	面接調査	2013 年 2 月 25 日 13 時から 14 時 30 分	企画部情報システム課情報推進係　柴田氏

ている事例として，自治体の撤退後に地域 SNS 業務を地元の NPO が引き継いで運営を行っている事例（京都府宇治市）と，地元の NPO が中心となる形で運営委員会方式を採用している事例（東京都三鷹市）を取り上げる．また，

---

2)　平成 18 年度に関しては，青森県八戸市，埼玉県秩父市，大分県大分市から返信を得られず．（全 11 団体中 3 団体）

第4節では，地元の民間企業が地域 SNS 事業を引き継いだ事例（愛知県安城市）を取り上げる。最後に，第5節として全体をまとめる形で考察を行う。

9.1 自治体による活発な利用事例（掛川市）

すでに第7章における地域 SNS の利用実態に関する現状において，掛川市については活発な利用が行なわれている事例として紹介を行っている。ここでは，第7章における考察をさらに深める形で，自治体が中心となった運営により活発な利用実態につながっている事例として掛川市を対象に考察を行う。具体的には，以下に示す3つの視点から考察を行っていく。第1点目として掛川市における住民参加施策，第2点目としては，市議会における議事録を対象に地域 SNS に対してどのような認識が示されてきたかについて，第3点目としては，e-じゃん掛川における地域 SNS を活用した具体的な取り組みという点である。

9.1.1 掛川市における住民参加施策

掛川市では，これまでに住民参加施策についての長い歴史がある。ここでは，特に (1) 市民総代会と (2) 自治基本条例に焦点を当ててまとめを行う。

(1) 市民総代会

掛川市における住民参加施策として特筆すべきものとして「市民総代会」という制度がある。この制度は，1978年4月に「掛川学事始の集い」としてスタートしたものが起源となっている。1979年には掛川市が全国に先駆けて「生涯学習都市宣言」（表9-2）を行い，これ以降毎年，自治区の役員や代表者が出席し，市民総代から掛川市に対して要望や意見，苦情，アイデア等の聴取を行い，翌年度以降の事業に反映していくという形が定着するようになった。

この住民の代表が集まり意見交換を行う場が「市民総代会」となっていった。この総代会は，市内の全市民を対象とし，市民が1つの会場に集まる「中央集会」と，市長をはじめとした市の幹部職員が市内における25会場に出向き，

表9-2　生涯学習都市宣言制定までの経過

年	経過
1979年4月	旧掛川市「生涯学習都市宣言」決議
1990年3月	旧大東町「生涯学習まちづくり構想」策定
1990年4月	旧大須賀町「生涯学習推進大綱」策定
2005年4月1日	新掛川市誕生
2007年9月20日	市議会から「生涯学習都市宣言」の再宣言要請
2007年12月21日	「生涯学習都市宣言」市議会で決議

出典：掛川市HP「掛川市生涯学習都市宣言」より，2014年1月8日取得，http://www.city.kakegawa.shizuoka.jp/city/shogaigakusyu/syogaigakusyutosi.html

各地域における意見交換を行う「地区集会」という2つの集会からなる制度から構成されている。図9-1で示す通り、「中央集会→地区集会→当初予算計上→交流控帖作成→中央集会」というように年間サイクルを形成しており、市政に意見が反映されるような仕組みが構築されている（図9-2）。

(2) 自治基本条例

　これらの取り組みの延長線上として、2013年4月1日に掛川市自治基本条例が施行された。掛川市は、「報徳のまち」、「生涯学習のまち」としての市民参加を基盤とした街づくりが以前から行なわれてきたという蓄積がある。そこで、市民参加のまちづくりをさらに進めるための方策の1つとして自治基本条例の制定へと至った。

　掛川市における自治基本条例は、前文と8章からなる全29条からなっており、第1条においては、市民、市議会、市長が中心となり「協働によるまちづくり」と、「市民自治によるまちづくり」を目的とすることが述べられている。

> *第1条：この条例は、掛川市における自治の基本理念及び基本原則を明らかにするとともに、まちづくりに関する市民等、市議会及び市長等の役割及び責務並びに市政運営及び協働によるまちづくりの基本原則を定めることにより、市民自治によるまちづくりを実現することを目的とする。*

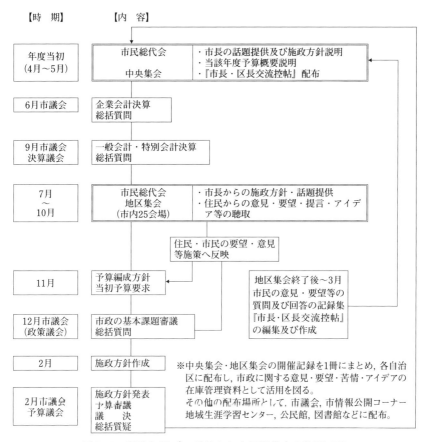

図 9-1　行政年間プログラムと市民総代会の位置づけ
出典：掛川市 HP「行政年間プログラムと市民総代会の位置付け」，2014 年 1 月 18 日取得，http://www.city.kakegawa.shizuoka.jp/data/open/cnt/3/922/1/siminsodigaiyo.pdf

（出典：掛川市自治基本条例[3]）

第 2 章「基本理念及び基本原則」，第 3 章「自治の主体」，第 4 章「市政運営

---

3) 掛川市自治基本条例，2014 年 1 月 9 日取得，〈http://www.city.kakegawa.shizuoka.jp/life/shiminisanka/siminkatudou/siminiinkai/index.html〉

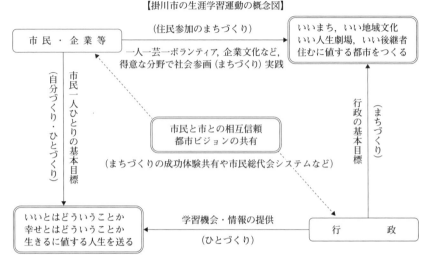

図 9-2　掛川市における生涯学習運動の特色

出典：掛川市 HP より，2014 年 1 月 9 日取得，http://www.city.kakegawa.shizuoka.jp/city/shogaigakusyu/index.html

の原則」と続き，第5章「協働によるまちづくり」が位置づけられている。「協働によるまちづくり」の具体的な活動としては，地域自治活動（第24条），市民活動（第25条）と，協働によるまちづくりの推進（第26条）の3点が掲げられている。このように掛川市においては，従前からの住民参加施策の歴史に加えて，「掛川市自治基本条例」の策定により，市民自治によるまちづくりや，協働を目指すことが改めて確認されている。

また，2012年に制定された掛川市の総合計画においても「7章　協働の力にあふれ，効率的で良質なサービスが提供できるまち」における，「7-1 活発な市民活動に支えられた協働によるまちづくり」の施策の方向の1つとして，e-じゃん掛川を用いることが示されている。

②地域情報ネットワークの活用促進

第 9 章　各地域における工夫をこらした運営形態に関する考察　　　213

　　時間的・地理的制約を超えて人と人とのつながりを作り出す情報ネット
　　ワーク「地域 SNSe-じゃん掛川」の機能向上を図り，広く迅速，わかり
　　やすく情報を提供するとともに，双方向性が可能なツールとして市民参
　　画・協働における各種取組や市民からの意見募集に積極的に活用します。
　　　　　（出典：掛川市「第 1 次掛川市総合計画　後期基本計画【平成 24 年度
　　　　～平成 28 年度】」，2014 年 1 月 30 日取得，http://www.city.kakegawa.
　　　　shizuoka.jp/data/open/cnt/3/6816/1/kokikihonkeikaku.pdf）

　以上のように掛川市においては従前からの住民参加施策の歴史に加えて，
2013 年の自治基本条例の制定，これらの中で謳われている市民自治や，協働
によるまちづくりの実現のためのツールの一つとして地域 SNS が位置づけら
れているということが確認できる。

9.1.2　市議会における認識

　上述のように掛川市におけるコミュニティ施策と，地域 SNS の関係につい
ての歴史を概観してきた。以下では，掛川市議会において地域 SNS をめぐっ
てどのような議論がなされてきたのかについての詳細を，地方議会における議
事録を引用しながらまとめを行う。ここで明らかにできたことは，第 1 点目と
しては，地域 SNS を防災利用目的のツールとして認識しているということで
ある。第 2 点目としては，地元 NPO に対して地域 SNS の運営部分の委託を
行う方法を模索していたという点である。

(1)　防災目的での地域 SNS の利活用

　静岡県掛川市の位置する東海地域は，近い将来に東海地震が発生することが
危惧されており，掛川市においては地域 SNS の導入時より，目的の一つとし
て防災活用が位置づけられていた。議事録における地域 SNS に関する議論内
容をみても，この点についての積極的な議論が交わされていることが確認でき
た。

　　私からは，災害時のホームページ代理掲載について補足答弁申し上げま

す。
　最初に，掛川市ではホームページの代理掲載の計画はあるかとのことでありますが，ホームページの代理掲載につきまして，内容につきましては先ほどの議員の言われたとおりでございますけれども，当市におきましても，東海地震の規模によっては各種サーバーが被災し，ホームページも使えなくなる可能性があります。したがいまして，被災時にもホームページを維持していくためには，サーバー類を被災の影響を受けにくい遠隔地のデータセンターなどに移すクラウドコンピューティングと呼ばれるシステムが最も有効だと考えております。被災時でも被災状況等の情報発信が可能となります。現在移設場所，システム内容等を含め検討中であります。

　<u>このようなホームページの遠隔地のデータセンターへの移設に加え，それをさらに補完する意味において，緊急時における他自治体へのホームページ代理掲載も検討中であります。また，ホームページのサーバーの市外への移設に先駆け，e-じゃん掛川のSNSシステムは，ことし10月から市外のデータセンターを用いて運用されております。システムの改修に伴い，災害時にe-じゃん掛川を情報収集，発信ツールとして使うために，被災によるシステム停止を想定し，市外のデータセンターに移したものです。</u>なお，これから運用が予定されております災害緊急時の職員安否確認・参集システムも市役所内ではなく，市外のデータセンターのサーバーを用いて運用することになっております。
　　　　　　　　　　　平成23年第5回定例会（11月）「掛川市議会会議録」〔企
　　　　　　　　　　　画政策部長（深川喜春）発言〕（2011年12月08日-02号）

　ここでの議論からは，市のHPを遠隔地のデータセンターへと移設する計画に先駆けて，地域SNSのサーバーを市外に移設して運用するという工夫を行っていることがわかる。また，以下の発言からは災害時における地域SNSの具体的な活用策についての議論が行われていることがわかる。

　災害時での多様な情報入手手段であります。

第9章　各地域における工夫をこらした運営形態に関する考察

　災害時には，正確な情報を迅速に伝え，市民との情報を共有することが重要でありますので，市でもさまざまな情報発信手段を用意するとともに，市民の皆さんみずからも情報入手の確保をお願いしております。

　現在，同報無線では，総務省が市の同報無線を自動起動させ，直ちに放送を行うJアラートや，屋外子局の難聴対策として戸別受信機や防災ラジオの整備を進めております。
　さらに，他の情報伝達の方法として，携帯電話を利用するものとして，市内にいる方に自動着信するエリアメールの契約や，同報無線メールの配信，また防災会長との情報のやりとりをメールで行うシステム，e-じゃん掛川を導入しております。
　<u>また，パソコンを利用するものとしても，e-じゃん掛川があり，災害時に災害モードに切りかわり，市や市民からのさまざまな情報を得ることができます。</u>
　これらの情報収集手段については，地域の防災研修会などを通して広く市民に周知を図ってまいります。

平成24年第5回定例会（11月）「掛川市議会会議録」
〔市長（松井三郎）発言〕（2012年12月7日-03号）

<u>e-じゃん掛川のスタッフの皆さんと話をしたときも，災害時の情報共有ツール，この整備をしていただきたいと，こういう話をしました。</u>そういうことを考えますと全くいろんなフリーの立場の情報源でなく，ある意味でいえば，行政掛川市がこういう発信元をあるいは担っているということが情報の信憑性ということについては理解をされる。特に災害時の情報についてはそういうことが必要だというふうに考えています。

平成24年第1回定例会（2月）「掛川市議会会議録」
〔市長（松井三郎）発言〕（2012年3月8日-05号）

　これらの議論からは，地域SNSのサーバーをどのように取り扱うという

ハード面での対応と，災害時にどのように地域 SNS の利用を行うかというソフト面での対応と両面からの検討が行われていることが確認できる。

(2) NPO への運営委託

　掛川市における議事録の特徴としては，NPO への運営委託をめぐる議論が数多く行われているということも挙げられる。掛川市は，平成 21 年 9 月〜平成 24 年 3 月までの間に市のふるさと雇用再生特別基金事業を活用した「掛川市地域 SNS『e-じゃん掛川』を活用した地域活性化事業」として地元の NPO 法人である「スローライフ掛川」に e-じゃん掛川の運営委託を行っていた。以下の市長の発言からは，この委託期間の終了に伴って NPO の地域 SNS 運営実績に対して，市長が NPO の活動を高く評価していることを確認できる。

> そうした中で，e-じゃん掛川の問題でありますけれども，これは本当に掛川市の広報をある意味では補完する役割を十二分に果たしていただいているというふうに思っております。そして，掛川市民の期待も大きいと考えておりますので，一応，今年度で委託事業の終了ということにはなっておりますけれども，さらに継続できるような手法がないかどうか，これからしっかり検討していきたいと，こう思っております。
> 　　　　　　　　平成 23 年第 4 回定例会「掛川市議会会議録」〔市長（松井三郎）発言〕（2011 年 9 月 12 日-02 号）

> 平成 18 年 11 月から運用されている地域 SNS「e-じゃん掛川」は，インターネットを利用した情報発信と情報交換が簡単に安心して活用できるサービスであります。e-じゃん掛川のこれまでの評価としては，広報紙やホームページを補完する双方向のメディアツールとして有効であることに加え，災害時の情報共有ツール，地域生涯学習センターのコミュニティツールとしても有効であり，新たな行政メディアツールとしての役割を担うものであると同時に，このスタッフが市民活動日本一を目指す取り組みの一つの活動をしていただいたというふうな点においても評価をしているところであります。今後はさらに積極的な活用を推進していきますとともに，

新たな行政ツールとして事業展開を図っていきたいと考えております。
平成24年第1回定例会（2月）「掛川市議会会議録」
〔市長（松井三郎）発言〕（2012年3月8日-05号）

詳細については企画政策部長から御答弁を申し上げますが，NPO法人スローライフに委託されていたe-じゃん掛川編集局は，今年度をもって委託事業は終わりますが，今後はIT政策課に編集局を移し，情報発信と活用促進を図ってまいります。ただいろんな情報の受発信に今までのスタッフが大変いろいろな活躍をいただいてきておりますので，そういうスタッフの当然再活用といいますか，についても十分検討をしてまいりたいというふうに思います。詳細については，企画政策部長から答弁を申し上げます。
平成24年第1回定例会（2月）「掛川市議会会議録」
〔市長（松井三郎）発言〕（2012年3月8日-05号）

委託されていた3年間，財源的な自立化を模索してまいりましたが，自立化には至りませんでした。平成24年度以降の編集局の運営は委託事業ではなく，市の直営方式で編集局を運営してまいります。これまでのe-じゃん掛川編集局の取材や情報収集によるきめ細やかな情報提供を維持するとともに，研究を続けてまいります。また，編集局のあり方についても検討してまいります。
平成24年第1回定例会（2月）「掛川市議会会議録」
〔市長（松井三郎）発言〕（2012年3月8日-05号）

これも先ほど私のほうから申し上げましたけれども，e-じゃん掛川の編集局をNPOにお願いをしていたということで，それの編集局を市役所の中に持ってきますよと，しかし，その情報の受信とかあるいは提供とか発信とか，そういう編集局にかかわる仕事についてはこれまでのノウハウのあるスタッフの方に，私としてはですよ，私としては継続的にお願いをするような形が，今のe-じゃん掛川を私自身高い評価をしておりますので，

そういう継続的な形でやれればいいなと，それが直営方式か委託方式かというのは，今担当部局で検討しているということであります。今の手法，やり方を高く評価している以上は，そういうことが継続してある意味ではできるような体制整備をしていきたいと，そういう意味での指示を担当部局にしたいと思っております。担当部長，何か。補足があれば担当部長からお答えを申し上げます。

平成24年第1回定例会（2月）「掛川市議会会議録」
〔市長（松井三郎）発言〕（2012年3月8日-05号）

このように掛川市においては，NPOへの運営委託をすることによって地域SNSを効果的に運営することに成功した。実際，財源の自立化の目途をつけることができれば運営部分の完全委託を目指していたが，財源の問題によりこの点については断念する形となり，運営委託期間終了後は掛川市が運営を行っている。

9.1.3　e-じゃん掛川での取り組み

ここでは，e-じゃん掛川を対象に地域SNSへの自治体による関与と，NPOへの運営委託という2つの視点から考察を行う。

(1)　市の関連組織による情報提供

まず，自治体の関与実態としては第7章でも触れた通り，e-じゃん掛川における運営の特徴の1つとして，担当部署だけではなく，関連する部署や掛川市の機関も地域SNS上で様々な形での情報発信を行っている点を挙げることができる。また，他の自治体と比較した際に，掛川市の特徴の1つとして地域SNS業務時間の長さを挙げることができる。この点に関しては，現在も地域SNSの運営を継続している多くの自治体においては，関与時間が限りなくゼロに近い状態の中で，掛川市における業務時間は2人合わせて0.5人工程度に該当していることは注目に値する。この業務時間の長さは，担当職員がSNS上における全ての発言の確認や返信を現在も行なっているためであるということであった（表9-3）。

第 9 章　各地域における工夫をこらした運営形態に関する考察

表 9-3　掛川市における地域 SNS への関与実態

担当人数	2 名
担当部署	企画政策部 IT 政策課
一日当たりの業務時間	積極的な時期：2 人合わせて 1 人工 消極的な時期：2 人合わせて 0.5 人工
予算	サーバーの管理費用のみで、約 80 万円。

出典：筆者調査による

　また、掛川市において、このように積極的な取り組みができる背景には、担当職員の方々の熱意や努力等だけではなく、自治体トップまたは幹部による地域における情報発信の重要性の理解、積極的な取り組みや指示が不可欠であり、担当部署の担当者による発信のみではなく、全庁の職員による情報発信ができる体制や仕組みづくりがあったという点が重要である。以下では、地域 SNS の直接の担当部署以外における地域 SNS の利用実態を取り上げる。

　はじめに、危機管理課によって立ち上げられている「災害コミュニティ」を挙げることができる。このコミュニティでは、地図情報と共に、避難場所に関する情報がまとめられている（図 9-3）。また、掛川市による防災訓練時にも活用されており、実際に災害が起こった際に市民から情報提供をしてもらうための訓練も行なわれている（図 9-4）。直近で行われた 2014 年 8 月の訓練では、140 名のユーザーがコメントの投稿を行い、合計では 147 件のコメントが寄せられている。

　他にも、庁内における各セクションがそれぞれの業務に関連させた形での SNS 利活用を進めている。例えば、管理職による情報発信、生涯学習協働推進課が地元イベントの実施報告、農商工連携室が身近な情報発信を行っていることや、環境政策課によるアンケート調査の実施、生涯まちづくり課による SNS 上における各地域のコミュニティである「地域生涯学習センター」の活用、中心市街地活性化室での「けっトラ市」と「友引カフェ」の公式コミュニティなどである。

　また、自治体における各部署による情報発信に加えて、掛川市の関連組織との協力により、これらの組織が各々のコミュニティを作ってその中で様々な情報発信を行っているということも「e-じゃん掛川」の特徴の一つである。例え

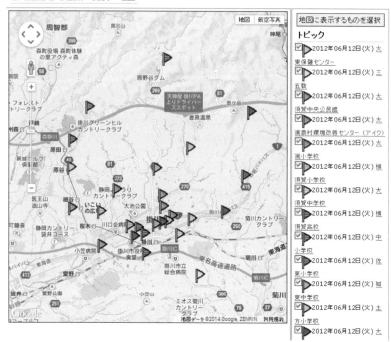

図9-3　災害情報マップ
出典：eじゃん掛川，平成27年2月4日取得，http://e-jan.kakegawa-net.jp/

ば，掛川市立総合病院の看護部による情報発信を挙げることができる。このコミュニティでは，毎日の仕事の内容や病院の様子を紹介している。また，掛川市立図書館のコミュニティでは，新着図書の紹介や，おすすめの本の紹介を行っている。他にも，市内に26ある地域生涯学習センターが各々のセンターでの活動事例や様子の情報発信を随時行なっている。

加えて，掛川市内小・中学校によるコミュニティがある。2013年11月現在，小学校13校，中学校6校が登録をしており，ここでは，各々の小・中学校における行事の報告や，当日の給食のメニューの紹介等が行なわれている（図9-5）。

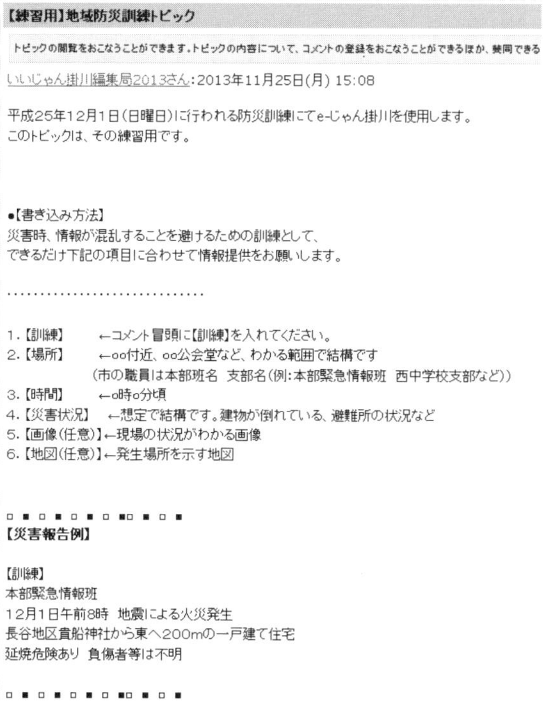

第 9 章　各地域における工夫をこらした運営形態に関する考察　　221

図 9-4　防災訓練の書き込み

出典：前掲

　他にも，掛川市立中央図書館をはじめとする図書館による情報発信も行われている[4]。

(2)　NPO への運営委託

　掛川市においては，上でまとめを行ったように市役所による積極的な関与を行ってきた。しかし，地域 SNS の運営開始後数年が経過した頃から一部のユーザーの間から，「行政だけの情報発信では面白味にかける」という指摘があ

---

[4]　筆者による掛川市担当者へのインタビュー調査，および，特定非営利活動法人スローライフ掛川「平成 22 年度地域 SNS を活用した地域活性化事業報告書」を参考にした。

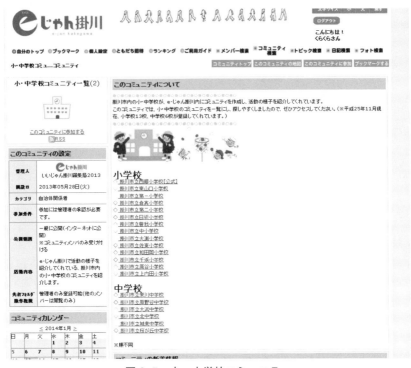

図 9-5　小・中学校コミュニティ

出典：前掲

ったことや，地域 SNS の導入当初より，「できれば市役所ではなく中立的な立場の団体による運営が好ましい」という議論が庁内において行われていた。このような背景に加えて，国による緊急雇用の補助金が受けられるということもあり，2009 年 9 月から 2012 年 3 月までの間と期間を定めた上で，市のふるさと雇用再生特別基金事業を活用した「掛川市地域 SNS『e-じゃん掛川』を活用した地域活性化事業」として，地元の NPO 法人である「スローライフ掛川」に運営業務の委託を行った。この委託業務の期間を通じて，これまでの自治体単独の運営だけでは手の届かなかった点についても運営上の様々な取り組みが行なわれた。以下では，「スローライフ掛川」によって行われた取り組みのうち主要なものについてのまとめを行う。

第 9 章　各地域における工夫をこらした運営形態に関する考察

図 9-6　『e-じゃん通信 01』，e-じゃん掛川編集局
　　　　NPO 法人スローライフ掛川発行

　［e-じゃん通信］　e-じゃん通信（図9-6）とは，e-じゃん関連の情報を紙媒体にまとめて発行を行ったものである。運営委託が開始された 2009 年 11 月から 2012 年 3 月までの期間に隔月で合計 10 号が発行された。ここに掲載される情報は多様であり，e-じゃんの利用方法の説明，e-じゃん上の面白い記事やコミュニティ，掛川のまちの魅力，掛川で働いている人の紹介など，地域 SNS「e-じゃん掛川」の使い方や紹介に留まらず，掛川における街の情報や，人物にも焦点を当てている。

　［まち本］　e-じゃん通信が隔月で発行される一枚紙のチラシのような媒体であったのに対して，まち本は，年に一回発行される冊子形式の媒体である。運営が委託された期間内に，「まち本 2010」（「e-じゃん掛川」活用読本），「まち本 2011」（掛川の人と出会えるガイドブック），「まち本 2012」（市民がみつけた "掛

図 9-7 「まちほん 2010」, e-じゃん掛川編集局
NPO 法人スローライフ掛川発行

川をたびしてみよう"掛川のここがいいじゃんガイドブック)の合計 3 冊が発行された。これらの冊子は，毎年 1 つのテーマを決めた上で，そのテーマの特集を行うという形で発行された（図 9-7）。

また，「まち本」の SNS 上のコミュニティを作成し，紙面上に掲載しきれない情報等を「まち本」のコミュニティ上で紹介する等の工夫を行った。このように，紙媒体とネット媒体両方を用いた情報発信を行い，運営委託期間中に「いいじゃん掛川編集局」と「市民記者」が発信した地域情報の総数は合計で 407 記事に達した。

［ネット上のコミュニティと実社会の橋渡し］ SNS 上での活動を実社会と連携させるための様々な工夫が行われた。例えば，ネット上におけるコミュニケーションをリアルな場面へつなげることを目的とした「ライブ！ いいじゃん」という取り組みがある。この取り組みでは，毎月 1 回のペースで SNS の会員同士が実際に対面し，コミュニケーションを促進する場を提供している（表 9-4）。また，単に交流を深めるというだけの利用ではなく SNS の機能紹介

表9-4 2010年度における各月のテーマと参加人数

月	テーマ	参加人数（人）
4月	『携帯電話を使った「e-じゃん掛川」』	8
5月	『「e-じゃん掛川」に動画をアップしよう』	14
6月	『携帯から写真付き日記を「e-じゃん掛川」にアップしよう！（お散歩いじゃん）』	7
7月	『画像について』	11
8月	『画像について〈Part.2〉』	12
9月	『Twitterについて』	17
10月	フリーテーマ	22
11月	『「e-じゃん掛川」のアンケート機能について』	13
12月	『「e-じゃん掛川」の新機能について』	8
1月	フリーテーマ	11
2月	『Facebookについて』	12
3月	『お茶のスタイル，私流』プラス東日本大震災を受け『災害時のSNS』の参加者	10

出典：特定非営利活動法人スローライフ掛川「平成22年度地域SNSを活用した地域活性化事業報告書」より

や，利用方法を紹介するなどの講習会としての役割を果たしている．

9.1.4 考察

　本節では，自治体内部における積極的な活用を行っている事例として静岡県掛川市を取り上げてまとめを行ってきた．掛川市において，地域SNSの運営が効率的に機能した背景としては，第7章で見てきたように，市長のトップダウンによって地域SNSの導入が行なわれたことにより，各部署の協力が得られるようになったことを挙げることができる．市長のトップダウン型で地域SNSの導入が行なわれたため，ここで挙げたような取り組みが，担当部署のみの利用に留まるのではなく，庁内の様々な部署における利用につながっていったものと考えることができる．また，特筆すべき点としては，地域SNSの導入当時の市長が交代した後も活発な活用が行われ続けたということである．このように政権交代が行われた後も，導入にあたり前市長の意向が強く反映されたツールを使い続けることができている背景としては，掛川市において上述

のような市民総代会に代表されるコミュニティ政策の蓄積があることや，松井市長が二期目の市長就任所信表明の「7つの重点戦略について」における一つの項目として「3つの日本一まちづくり」の3点目として「③市民活動日本一」を掲げていることとも関係があるだろう（地域SNSは，この目標の達成のためのツールの一つとして位置づけられている）。

また，本項において見てきたように，これまでのコミュニティ政策の蓄積（市民総代会や自治基本条例）により，地元NPOへの業務委託の実現，SNSユーザーからのアンケート調査や防災訓練への協力などという形につながっていったものと考えることができる。このように，掛川市の事例を通して学ぶべきことは，単にツールや仕組みを導入するだけでは十分ではないということである。これらを活用するための前提条件として，地域に活用する市民が育っていたこと，地域SNSの運営を担えるだけのNPOが地元に存在したことや，長い歴史を有するコミュニティ政策の蓄積の上にはじめて成り立っているということが重要であるといえる。同様の事例として挙げられるのが，電子会議室の活用で全国的に知られることとなった藤沢市の事例である。藤沢市においても，1981年から「地区市民集会」が開始されたことや，1997年からは市民提案システムを活用する形で「くらし・まちづくり会議」などの制度が整えられていた（金子2006）。これらの事例からもわかるように，ツールの効果的な運用を行うに当たっては，ツールの設置以前の問題として，その運用を支える市民の存在が必要である。

掛川市の事例は，参加型ガバナンスを構築するに当たって効果的な運営に結びつけることができた事例であると位置づけられる。

9.2　統合という道（福岡県大牟田市，福岡県久留米市，福岡県）

第1節においては，自治体の工夫による活発な利用事例として掛川市を取り上げた。本節においては，近隣の自治体と協力する仕組みを活用して地域SNSの統合という形での解決策を見出した事例として，久留米市，大牟田市，そして福岡県を取り上げる。

LASDECの支援を受けて導入を行った地域SNSを見てみると，助成の年度

第 9 章　各地域における工夫をこらした運営形態に関する考察　　227

表 9-5　運営に関して各自治体の抱えている課題

自治体名	課題
大牟田市	市の事業評価により廃止が決定していた
久留米市	運営をするに当たってのマンパワー不足
福岡県	辞めるかどうかについての今後の判断を迫られている状況

出典：筆者調査による　詳細は表 9-1 を参照

こそ異なるものの，福岡県内の自治体が 2 つ指定（大牟田市（2006 年度），久留米市（2007 年度））されている。さらに，LASDEC の助成を受けて始めたものではないが福岡県も地域 SNS の運営を行っていた。これらの地域 SNS は，運営を行うに当たって各々が問題を抱えていた（表 9-5）。このような背景から各市が単独で運営を行うのは難しいという認識を持ち始めていた（大牟田市に関しては，事業評価により廃止が決定していた）。そこで，これら 3 自治体が 1 つの地域 SNS に統合することにより共同でシステムの管理・運営を行うという形での解決策へとつなげたのがここでの事例である。本節では，統合に至る過程を 3 地域各々の事情に焦点を当てながら明らかにしていく。

9.2.1　福岡県大牟田市の事例

(1)　大牟田市における取り組み

　大牟田市における地域 SNS の運営状況について見てみると，地域 SNS を運営するに当たって最も苦労をしていた点は地域住民による利用状況の停滞であった。また，必ずしも多いとは言えないが SNS 上でのユーザー間のトラブルや，市への誹謗中傷等も少なからず存在したことも運営を続けていく際の負担になっていたという（表 9-6）。

　大牟田市では，地域 SNS の導入以前から地域の安心・安全情報発信のためのメールシステムとして「愛情ねっと」というシステムを荒尾市と共に運営していた。「愛情ねっと」では，両市における防犯，防災，福祉，健康，観光・イベント，徘徊・行方不明，行政情報等が配信されている。このシステムは，利用者が，サイト上において自身のメールアドレスの登録を行い，情報を必要とする地域の指定（大牟田市と荒尾市）と，情報のカテゴリーの指定を行うことにより地域における必要なカテゴリーの情報が配信されるようになるという

表9-6　大牟田市における地域SNS利用状況

導入の背景・経緯	・地域SNSの導入以前から「愛情ねっと」という安心・安全情報発信のためのネットを運営していた。このツールと表裏の関係になるようなものとして地域SNSの導入を考えていた。
職員の利用状況	・登録自体約100名位はいたが，実際に利用をしていたとなると数名。
業務内容	・不規則発言のチェック，サイトの不具合のチェック
SNSを導入して役立ったこと	・一部のコミュニティでは，活発な利用が行われていた。 ・福岡県空港移設に関するパブリック・インボルブメントをSNSのオフ会で行なった。
SNSを導入して負担に感じたこと	・書き込みのほとんどが，ユーザーによる批判的なものだった ・ユーザーの書き込みに対する対応 　（地域SNSへの批判，他の人への書き込みへの批判，不適切な画像の掲載，職員個人に対する誹謗中傷） ・システムの動作環境に対する対応
登録者数	導入後3年目の末では，約1000名
年間の運営費	約20万円（導入年度を除く）

出典：大牟田市担当者への筆者調査による

サービスである。このサービスは，多くの市民からの登録があり，地域SNS以上に活発に利用が行われているものであった。実際，本書の執筆時点である2019年3月時点においても運営が続けられている。運営状況を見てみると，平均すると2，3日に一度くらいのペースで，大牟田市と荒尾市の交代で情報発信が行われている。

(2)　地域SNSの導入から廃止に至るまでの経緯

［地域SNSの担当部署をめぐる議論］　大牟田市においては，地域SNSの導入当初から，担当部署の妥当性を巡って庁内において議論が行われていた。ここでの庁内議論の結果として，地域SNSの導入を企画・提案した部署と，実際に運営を担当していた部署が異なるという事態が生じた。このようになった背景としては，当初提案を行った部署では（総務部総務課），地域SNSに関連する業務を行うのが適切ではないという指摘が，導入が決まった後に庁内の議論においてなされたことにあったという。この指摘を受ける形で行われた庁内での会議を経ることで，総務部市民協働推進室（現在の市民協働部地域コミュニ

ティ推進課）に移ったという経緯がある（筆者インタビュー調査による）。

　また実際，総務部市民協働推進室が業務を引き受けることが決まったものの，地域 SNS に関する利用が低調であったことや，市に関する批判や苦情ばかりが書き込まれている状態を目にした当時の運営担当者は，この事業の運営を継続していくことの困難さを強く感じたという。そのため，地域 SNS 関連業務の直接の担当者であった部下の職員と廃止を含めた形での議論を行った結果，「一定期間運営を続けるという形で様子を見た後で，その後の運営をどのように行っていくかを決定する」ということに落ち着いたという。

　こうした経緯で地域 SNS の業務を引き継ぐことになったため，運営を行う上でも苦労をしていたことが見てとれる。実際に低調な利用状況に加えて，書き込みのほとんどが苦情などの建設的ではないものだったという。また，多くの自治体において評価の際の指標の一つとして採用しているユーザー数に関しても，ユーザー数を増加させなければいけないという強いプレッシャーを感じていたという。

　[外部評価から統合に至る過程]　その後，現在の部署が担当部署になった直後から利用状況の停滞を問題視されるようになってきたこともあり，平成22年度に行われた外部評価により廃止という決定が下されることとなる。以下では，大牟田市において地域 SNS が廃止に至った背景について事業評価に焦点を当ててまとめを行う。

　大牟田市における行政評価は，当該事業を担当している部署が自ら事業の評価を行う内部評価（一次評価）と，識者や公募市民を含めた外部評価（二次評価）というプロセスがある。この各々の評価において，A から D までの4段階での評価が行なわれることになる（表9-7）。地域 SNS に対する事業評価（正式名称：おおむた SNS 利用促進事業）としては，一次審査に当たる担当課による評価では，「C 評価」（事業の大幅または抜本的な見直しが必要），二次審査に当たる外部評価においては「D 評価」（早急に事業の休止・廃止も含め事業のあり方について検討のこと）という判定を受けることになった。

　外部評価における地域 SNS への評価は以下のようになっている。外部評価

表 9-7　大牟田市における事業評価

評価	内容
A評価	十分な取り組みがなされている
B評価	改善に着手されている
C評価	事業の大幅または抜本的な見直しが必要
D評価	早急に事業の休止・廃止も含め事業のあり方について検討のこと

出典：愛情ネットHP，2013年12月18日取得，http://www.city.omuta.lg.jp/hpKiji/pub/detail.aspx?c_id=5&id=3781&class_set_id=1&class_id=202）

の詳細をみてみると[5]，全ての評価項目において最低の評価である「1」の評価を受けている（図9-8）。また，このような評価を下すに至った判断の根拠として外部評価委員が当該事業に対してまとめている評価コメントでは，「費用対効果の面で有効ではない」，「今後も市民の高い利用率」を期待できないことの2点を指摘している。

この事業評価を受けて正式に「廃止」という方向に進んでいくことになる。事業評価により廃止という方向性が決まっていたため，のちに「わいわいちっご」という形で3地域のSNSが統合されることは，様々な面からみて大牟田市にとっては都合のよい提案であったことが分かる。実際，「わいわいちっご」という着地点ができたことにより，自治体内部に対しても，利用者である市民に対しても一定の説明が可能になったのである。

9.2.2　福岡県久留米市の事例

前項における大牟田市に関するまとめの中においても言及したが，「わいわいちっご」への3地域の統合という形を提案したのが久留米市である。本稿では，久留米市が「わいわいちっご」という形での3地域SNSの着地点を示す

5）　各項目の評価の方法は，次の通りとなっている。
必要性　4 高い　3 やや高い　2 やや低い　1 低い
市関与の妥当性　3 妥当　2 現時点では妥当　1 妥当でない
有効性　4 有効　3 どちらかと言えば有効　2 どちらかと言えば有効でない　1 有効でない
経済性・効率性　3 余地なし　2 やや余地あり　1 大きく余地あり

第 9 章　各地域における工夫をこらした運営形態に関する考察　　　231

企画総務部	市民協働推進室	おおむたSNS利用促進事業（C）					
		D	必要性	関与	有効性	効率性	公共性	主体
			1	1	1	1	第③象限	第③象限
		【特記事項】　特になし						
		この事業も，「情報共有の推進」の施策で扱うべき事務事業であり，本施策の構成事務事業として妥当でない。 SNSの事業自体としては，費用対効果の側面から有効だとは言いがたく，市の直営での取り組みは廃止の方向で検討することが望ましいのではないか。本施策において情報共有の仕組みは必要だが，今後市民の高い利用率は期待できない。 本施策における情報共有の仕組みがSNSである必要性は全く感じられない。						

図 9-8　大牟田市平成 22 年度外部評価報告書

出典：大牟田市 HP，2014 年 12 月 9 日取得，http://www.city.omuta.lg.jp/common/UploadFileDsp.aspx?c_id=5&id=3776&sub_id=1&flid=3&dan_id=1

に至った背景に焦点を当ててまとめを行う．以下のまとめでは，一つの地域 SNS に統合された背景として次の 2 点を確認することができた．第 1 に，久留米市がこれら 3 地域の中で最も積極的に地域 SNS の運営を行っていたということ．第 2 に，筑後地域に地域の連絡協議会という場所が存在していたことを指摘することができる．

(1)　久留米市における取り組み（ポイント制度）

　久留米市では，ユーザー数を増やすことや，地域 SNS の利用状況を活発化させることを目的として，様々な取り組みを行ってきた．中でも，ネット上におけるアンケート調査等に協力をすることによって様々な景品と交換することができるポイントを付与する取り組みは，新規登録のユーザー数の増加と，アクティブユーザー数の増加の両面において大きな役割を果たしたという．

　表 9-8 は，久留米市における導入年度から統合するまでの各年度における運営費の推移についてまとめたものである．多くの地域において地域 SNS 関連予算の全額が，サーバーの保守・管理費に充てられているのに対して，久留米市においては，ポイント制度等の SNS の利用状況の活性化を目的としたコンテンツを支えるために経費が割かれていることが特徴的である．

　予算の内訳としては，久留米市においては，地域 SNS システムに関する構

表 9-8　市民の声収集事業費（地域 SNS 関係費）予算推移表

年度[6]	市政モニター事業費 （システム運営費＋アンケート事業費等）	地域 SNS システム関係費 （システム運営費（構築，保守委託））
19	5,575,000	4,688,000
20	1,443,000	1,050,000
21	1,299,000	1,008,000
22	1,167,000	1,002,000
23	839,000	786,000
24	198,000	0

出典：久留米市役所から提供を受けた資料による

築と保守管理を外部に委託していたため，年間約100万円の経費が発生していた。また，システムの保守管理に関する費用を除いた金額としては，久留米市が単独で運営を行っていた期間では，導入年度が約90万，2008年度が約40万，2009年度が20万円，2010年度が15万円の費用がかかっている。これらの予算が，いわゆる地域SNSを活性化させるためのコンテンツを支える関連経費に該当するものである。これらの経費の大部分はネットアンケート実施に関する費用であり，その他の金額がポイント制度の景品購入に関する費用である。

ここで，久留米市のSNSにおける大きな特徴の一つであるポイント制度について簡単に紹介をしておきたい。冒頭でも記したように，久留米市においては地域SNSの導入当初の数年間は，会員数が約100名で停滞していた期間が続いていた。この状況を打開するために導入したのがポイント制度である。行政が行なうアンケート等に協力をすることでポイントをためることができ，一定のポイントに達することで図書カードへの交換や，寄付等を行うことができるようになっている仕組みである（図 9-9，図 9-10）。

このような工夫を凝らすことによって，新規会員の取り込みやアクティブユ

---

[6] 2007年度に関しては，LASDECの実証実験参加のため，開発委託費の400万円が総務省から補助。2011年度に関しては，6月に「わいわいちっご」に統合され，運営システム停止。

第9章　各地域における工夫をこらした運営形態に関する考察　　　233

図9-9　わいわいちっご（筑後地域SNS）
出典：わいわいちっご（筑後地域SNS），2015年2月4日取得，http://wai2chiggo.jp/

図9-10　ポイント交換の画面
出典：前掲

ーザー数の増加と，アンケート調査の回答数を伸ばすことの両面において成果を挙げている。実際，会員数としては導入後の数年は約100名程度であったものが，統合直前には約1700名にまで達した。また，アンケートの回収についても2012年度に実施したアンケートでは，約200名の回答者を集めることに成功し，2013年度にはアンケート回収の目標数を370としている。

　以上のように，久留米市においては，ポイント制度の導入を行ったことにより，利用状況の改善に加えて，ウェブアンケート回収率を上げることにも成功するという成果を挙げた。

(2)　わいわいちっごへの統合までの経緯

　久留米市は，大牟田市の一年遅れの2007年に，LASDECのe-コミュニティ形成支援事業の支援を受けて地域SNSの導入をすることになる。導入当初の数年間は，会員数が100名程度の時期が続き，実際にSNSの利用状況も活発ではなかったという。そこで会員を増やすためにポイント制の導入，様々な企画やSNSのPRを行うことにより，統合直前には会員数が約1700名に達した。しかし，会員数が増えるに従い，サイト内における意見への対応という別の形での負担が生じてくることになる。

> 担当者：また，ある程度の会員数が増えてきてからは，サイト内でのですね意見に対する対応が負担になってくる時期というのがありました。問いかけや，質問もなどがあればそれに対して答えなければいけないというプレッシャーがありました。そういったことをですね，日常の業務の中でですねやっていくということはですね，要は，サイト運営への関わり方ということですね。その点の仕事量がかなりのボリュームになってきたと言うところが，別に本業を持っていながらでは，徐々にきつくなっていくという側面がありました。そこが1番の課題かなぁと認識しています。それ以上となると，それ専任の人がどうしても必要だなと言う感覚を持っています。最終的にはそういうことになると思います。
>
> 　　　　　　　　　　　　　　　（出典：筆者インタビュー調査より）

サイト上でのこれらの発言に対する対応によって，一般の業務を行う際に支障をきたすようになってきたという。SNSの統合直前には，これらへの対応に割かなければいけない時間が，全業務時間の約半分を占めるまでに達していたということだった。このような事態を受けて，近隣の3自治体で協力をして地域SNSの運営をすることはできないかという考えに至ったという。実際，同時期には，大牟田市や福岡県においてもSNSを運営していくに当たって様々な問題を抱えていたということもあり（表9-5），統合の話が進んでいくことになった。この地域SNSの統合を行うに当たって，提案を行う場所としての機能を果たしたのが「筑後田園都市推進評議会」であった（詳細については後述する）。

9.2.3 福岡県の事例

福岡県では，大牟田市と久留米市と異なり，「e-コミュニティ形成支援事業」を利用して地域SNSの導入を行ったわけではない。福岡県は，これらの助成金を利用せずに福岡県の独自の財源で導入を行った。

また，福岡県においては他にも多くのソーシャルメディアの運用を行っており，「わいわいちっご」の取り組みの他にもいくつかのページを市の関連団体等と協力する形での運営を行ってきている。それらの内訳を見てみると，福岡県が独自に行っているソーシャルメディアを用いた情報発信としては，新社会推進部で7つ，福祉労働部で2つ，農林水産部で1つ，総務部で1つである。加えて，自治体外の団体と共同で運営を行っているものとして，Facebookを利用したものとしては企画・地域振興部で8つ，新社会推進部で1つ，商工部で1つ，農林水産部で1つ，建築都市部で1つである（これらのうち，3つが筑後田園都市推進評議会と協力して運営を行っているものである）。また，Twitterでは，新社会推進部で1つ，商工部で1つ行なわれている[7]。このように，地域SNSのわいわいちっごに限らず，福岡県がソーシャルメディアを用いた情報発信を積極的に行っていることに加えて，県と関連のある外部の団体と協力をしながらソーシャルメディアの運用を積極的に行っているという土壌がある。

---

7) 2014年11月24日時点

表 9-9　筑後田園都市推進評議会概要

目的	筑後ネットワーク田園都市圏構想の実現を図るため，県と筑後地域の市町村が協働して筑後ネットワーク田園都市圏構想に掲げるリーディング・プロジェクトに関する事業を実施し，もって筑後地域の振興に寄与することを目的とします．
主要事業	・筑後ネットワーク田園都市圏構想の推進に関すること ・リーディング・プロジェクトの実施に関すること ・その他，目的達成に必要な事項
構成員	福岡県知事，筑後地域 12 市町の長
会長	福岡県知事
事務局	福岡県　企画・地域振興部　広域地域振興課

出典：筑後田園都市推進評議会 HP，2013 年 12 月 9 日取得，http://chikugolife.jp/

　こうした状況の中で，3 地域の中で比較的運営が上手くいっている久留米市が提案する形で 3 地域の地域 SNS 統合の提案が行なわれた．この提案が行なわれた場になったのが，筑後田園都市推進評議会である．筑後田園都市推進評議会（表 9-9）とは，筑後地域（図 9-11）の 12 市町（9 市 3 町）で構成されている評議会である[8]．この評議会の IT 部会において，地域 SNS の運営について話題になったことがきっかけで，3 地域の統合計画の話が進んでいったという経緯がある．その際に，提案者であり，比較的活発な利用が行なわれている久留米市のシステムをベースとすることになった．その結果として，筑後田園都市推進評議会が運営主体になり，福岡県が全体のとりまとめ役という形で，地域 SNS「わいわいちっご」が誕生した．現在は，運営に関しては評議会に

---

[8]　筑後田園都市推進評議会　構想制定の趣旨：
　　筑後地域は，筑後川や矢部川などの河川や有明海あるいは耳納連山などの豊かな自然に恵まれ，柳川市の川下り，八女市・うきは市の伝統的建造物群など豊富な観光資源があります．さらに，大川のインテリアや八女の伝統工芸などの地場産業はもとより，RDF 発電を中心とする大牟田地域における環境・新エネルギー，リサイクル産業や久留米を中心としたバイオテクノロジー産業など地域の特性を活かした 21 世紀型の産業づくりが進められています．
　　これら筑後地域の特性を活かしながら，人口の集中により都市機能が集積した都市ではなく，ゆとりのある面的な広がりを持った都市機能のネットワーク化を図ることにより，自然に囲まれた田園都市空間の形成を目指す，21 世紀型の新たな都市づくりを進めています．

第 9 章　各地域における工夫をこらした運営形態に関する考察　　　237

図 9-11　筑後田園都市推進評議会

出典：福岡県庁 HP, 2013 年 12 月 9 日取得, http://www.pref.fukuoka.lg.jp/soshiki/desaki_chiiki.html?kbn=3

参加している 12 市町が共同で運営管理を行っている。

9.2.4　考察

　ここでは，筑後地域における 3 自治体による地域 SNS の統合という事例についての考察を行った。地域 SNS の統合に当たって，これら 3 自治体は，運営を行う上で各々の問題を抱えていた。大牟田市，福岡県においては，利用状況の停滞による廃止という問題があった。一方で，久留米市においては，活発な利用状況に伴う運営関連業務の負担増によって運営が困難になるという事態を抱えていた。これらの自治体が協力関係を築いた上で地域 SNS の運営につなげることができた最大の要因としては，筑後田園都市推進評議会の存在が大きいという点を指摘することができる。この地域協議会の存在があったからこそ，共同運営に結びつけることができたといえるだろう。この意味においては，

市の単位でのコミュニティ政策ではなく，県を含めた県域単位でのコミュニティ政策により自治体間のネットワークを活かした形での解決策へとつなげることのできた事例である．また，複数地域の統合による運営という事例は，筆者の知る限りにおいて，筑後地域以外には確認することができておらず，非常にユニークな解決策であったと位置づけることができる．

9.3 NPO との協働（京都府宇治市，東京都三鷹市）[9]

各地域において，様々な形で地域 SNS の運営部分を地元 NPO へ委託することが行われているが，活発な利用につながるような効果的な運営を行えている自治体となると非常に限定的である．本節においては，特に活発な利用につながった事例として宇治市と三鷹市に焦点を当てて，地方自治体が地域 SNS を運営していくに当たって，地元の NPO とどのような方法で運営を行っているかについての考察を行う．

9.3.1 京都府宇治市の事例

宇治市に関しては，第Ⅱ部の第 4 章と第 5 章においても分析対象として考察を行ってきたことからもわかるように，e-コミュニティ形成支援事業に参加した全自治体の中でも活発な地域 SNS の利用実態があった地域の 1 つである．ここでは，このような活発な利用につながった背景としてどのような事情があるのかを，宇治市におけるこれまでの地域情報化政策の流れに注目しながら考察を行っていく．

(1) 宇治市における ICT を活用した地域情報化の歴史

本節では，宇治市を対象とした分析を行うに当たり，宇治市のこれまでの地域情報化における歴史，また，これまでの地域情報化を担ってきた地元 NPO の活動についてのまとめを行う．表 9-10 は，これまでの宇治市における地域

---

[9] 掛川市に関しては，本章においてすでにまとめを行っていること，また，期間限定での運営委託であったことから，ここでの対象からは除外した．

表 9-10 宇治市における地域情報化

年	出来事
1993年	情報化基本計画の必要性を提唱
1994年	庁内において地域情報化研究委員会を設置（地域情報化に向けた調査研究の実施）
1995年	「宇治市地域情報化基本構想」を策定　地域情報化研究委員会
1995年	宇治市，久御山町，宇治商工会議所，宇治市観光協会，他民間企業などが出資する「FMうじ」（コミュニティFM）が開局。宇治市も市の行政情報の広報に利用するようになる
1997年	宇治市第4次総合計画の基本理念を目指し，情報化に関する基本計画づくりに取り組み始める
2000年	「宇治市地域情報化計画」
2001年	宇治市公共施設情報ネットワークを構築（総務省の補助）
2002年	多くのシステムが，新たなネットワーク上で稼働し始め，図書館蔵書・体育館施設のインターネット予約が可能となった
2003年	総務省の地域情報化モデル事業に取り組み，市民団体向け市民ポータルサイトの「eタウン・うじ」を構築
2006年	地方自治情報センターのe-コミュニティ形成支援事業に取り組み，一般市民向けに京都府山城地域SNS「お茶っ人」を構築
2010年	「eタウン・うじ」，「お茶っ人」を，NPO法人の認可を受けた市民団体（宇治大好きネット）へ移管する手続きを行う

出典：宇治市地域情報化計画書，2014年12月9日取得，http://www.city.uji.kyoto.jp/cmsfiles/contents/0000003/3558/it1.pdf および，宇治市HPの情報を参考に筆者作成

情報化の流れを大まかにまとめたものである。

　京都府の宇治市では，地域SNSの導入以前から地域情報化の取り組みが行なわれてきている。実際，地域SNSお茶っ人の導入にあたっても，これまでの地域情報化の取り組みの延長線上にある一つとして捉えている。筆者が宇治市の担当者を対象に行った聞き取り調査においても，地域SNSの事業は単に思いつきで導入を行ったのではなく，「平成14年度の地域情報化モデル事業（eまちづくり事業）」を利用して導入を行った「eタウン・うじ」の事業と連動させることを念頭に置き企画を進めていたということを確認することができた。

　　宇治市担当者：
　　それで2年くらいやっていたのですが，やはりなかなか増えてこないね。

それで，やはり団体ばかりを扱っているからだなぁと考えました。そこで，もっと個人が出てくるような形でできるようなサイトがあればいいなぁと言う時に，総務省の地域SNSというのがポンと出てきたわけですね。
　私らの狙いとしては，個人の表現が「地域SNSお茶っ人」であり，団体の紹介が「eタウン宇治」ということになっていました。そこで上手いこと，個人のページからeタウン宇治のページへと有機的にリンクできるようにと言うことを考えていました。これは今でもリンクできています。だからお茶っ人を導入したと言う背景はそういうことになります。

（出典：筆者インタビューより）

[eタウン・うじの誕生][10]　ここでは，地域SNSの導入以前に宇治市において導入が行われた地域ポータルサイトである「eタウン・うじ」の経緯についてのまとめを行う。宇治市において地域SNSの活発な利用につながった一つの背景としては，「eタウン・うじ」の構築の際に結成された任意団体「宇治大好きねっと」が果たした役割が大きい。以下では，任意団体「宇治大好きねっと」が結成されるきっかけとなった，地域ポータルサイト「eタウン・うじ」についての誕生の経緯の確認を行う。

　宇治市における地域SNS導入の起源を知るためには，2000年まで遡らなければならない。総務省が行ったGIS（Geographical Information System：地理情報システム）実験に宇治市が参加したことがきっかけとなり，GIS研究会（宇治GIS研究開発支援センター）が誕生した。発足当時におけるGIS研究会の狙いとしては，地元企業の育成や企業誘致などであったという。その後この研究会が中心となり，2000年には，統合型GISの整備を行い，翌2001年には，GISを活用する形で宇治市のHP上に行政が保有する地図情報の公開を「U.MAP」として行った。このように，GISを用いた取り組みによって一定の成果が出た

10）　以下でのまとめは，宇治市における地域情報化に携わってきた職員を対象に筆者が行ったインタビュー調査をもとにしている。本来であれば，当該NPOへのインタビュー調査を行う必要があるが，本調査でインタビューを行った宇治市職員は，宇治市における地域情報化政策に長らく携わってきた人物である。そのため，NPOの今日に至るまでの一連の活動を熟知している人物であり，インタビュー対象者としては妥当であると考える。

ため，その成果を何かしらの形で広めていきたいと考えていた。その後，総務省の「平成14年度の地域情報化モデル事業（eまちづくり事業）」による認定を受けたため，「eタウン・うじ」として，「観光振興，地域コミュニティ活性化，住民参加の向上，住民リテラシー向上，IT技術を利用した，新たなコミュニティの形成とまちの活性化」を目標に掲げて，地元の宇治GIS研究開発支援センター（NICT，H16閉所）で，地元IT企業が開発したGISシステムを利用し，住民主導の地域ポータルサイトの構築を目指した[11]。また，この「eタウン・うじ」の運営を行う団体として，現在地域SNSお茶っ人の管理・運営を行っている「宇治大好きネット」が誕生した。

その後約2年間運営を続けていたが，登録団体がなかなか増えてこないという問題に直面することになる。その原因としては，団体ばかりを扱っている点に一つの問題があるのではないかということになった。そこで，もっと個人が表に出てくるような形でのサイトを作れないものかと考えていたところに，LASDECの「eコミュニティ形成支援事業」での地域SNSの導入支援に出会うことになったという。

このように，宇治市における地域SNSの導入に至るまでの過程としては，「eタウン・うじ」における団体を対象とした取り組みがあり，その過程で，地域社会においてこれらのツールの運営を担える団体の育成も同時に行っていったという経緯がある。このような蓄積の上で，地域SNSの導入を行った。担当者は，宇治市のSNSが活発に利用されるようになった背景として，次のように説明をしてくれた。

> *宇治市担当者*：ですから，お茶っ人で人が集まったのではなく，その前にeタウン宇治というのをやってましたから，基盤があった上にお茶っ人が乗ったと言うことです。だから，スムーズに人が集まったということだと思います。
> （出典：筆者インタビュー調査より）

---

11) 総務省ICT地域活性化ポータルサイト（http://www.soumu.go.jp/menu_seisaku/ict/u-Japan/tkportal/casestudy_105.html）を参照。

表 9-11　宇治大好きネット活動年表

年月	活動内容
2003年8月	宇治市，市民団体，システム担当地元企業参加のもと，「eまち構築委員会」が設立され，8カ月の開発業務の結果，基礎的なパソコン能力で入力ができる地域ポータルサイト"eタウン・うじ"が誕生
2004年5月	宇治大好きネット設立（設立当時は任意団体）
10月	eタウン・うじのシステム第1回改造を実施
2005年1月	地域づくり総務大臣表彰を受賞
2月	eタウン・うじのシステム第2回改造を実施
2006年10月	『お茶っ人』の準備段階から事務局として参加
11月	『お茶っ人』キックオフイベントの開催
2007年2月	お茶っ人を利用した災害訓練の実施
6月	総会の承認をもって地域SNS"お茶っ人"の運営・管理を事業に加える
9月	FMうじと協働で災害訓練を実施
9月	お茶っ人新聞会議
10月	"彩りフェスタ"に参加。eタウン・うじとお茶っ人への書き込みを指導
11月	お茶っ人新聞を創刊
12月	"わいわい集まろフェスタ"を実施　（約600人が参加）
2008年3月	お茶っ人新聞2号を発行
年月	活動内容
7月	eタウンうじPRパンフレット"eタウン・うじだより"を発行
10月	"宇治橋通り彩りフェスタ"に参加。
11月	ユビキタスガイド実証実験に参加
2009年3月	第4回地域SNS全国フォーラムin宇治開催　（約1000名が参加）
11月	NPO「宇治大好きネット」へと移行
2010年4月	新「eタウン・うじ」へのシステム移行（NPO法人宇治大好きネットの単独管理・運用を開始）
5月	任意団体「宇治大好きネット」が解散し，事業の移管，資産の寄贈，記録の引継ぎ
7月	お茶っ人システムのサーバ管理・運営移管について宇治市と打合せ開始
9月	宇治大好きネットのホームページを開設
10月	「宇治橋通りにぎわいフェスタ」に参加
12月	「わいわいあつまろフェスタPart2」開催

| 2011年4月 | お茶っ人，データ移管完了，サーバの管理・運営を宇治市から移管（4月25日切替） |

出典：宇治大好きねっと HP「宇治大好きねっと活動年表」，2014年12月9日取得，http://ujidaisuki.net/syousai-rireki.html より筆者が主要なものをまとめた

(2) 運営主体（NPO法人 宇治大好きネット）

　前述の通り，運営主体のNPO法人である「宇治大好きネット」は，地域SNS「お茶っ人」の導入事業のみならず，それ以前の「eタウン・うじ」の段階から関与を行っており，宇治市における地域情報化に関して，約10年にわたり関与を続けている。ここでは「宇治大好きネット」と，この10年間の宇治市における地域情報化の流れについての整理を行う。

　[宇治大好きネット]　宇治大好きネットが設立されたのは，宇治市が総務省の平成14年度地域情報化モデル事業（eまちづくり）の認定を受けたのがきっかけになっている。このeまちづくりの助成を受ける形で地域コミュニティサイト「eタウン・うじ」の本格稼動を開始するに当り，2004年5月に協働運営団体として任意団体「うじ大好きネット」が設立された（表9-11）。

　以上のように宇治市の事例においては，担当者の思いつきによる導入事業ではなく，地域SNSの導入以前にも，市民団体向けのポータルサイトである「eタウン・うじ」の導入を行い総務大臣賞を受賞したという実績があった。また，宇治市側としては，この「eタウン・うじ」の事業と表裏をなす形で地域SNSの導入を計画していたことについても確認できた。そして，何よりも重要であったことは，地域SNSの導入を行うに当たり，運営を引き受けてくれる主体としての任意団体宇治大好きネット[12]の存在があったことである。この任意団体が，「eタウン・うじ」の時に設立されたのをきっかけに，それ以降も地元に根差すような形での活動を続けてきたことの功績は非常に大きなものであったと考えることができる。

---

[12]　発足当時の2004年は任意団体として開始したが，その後2009年に組織体制をNPOへ移行した。

9.3.2 東京都三鷹市の事例

前項では，NPOへの完全委託の事例として宇治市を対象とした．本項においては，運営委員会形式でのNPOとの共同運営を行っている事例として三鷹市を対象に考察を行う．

三鷹市における地域SNSの運営は，三鷹市，地元のNPO，民間企業による運営委員会方式によって行っている．今回調査対象とした「e-コミュニティ形成支援事業」に参加した自治体の中で運営委員会方式を採用している自治体は三鷹市のみである．ここでは，三鷹市においてなぜこのような形態での運営を行うことが可能になったのかの背景について，地域情報化政策と地域SNSの関連，運営委員会方式による地域SNSの運営という2つの視点から考察する．

(1) 三鷹市における地域情報化政策

三鷹市における第1点目の特徴として挙げることができるのが，地域情報化政策の蓄積である．田畑（2008）は，東京都三鷹市を地域情報化で有名な都市のひとつとして挙げている．三鷹市における地域情報化の歴史は1984年のNTT「三鷹INS実験」まで遡ることができるとしている．この時に行なわれた数々の実験が，住民が使いこなすまでのレベルには至らなかったものの，「情報都市」としての発展の基盤になったと指摘している．また，1998年には，財団法人三鷹市まちづくり公社が「情報都市三鷹」への提言をまとめ，INS実験都市から，SOHO CITYへの政策展開を求めた．これを受ける形で同年8月には『三鷹市地域情報化計画：情報都市みたかをめざして』の策定に至った．この計画の流れの中で，後述する「シニアSOHO普及サロン」がNPOの認証を受けることになった．2002年には，日経のe都市ランキングで全国首位，後述の通り2003年には地域情報化政策の第一人者であった清原慶子氏の市長就任，さらに2005年には世界テレポート連合（TWA）が，世界の情報都市ナンバーワンに三鷹市を選出するなど，三鷹の情報都市としての地名度が高まっていった（田畑2008:166-168）．このように三鷹市は，自治体の情報化に関して日本のみならず，世界的な評価を受けている最先端の自治体であるということを分析を行う際の視点として念頭に置いておかなければならない．以下では，

第9章　各地域における工夫をこらした運営形態に関する考察

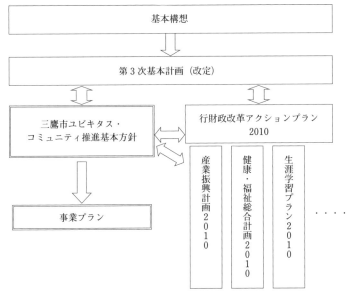

図 9-12　三鷹市ユビキタス・コミュニティ推進事業
出典：三鷹市 HP, 2014 年 12 月 9 日取得, http://www.city.mitaka.tokyo.jp/c_service/003/003300.html

近年の三鷹市における地域情報化政策の中でも中核を占めるものとして「三鷹市ユビキタス・コミュニティ推進事業」と「三鷹市地域情報化プラン2022」の2つに焦点を当ててまとめを行う。

［三鷹市ユビキタス・コミュニティ推進事業］　三鷹市における地域SNS事業の導入において，他の自治体との比較で特徴的な点の一つは，地域SNS事業が単体で行われたわけではないということである。三鷹市では，「三鷹市ユビキタス・コミュニティ推進事業」の一部として地域SNSが位置づけられている。この「三鷹市ユビキタス・コミュニティ推進事業」とは，平成10年に策定された「三鷹市地域情報化計画」からの流れを受け継いでいるものであり，三鷹市基本構想や第3次基本計画（改定）に基づき，三鷹市における地域情報化推進の基本となる理念や方針を明らかにするものであると位置づけられてい

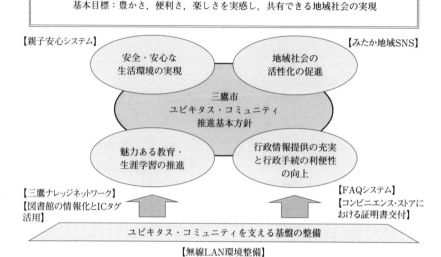

図 9-13　三鷹市ユビキタス・コミュニティ推進事業概要

出典：総務省 HP，2013 年 12 月 22 日取得，http://www.soumu.go.jp/main_sosiki/joho_tsusin/top/local_support/ict/jirei/thema/1906.html

る[13]。

　この中では 5 つの基本方針がまとめられており，それぞれは図 9-13 のように相互に関連している。ここでいう 5 つの基本方針とは，(1) 安全・安心な生活環境の実現（防犯，防災，地域ケア，子ども・子育て支援 等），(2) 地域社会の活性化の促進（産業振興，就労支援，交通の利便性向上 等），(3) 魅力ある教育・生涯学習の推進（学校教育，生涯学習 等），(4) 情報提供の充実と行政手続の利便性の向上（総合窓口体制の充実，情報バリアフリー化，行政サービスの向上 等），(5) ユビキタス・コミュニティを支える基盤の整備（基盤整備，ICT 人財の育成，デジタルデバイドの解消 等）である。

　「三鷹市ユビキタス・コミュニティ推進事業」の中において地域 SNS は，「(2) 地域社会の活性化の促進」の項目に位置づけられている。この中では，

---

13)　三鷹市ユビキタス・コミュニティ推進事業，2014 年 12 月 9 日取得，〈http://www.city.mitaka.tokyo.jp/c_service/003/003300.html〉

単に地域コミュニティの活性化を地域住民に限定するだけではなく，地域における産業の活性化により多くの焦点を当てていることが見て取れる。

(2) 地域社会の活性化の促進
ア 基本的な考え方
　地域の活力を保ち，より高めるためには，地域コミュニティの更なる活性化を図るとともに，地域産業の育成・支援が必要です。地域産業の活性化については，知識や情報を生かして他の事業者との差別化を図るような企業活動が期待される中でICTの活用は不可欠であり，本市の目指す価値創造都市型産業の振興に向けた地域ICT産業と既存企業等との連携・協働が一層重要となります。また，観光振興事業の推進や都市交通における利便性の向上など，都市の活力を高めるための取り組みを進めます。
イ 主な施策の方向
【都市型産業の育成・支援】
　ICTの活用による経営基盤の強化や企業競争力の向上を支援するとともに，SOHOやコミュニティ・ビジネスを起業する市民への場所やノウハウの提供など仕組みの充実を図ります。また，市で使用するシステムの開発や運用等について，競争原理を阻害しない範囲で，できるだけ地域市内企業への発注に努め，アウトソーシングします。
【人財育成と就業の支援】
　NPO法人三鷹ネットワーク大学推進機構をはじめ，NPO，事業者等との連携等を通じて地域の人財育成に努めるとともに，人財など知的資源の活用や企業の社会参加，コミュニティ・ビジネスの振興に向けたICTの活用を進めます。また，フリーター等の若年層，高齢者や障がい者等の就労支援の充実を図ります。
【移動における利便性の向上】
　公共交通の利便性を向上させるため，バスロケーションシステム（バスの位置情報提供システム）に代表される乗換え支援や運行情報など交通情報の充実を図ります。また，三鷹市を初めて訪れた方も迷うことなく移動ができるよう，携帯電話や先進的なICTを活用した案内情報の提供やサ

イン整備等を進めるとともに，観光情報の充実を図ります。
(出典：「三鷹市ユビキタス・コミュニティ推進事業」(pp. 7-8), 2013 年 12 月 22 日取得, http://www.city.mitaka.tokyo.jp/c_service/003/003300.html)

[三鷹市地域情報化プラン 2022] 「三鷹市地域情報化プラン 2022」は，2007 年に策定された「三鷹市ユビキタス・コミュニティ推進基本方針」に引き続き，2012 年に策定されたプランである。この「三鷹市地域情報化プラン 2022」において SNS の位置づけが明確にされている。

「三鷹市地域情報化プラン 2022」は，2007 年 5 月に策定された「三鷹市ユビキタス・コミュニティ推進基本方針」を発展的に継承したものであると位置づけられている。同時に，2012 年 3 月に策定した「第 4 次三鷹市基本計画」が策定する 20 余りの個別計画の 1 つとして位置づけられている。このプランの冒頭部分における「はじめに」の市長の言葉では，ICT を活用して地域社会の課題解決力の向上へと結びつけることが述べられている。

　このたび，「三鷹市地域情報化プラン 2022」をとりまとめました。21 世紀に入り 10 年を過ぎて，私たちが暮らす上で大きな影響をもたらす情報環境をみるとき，ICT (Information and Communication Technology) の技術革新はますます速度を増しています。パソコンや携帯電話は急速に普及し，今やスマートフォンなどの複合的な情報携帯端末が一般化しつつあり，情報の双方向性を果たすインターネットの利用はさらに活発になってきています。ブログや SNS といったネットワーク上のコミュニティにおける情報の受発信が，市民の生活行動，消費行動といった社会経済活動に影響を与え，コミュニティスクール等の教育活動，子育てや介護をはじめとした福祉活動，防犯防災等の安全安心のまちづくりの分野で，新たな共助のツールになりはじめています。三鷹市では，平成 19 (2007) 年 5 月に，これまで推進してきた「三鷹市地域情報化計画」を改訂した「三鷹市ユビキタス・コミュニティ推進基本方針」を策定しました。この基本方針は，「いつでも，どこでも，誰でも」が ICT の活用により，暮らしの豊かさ，便利さや楽しさを実感できる地域社会の実現を目標とし，具体的な施策と

して，平成20（2008）年1月より地域SNS「ポキネット」の開設，平成21（2009）年12月よりFAQ（市政に関するよくある質問と回答）システムの公開，平成22（2010）年2月よりコンビニエンス・ストアにおける住民票や印鑑証明書等の証明書交付の開始など，様々な事業を展開してきました。そして今回，これまでの取り組みを発展的に継承した「三鷹市地域情報化プラン2022」を定めることとしました。本計画は，平成24（2012）年3月に同時に策定した「第4次三鷹市基本計画」と共に策定する20余りの個別計画のひとつです。そして，基本計画において市が積極的に取り組むべき最重点プロジェクトとした「都市再生」，「コミュニティ創生」及び緊急プロジェクトとした「危機管理」に関する重要課題を解決する手段としてのICT，また，その他の個別計画が掲げる様々な施策の実現に向けた基盤としてのICTを，これからどのように利活用していくかについての方向性を示すものでもあります。本計画に基づき，「ネットワーク・コミュニティによる課題解決や絆による価値の創造」，「行財政改革に向けた情報システムの実現」という地域と行政の課題解決手段としてのICTの利活用についての取り組みを積極的に進めていきたいと考えます。そして，地域情報化を推進する過程においては，「情報セキュリティの確保及びプライバシー保護の推進」に最大限留意するとともに，「民学産公の協働」を推進し，「誰もが利用可能なICTの社会」の実現を目指してまいります。本計画の策定にご協力いただきました皆様に感謝申し上げますとともに，本計画に基づき設置される地域情報化推進協議会をはじめ，市民の皆様，関係機関の皆様の今後のご参画とご協力を心からお願い申し上げます。

(出典:「三鷹市地域情報化プラン2022」，2013年12月15日取得，http://www.city.mitaka.tokyo.jp/c_service/031/031778.html)

このプランの中において，三鷹市がこれまで実施してきた情報化への取り組みに対する評価や今後の課題について検証している項目の中において地域SNSもとりあげられている。

（イ）みたか地域 SNS の運用
〈取り組み概要〉
本市では，ICT の活用による，くらしの豊かさ，便利さ，楽しさを実感できる地域社会の実現を目指して「ユビキタス・コミュニティ推進事業」に取り組みました。そのサービスの1つとして，地域 SNS（ソーシャル・ネットワーキング・サービス）のシステム「みたか地域 SNS（ポキネット）」を開発し，運用を行なっています。

〈今後の課題と方向性〉
平成23年9月時点の利用者は2,200人以上で，増加傾向にあるものの，市民の認知度は高いとは言えず，みたか地域 SNS の更なる活性化が課題であるため，他自治体の成功事例等を参考としながら地域の独自性を活かした活用方法を検討するとともに，市民への PR や周知の徹底を継続して実施します。
また，現状は市が運営主体となっていますが，NPO 等に運営主体を移行することで，より地域の特色や自由度の高いサイト運営を実現することも検討します。

（出典：「三鷹市地域情報化プラン2022」（イ）みたか地域 SNS の運用 p. 6, 2013年12月15日取得，http://www.city.mitaka.tokyo.jp/c_service/031/031778.html）

【内部環境の評価】
　みたか地域 SNS は会員数が増加を続けており，開設から3年が経過した平成23年9月時点では2,200人以上の会員数となっています。平成22年に実施した利用者のアンケートでは，88% の利用者の方から「満足している」との回答をいただきました。
　また，システムの運用については，サーバ等について ASP サービスへ移行することにより，サーバ管理等に係る職員負担やコストを軽減しました。
　しかしながら，利用者は増加傾向にあるものの，市民の認知度は高いと

は言えず，地域コミュニティの活発化や地域課題の解決において充分に活かされているとは言い難い状況です。

（出典：「三鷹市地域情報化プラン 2022」資料編（イ）みたか地域 SNS の運用 p. 66，2013 年 12 月 15 日取得，http://www.city.mitaka.tokyo.jp/c_service/031/031778.html）

　このプランは，必ずしも市民の間において認知度の高いツールにはなり得ていないことや，現状の市役所主体の運営から NPO 等への運営主体の変更を検討していることが記されている。一方で，「平成 25 年度　三鷹市　施政方針[14]」では，2 つある最重点プロジェクトの一つである「コミュニティ創生プロジェクト」の中において，地域 SNS を活用した住民協議会の活性化を位置づけるなど，市長の地域 SNS に対する期待は高いものであることが伺い知れる。

　また，住民協議会の更なる活性化に向けて新たな助成制度を創設するとともに，町会・自治会による「みたか地域 SNS」の活用方策を検討するなど，ともに支え合う地域社会の創造に向けた取り組みを推進していきます。

（出典：「三鷹市　平成 25 年度施政方針」p. 9，2013 年 12 月 15 日取得，http://www.city.mitaka.tokyo.jp/c_service/024/attached/attach_24595_1.pdf）

(2)　運営委員会方式による地域 SNS の運営

　三鷹市において地域 SNS の運営方法として，運営委員会方式が採用された背景には，市長の清原慶子氏の影響があった。清原氏は，学者出身であり市長就任以前から「情報都市づくり」に関する調査研究に参加し，「SOHOCITY みたか構想」の策定や，SOHO 支援策を提案したという経緯がある。この提案を受ける形で 1998 年 12 月に「SOHO パイロットオフィス」開設等の支援

---

14)　三鷹市 平成 25 年度施政方針，2013 年 12 月 23 日取得，〈http://www.city.mitaka.tokyo.jp/c_service/037/037785.html〉

が三鷹市によって開始されるきっかけになった[15]）。このように清原氏は，市長の就任以前より三鷹市に関与してきた人物であることを確認できる。また清原氏は，大学教員時代においては地域情報化論の専門家であった。運営委員会方式を採用してNPOへの運営業務を委託するというアイデアの背景には，市長の「行政の職員が地元市民と直接対峙するにはまだ時期が早い」という認識があったという。そのため行政が前面に出て地域SNSの運営を行うのではなく，地元NPOに運営を任せるという形態になった（筆者インタビュー調査による）。以下では，三鷹市における運営委員会方式での地域SNSの運営がどのような形態で行われているかの概要についてまとめを行う。

[運営主体：NPO法人「シニアSOHO普及サロン・三鷹」]　シニアSOHO普及サロン・三鷹は，1999年1月に「草の根パソコンクラブ勉強会」として発足したのをきっかけに活動を開始している。その後同年9月には，通産省の「シニアベンチャー支援事業」を受託したのをきっかけに任意団体としてスタートした。翌2000年11月に，特定非営利活動法人認証を受けて現在の組織の形となっている。その後現在まで，高齢者マッチング事業（三鷹いきいきプラス），高齢者無料職業紹介事業（わくわくサポート），三鷹市内小学校児童見守り事業（スクールエンジェルス），学校校庭緑化事業，企業サイト構築など，多種多様な事業を受託している[16]）。

このNPOが，三鷹市における全15の団体から構成されている地域SNS運営委員会の中心となっている（表9-12）。地域SNSの運営に関する資金は100％三鷹市による出資である。日常のSNSの運営業務に関しては，NPO法人の職員一名が専属で担当している（筆者インタビュー調査による）。

三鷹市における地域SNSの大きな特徴としては，高額な年間の運営費用を挙げることができる（表9-13）。この点については，すでに第7章においても言及しているが，三鷹市における運営費は他の自治体に比べて突出しているこ

---

15)　「三鷹市ユビキタス・コミュニティ推進基本方針」，2013年12月23日取得，〈http://www.city.mitaka.tokyo.jp/c_service/003/003300.html〉
16)　シニアSOHO普及サロン・三鷹HP，2014年12月9日取得，〈http://www.svsoho.gr.jp/aboutus/index.html〉

表9-12　三鷹地域SNS運営委員会メンバー[17]

役割	メンバー
委員	三鷹市市民協働センター
委員	武蔵野三鷹ケーブルテレビ株式会社
委員	特定非営利活動法人むさしのみたか市民テレビ局
委員	三鷹駅周辺住民協議会
委員	公益法人三鷹商工会
委員	みたか都市観光協会
委員	三鷹SOHO倶楽部
委員	社会福祉法人三鷹市社会福祉協議会
委員	特定非営利活動法人子育てコンビニ
委員	特定非営利活動法人三鷹ネットワーク大学推進機構
委員	三鷹ICT事業者協会
委員	株式会社まちづくり三鷹
委員	三鷹市
委員	三鷹市教育委員会
事務局	特定非営利活動法人シニアSOHO普及サロン・三鷹

出典：三鷹地域SNS HP，2014年12月9日取得，http://www.mitaka-sns.jp/info/info.html

とを確認できる。三鷹市における運営費用が高額な理由としては，運営委託先のNPOにおける担当職員の人件費を全て賄っているためである。

9.3.3　考察

　第3節においては，宇治市と三鷹市の事例を取り上げた。これらの事例は，掛川市や筑後地域の事例がガバナンス的な観点から捉えた際の成功事例であったのに対して，地域情報化政策の視点から見た際の成功事例であった。宇治市における事例は，これまでの地域情報化政策の中で協力関係を築いてきたNPOと協力する形で地域SNSの活発な利用へとつながった事例である。また，

---

17)　三鷹地域SNS運営委員会について，2014年12月9日取得，〈http://www.mitaka-sns.jp/info/info.html〉

254

表 9-13　地域 SNS 関連予算

	平成21年度	平成22年度	平成23年度	平成24年度	平成25年度
予算額	8,568,000	7,728,000	10,109,400	9,082,500	7,203,000

出典：三鷹市役所提供資料による

　三鷹市における地域SNSの位置づけとしては，1998年より続けられている地域情報化政策の延長線上にある「三鷹市ユビキタス・コミュニティ推進事業」の中の一つとして位置づけられている。これに加えて三鷹市は，約60年近くにわたるコミュニティ政策の蓄積もあって自治先進都市としても良く知られており（大本 2010），コミュニティ政策と地域情報化政策のハイブリッド型と言うことができるだろう。

9.4　民間企業による運営（愛知県安城市）

　本章における最後の項目として，実証実験期間より運営部分を地元の民間企業に委託をしていて，実証実験の終了後は事業を譲渡した事例として，愛知県安城市を対象に考察を行う。安城市は，宇治市や高松市などと同じように，地域SNSの導入当初から関与期間を2年間と定めた上での運営を行っていた（第8章）。だが，安城市における特徴は，行政としての関与期間を定めていたことに加えて，地域SNSの運営を担った地元IT企業のmeetsの運営方法にあると言える。

9.4.1　株式会社 meets

　安城市の地域SNS「あんみつ」を語る上で外すことができないのが，地域SNSの運営業務を受託していた地元イベント会社のmeetsの存在である。meetsは，安城市を中心として業務を行っている会社であり，主な業務の内容としては，イベント，映像の企画・編集・制作，印刷物の企画・デザインなどを担っている[18]。この会社の社長が地域の名物社長であり，地元のイベント等

---

18)　meets HP，2015年2月4日取得，〈http://www.meetsweb.jp〉

にも積極的に協力を行っているという。そのため，安城市役所の多くの職員が，地域イベント等を通してmeets社長と親しい交流を持っている（筆者のインタビュー調査による）。

2004年のmeetsの創業以降，社長が，安城地域における地元のイベントに積極的に関与するようになり，市役所を始め多くの人に知られるようになった。特に，安城において有名な七夕まつりに対しては多大な貢献を果たしてきた。そのため，地域SNS「あんみつ」の運営がmeetsに決まった際に「社長に協力をしたい」という自治体職員が多く，プライベートでSNS上に記事をたくさんアップロードする職員が存在した。

9.4.2 民間企業が地域SNSを運営するということ

地域SNSというツールの性質上，広告収入があまり期待できないため，地域SNSの事業を黒字化することは事実上ほぼ不可能である。実際，meetsにおける地域SNSに関する事業は大赤字の事業であるという。地域SNSの運営を行うに当たって，meetsにおける主な費用としては，ハウジングによるデータセンターの利用料が100万円近く，また管理人であるmeets職員の人件費が運営費とされているため，これらの費用が全額赤字になってしまうという。

一方で，「あんみつ」の事業単体で見た場合には大赤字であるが，安城市の地域SNSの運営実績があったことにより，近隣の自治体である豊川市の地域SNS「みこみん」の運営業務を受注するなどの成果を挙げることにつながっている（図9-14）。そのため，社長の認識としては，あんみつの運営に関してはCSRという感覚で請け負っているという（筆者インタビュー調査による）。

「あんみつ」の利活用が活発に行われるに至った背景としては，運営会社と自治体職員のつながりによるものであった。そのため，地域SNSの運営が自身の業務とは直接的には関係のない部署の職員でも，一安城市民としてプライベートでの日記の書き込みを積極的に行っていくようになったという。特に，地域SNSの導入当初においては，このような業務とは直接関係のない職員で書き込みを行ってくれる職員の存在は非常に効果的であったという。中でも効果的だったものとしては，市民が行った日記の書き込みに対してコメントをたくさんしていった職員の存在であったという。また，業務情報の発信にあんみ

図 9-14　豊川市地域 SNS「みてみん」
出典：豊川市地域 SNS「みてみん」，2015 年 2 月 4 日取得，http://mitemi-n.jp/

つを利用する等の工夫を率先して行う職員も登場してきたという。

　他にも，自治体職員による側面支援は，何も地域 SNS 上の取り組みに留まらなかったという。例えば，広報課職員による広報紙における支援がある。これは，広報課の担当職員が自発的に，あんみつの開始時期に合わせて市の広報誌のカバーページにあんみつの写真を用いたものである（図 9-15）。実際，このカバーページにあんみつの写真を掲載したことが，多くの市民からの興味・関心を集めるのに大きな役割を果たしたという。また，あんみつの運営開始後も，広報紙上においてあんみつの紹介を行うなどの側面支援を行っていた。例えば，あんみつの運営開始後に meets 社員である管理人の女性が面白いということが評判になった。そのことを広報紙上において特集し，広報紙の読者の関心を引くなどの工夫を行ったという（図 9-16）。他にも，市のホームページのトップページ上においてあんみつを目立たせるために，ホームページ上に掲載されていた市の関連リンクを全て消して，あんみつのリンクのみを掲載する

第 9 章　各地域における工夫をこらした運営形態に関する考察　　　257

図 9-15　広報安城「あんみつ」開始の告知
出典：安城市 HP「広報あんじょう」．2014 年 12 月 10 日取得，https://www.city.anjo.aichi.jp/shisei/koho

等の工夫が行われたという[19]）。

　ここで示したように，これらの広報紙を用いた広報活動は，導入当初において多くの市民の関心を引くのに効果を発揮した。だが，導入当初において何よりも大きな効果を発揮したのは，安城市役所の職員や，meets の社員による SNS 上における自発的な書き込みであった。meets 社長と親交のある安城市役所職員が中心となり日記を大量にアップしたことがサイトの活性化につながったという。

　安城市の事例では，行政や NPO が主導ではなく，民間企業が安城市からの委託を受ける形でツールの保守管理から運営までを行っているという点も興味深い。しかし，それ以上に興味深い点としては，「あんみつを応援したい」と

19）　2014 年 7 月時点では，あんみつのリンク以外にも複数のリンクが張られている。

図9-16 広報紙を用いた工夫の事例

出典:安城市HP「広報あんじょう」,2014年12月10日取得,https://www.city.anjo.aichi.jp/shisei/koho/20090201/documents/p02.pdf

いう気持ちから,職員各自の業務に関連づけた形で,地域SNSへの積極的な関与を行っているという点である。SNS上への書き込みを行っている職員の動機が,「地域SNSの担当職員だから」,「業務上使わなくてはいけないから」,「上層部からの指示があったから」などではなく,「meetsの社長が運営を行っている地域SNSだから」という理由で,地域SNSへの書き込みを行っており,業務的な義務感によるものではなく,人間関係に依拠している部分が大きかったという。そのため,あんみつへの書き込みを行っていた職員は,プライベートの時間に,一安城市民として自身のプライベートに関する書き込みを行っていたという。導入当初は,安城市職員や,meets社員による書き込みや盛り上げが必要ではあったものの,数カ月後にはこれらの書き込みがなくても一般のユーザーの書き込みだけで十分に盛り上がっている状態になったという。

9.4.3 考察

　以上のように安城市における地域SNSの成功要因としては，自治体の職員が業務の枠組を超え，各職員の意思に基づいて主体的に地域SNSの運営や利用に関わったという点を挙げることができる．その中でも，職員が担当部局を超えて，あんみつの運営主体の社長に協力したいという思いから，プライベートの時間を中心にSNSへの日記の投稿であるとか，市民の書き込みへの返信を率先して行っていったことが，活発な利用状況を生み出すことに貢献していた．安城市においては，職員が地域SNSへの関与を市役所職員としてではなく，「一安城市民」として行っていたという点が興味深い．

　掛川市を除くほぼ全ての自治体においては，他業務との兼任のために，地域SNSに関する業務時間を十分に確保できないことが衰退の原因の一因として考えられた．一方，安城市では，業務とは離れた部分でプライベートの時間内に自分のできる範囲での書き込みを，業務担当者だけではなく，様々な部署の複数の職員が行っていた．他の自治体においても，プライベートで自発的に協力してくれる職員が数名単位では存在したようであるが，安城市においては，上述したような背景により，自発的に関与を行う職員が他自治体と比較した際に多かったものと考えられる．

　担当職員のみによる数名単位での書き込みでは，投稿する情報にも偏りが生じたり，そもそも毎日投稿するネタを確保することが困難であったりと，サイト全体の継続的な盛り上がりにつなげるのは難しいものがあると考えられる．しかし，安城市のようにある一定以上の規模の職員が業務とは関係のないプライベートの部分で参加することだけでも，サイトの盛り上がりに十分貢献することができるということを確認できた．

9.5　まとめ

　本章における様々な工夫をこらした上で地域SNSの運営を行っている自治体に関する考察としては以下のようなまとめを行うことができる．

　まず，第1節で取り上げた掛川市の事例は，市の主導により効果的な運営に結びつけた事例であるということができる．掛川市においては，30年以上の

蓄積のあるコミュニティ政策をさらに前進させるためのツールとして地域SNSが導入されていることを示した。自治体による地域SNSへの関与という視点から見た際に，掛川市における事例は，第3章でまとめを行った参加型ガバナンスに貢献しうる事例であったということができる。

　第2節で取り上げた筑後地域における久留米市，大牟田市，福岡県の3自治体による地域SNSの再統合という事例は，管見の及ぶ限りにおいては他に確認することはできていない。筑後地域においてこのような形での運営が可能となった背景としては，筑後田園都市推進評議会の存在が大きいと言えるが，この事例はネットワークガバナンスの事例としての知見を提供していると言えるだろう。

　第3節においては，宇治市と三鷹市の事例を取り上げた。宇治市における事例は，これまでの地域情報化政策の中で協力関係を築いてきたNPOと協力する形で地域SNSの活発な利用へとつながった事例であった。また，三鷹市の事例はコミュニティ政策と地域情報化政策のハイブリッド型と位置づけることができるだろう。

　第4節において取り上げたのが安城市における事例である。この事例は，自治体と民間企業との協力関係により活発な利用状況へとつながった事例であり，ガバナンスの一つの形態として位置づけることができるだろう。実際，民間の資金や力を活かして事業を行う分野としては，PFIやPPPなどの制度に注目が集まっている。安城市はこれらの研究分野から見た際に興味深い視点を提供してくれる事例である。一方で，本書では，これらPFIやPPPの視点からの考察を行うところまでは到達しておらず，この点については今後の研究の課題としたい。

　最後に，第9章全体のまとめを行うと次の通りになる。第8章の廃止事例との比較で見た際に，第9章の事例では，単に地域SNSの導入を行うことに留まっていないということである。自治体ごとに，コミュニティ政策，地域情報化政策，地元民間企業との協力関係の構築等，様々な形でこれまでの蓄積を運営に活かしていた。第7章ですでに論じたように，多くの自治体においては，業務内容の大半をユーザによる不規則発言や批判への対応に費やすことを余儀なくされていた（表7-9，表7-10）。これに対して第9章で取り上げた自治体に

おける関与では，例えば，掛川市の事例を見ると，負担になっていることの一つとして「ユーザーの書き込みに対する対応」と回答はしているが，他の自治体と比較した際にその比率は少ないとの印象を受けた。また，宇治市や三鷹市，安城市の事例においても，それぞれ，NPO や企業への委託を行っており，自治体担当者の負担は少なかったものと推測できる。実際，運営者に直接インタビューを行うことのできた三鷹市の場合は，ユーザーによる不規則発言はほとんどなく，運営業務を行うに当たって負担に感じたことはないとのことであった。

　第 9 章における結果は，地域 SNS を機能させるには，それを機能させるだけの NPO，民間企業の存在が必要であるということである。単に，地域 SNS を導入したからと言って地域社会における課題解決能力の向上につながるわけではなく，地域 SNS が，もともとある参加の仕組みの補完や強化をすることを通してローカルガバナンスの向上につながるという認識に立つことが必要であると考えられる。

終　章

　本章では，第Ⅱ部とⅢ部で行った実証分析の結果を踏まえて，第Ⅰ部で提示したリサーチクエスションに対しての結論をまとめる。その上で，今後の課題と展望を述べることで本書のまとめとする。

1　リサーチクエスションに対する結論

　本書では，住民参加を政治参加の枠組みだけで捉えるのではなく，Arnstein (1969) の「参加の梯子」における「5　宥和」と「6　パートナーシップ」の間の参加の形態を「参加の踊り場」として概念化した。ここでは，行政とのパートナーシップの段階に至っていない活動の中でも住民が主体となって行っている参加形態として，岡山県の電子町内会の事例や，地域における住民主導のイベントなどを想定している。この「参加の踊り場」の段階における「参加」を「自らのコミュニティや地域社会に恩恵を与えるような行為や活動」と定義した。その上で，地域SNSを活用した「参加」が，地域社会のガバナンスの向上と，どのような関係にあるのかというテーマのもと研究を進めてきた。そのため，本研究全体としてのリサーチクエスションは以下に示す通りである。

　　RQ：地域SNSの利活用と地域社会の課題解決能力の間には，いかなる関係
　　　があるか？

　この本書全体を通してのリサーチクエスションを，第1に「各地域における

地域住民」に焦点を当てた分析（第Ⅱ部）と，第2に「ツールの設置主体である地方自治体」に焦点を当てた分析（第Ⅲ部）に分解した上で研究を進めてきた（図7）。以下では，本書における結論をまとめるに当たって，第Ⅱ部と第Ⅲ部で取り扱ってきたリサーチクエスションの確認を行う。まず，第Ⅱ部で取り扱ってきたリサーチクエスションとしては次の2点であり，それぞれに対して以下の結論を得ることができた。

RQ1：地域住民の地域SNSの利用実態はどのようになっているか。（第5章）

➡地域コミュニティのイベントと密接に結びついた形での利用が行われており，地域のイベントや出来事に対する関心を高めていることを示す結果であった。

RQ2：地域社会における地域SNSの設置は，地域住民に対してどのような効果をもたらしたか。（第6章）

➡「地域社会への関心」を高めることに関しては，一定の効果がある一方で，「実社会での交流」に関しては一部地域において確認できたのみ。

次に，第Ⅲ部で取り扱ってきたリサーチクエスションとしては次の3点であり，それぞれに対して以下のような結論を得ることができた。

RQ3：地方自治体による地域SNSへの関与実態はどのようになっているか。（第7章）

➡自治体がツールの運営にほぼ関与できていないという実態を確認した。

RQ4：ICTを活用した住民参加ツールが廃止に至る経緯としては，どのような経緯があるか。（第8章）

➡廃止に至る経緯としては，①事業評価，②期限付きでの導入，そして，③競

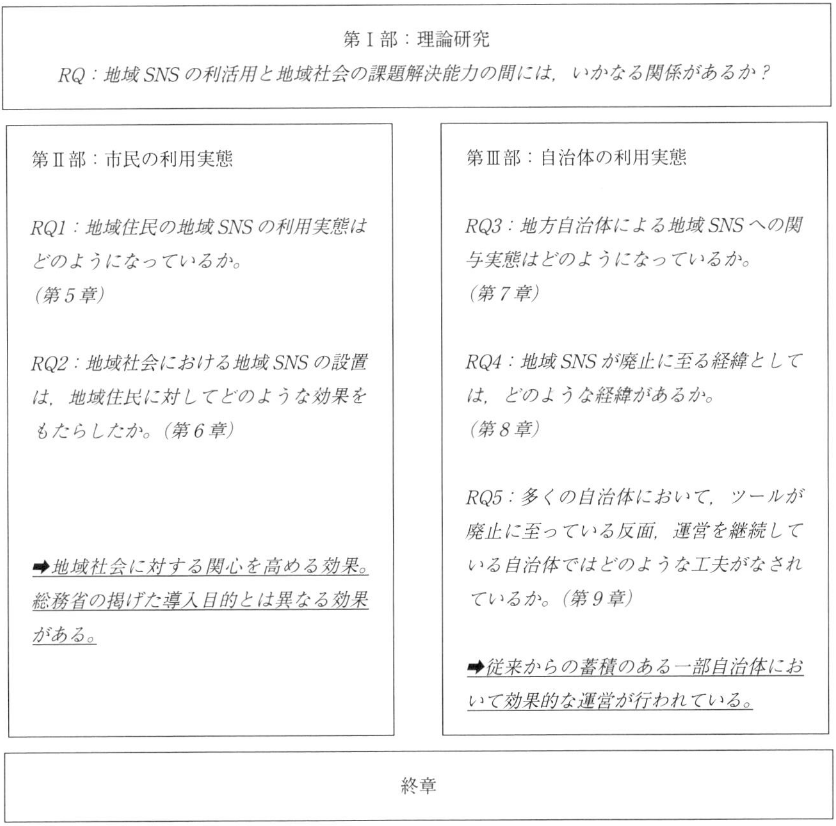

```
┌─────────────────────────────────────────────────────────────┐
│              第Ⅰ部：理論研究                                 │
│   RQ：地域SNSの利活用と地域社会の課題解決能力の間には，       │
│       いかなる関係があるか？                                 │
└─────────────────────────────────────────────────────────────┘
```

第Ⅱ部：市民の利用実態	第Ⅲ部：自治体の利用実態
RQ1：地域住民の地域SNSの利用実態はどのようになっているか。(第5章)	RQ3：地方自治体による地域SNSへの関与実態はどのようになっているか。(第7章)
RQ2：地域社会における地域SNSの設置は，地域住民に対してどのような効果をもたらしたか。(第6章)	RQ4：地域SNSが廃止に至る経緯としては，どのような経緯があるか。(第8章)
	RQ5：多くの自治体において，ツールが廃止に至っている反面，運営を継続している自治体ではどのような工夫がなされているか。(第9章)
➡地域社会に対する関心を高める効果。総務省の掲げた導入目的とは異なる効果がある。	➡従来からの蓄積のある一部自治体において効果的な運営が行われている。

```
┌─────────────────────────────────────────────────────────────┐
│                        終章                                  │
└─────────────────────────────────────────────────────────────┘
```

図7　本論文の全体像

合するICTツールの存在の3類型がある。

RQ5：多くの自治体において，ツールが廃止に至っている反面，運営を継続している自治体ではどのような工夫がなされているか。(第9章)

➡これまでの取り組みの蓄積として，コミュニティ政策や地域情報化政策の蓄積が重要である。また，必ずしもこれらの蓄積がない自治体においても，自発的な取り組みによる運営形態の可能性があることを確認した。

第Ⅲ部における以上3つのRQでは，地方自治体における地域SNSの運営実態に焦点を当てて考察を行ってきた。第Ⅲ部では，第7章において地方自治体の関与実態を把握した上で，ツールの廃止や運営からの撤退に至った自治体（第8章）と，様々な工夫をこらした上で運営を行っている自治体（第9章）という2つの視点から考察を行った。

2　第Ⅱ部における結論

　第Ⅱ部では，地域住民に焦点を当てた分析を行ってきた。ここでは，従来の先行研究において単一の事例のみを対象にした事例研究が行われているという現状において，地域住民の利用実態を実証的に把握することを目的として研究を進めた。

　まず，第5章においては，地域SNSの利用実態の把握を活発な利用が行われている地域（京都府宇治市）を対象に行った。ここでは，地域SNSがきっかけとなり数百人を集める規模の実社会のイベントに発展した「わいわいあつまろフェスタ」を対象に，地域SNSユーザーがSNS上においてどのようなやり取りを行っているかを，テキスト情報を対象に検討を行った。まず，実社会におけるイベントに着目した分析では，SNS上でやり取りがなされている「喜び」，「感謝」および「慰労」などのポジティブな感情表現が，イベント開催後の2週間程度にわたって上昇し続ける。実際の書き込みの内容の多くは，実社会での地域のイベントに参加できなかった人びとが，SNS上での記事やコメントのやり取りを通して地域イベントの様子を追体験していることを確認できた。また，特徴語に着目した分析では，当該イベントに密接に関連する語の出現頻度が高いことが明らかになった。

　次に，第6章においては，全国各地において地域SNSの導入が行われるようになりつつある中で必ずしも地域社会に対して何かしらの効果をもたらしているものは多くないということが指摘されている（総務省2010）。この中で，どのような利用に対して効果的なのかについて，掛川市，宇治市，筑後地域の3地域を対象にアンケート調査の手法を用いて実証的に明らかにしてきた。

「信頼度」や「近所とのお付き合い状況」に関しては一部の地域での効果が確認されたのみであったのに対して，いずれの地域においても効果を確認できた項目としては「地域への関心」を高めることである。この点に関しては，3地域全てにおいて統計的有意に地域への関心を高めることに対して一定の効果があることが示唆される結果となった。

第Ⅱ部での結果を理論研究の視点から考察すると次のようにまとめることができる。「第2章　補完性の原理」でまとめを行ったように住民自治を強化させるためのツールとして地域SNSの導入は行われた。しかし，総務省が掲げた導入目的である住民の「地域社会への参加」や「地方行政への参加」による地域における課題解決能力の向上に直接結びつくような成果を確認することはできなかった。また，第3章において論じた参加型ガバナンスの視点から捉えた場合にも，地域コミュニティへの直接的な参加の効果に関しては地域ごとによって効果に差が生じるという結果であった。一方で，参加を行う際のきっかけとなりうる地域への関心を高める効果については，調査対象3地域全てにおいて効果を有していることを確認できた。このことは，本書で概念化を行った「参加の踊り場」の段階への住民の「参加」を促すという意味において一定の効果を有しているという結果であった。

3　第Ⅲ部における結論

第Ⅲ部においては，地域SNSの設置主体である地方自治体を対象とした分析を行った。Saebo et al（2008）においても指摘されているように，地域社会におけるガバナンスを考える際に大きな役割を担いうる主体の一つである自治体，特に自治体職員に焦点を当てて行われた研究は必ずしも多くない。加えて，当該研究領域における先行研究では，導入直後の活発な利用が行われている一部の事例のみを対象に行われた事例研究が大半を占めている。さらに，本研究のオリジナリティとして主張できる点は，廃止に至った事例までも含めて分析を行ったということである。すでに廃止に至ったプロジェクトや事例に関しては，それらの問題の性質上，調査対象の確保が困難である。一方で，本研究では，すでに廃止に至った事例も含めて自治体におけるICTを活用した住民参

加ツールへの関与実態を明らかにしたという点において，既存の先行研究とは一線を画するものであると考える．特に第8章において，どのような経緯を経て自治体におけるツールが廃止に至るかの類型化を行った点に関しては，単に学術的な意味での貢献を果しただけではなく，今後自治体において，地域SNSに限らずICTを活用した住民参加ツールの導入を行う上で政策的な示唆に富む結果を提供できたものであると考えている．

また，第9章においては，多くの自治体において地域SNSの廃止に至る中でも，様々な工夫を行って運営を続けている自治体の事例を対象とした考察を行った．ここでの結果としては，自治体の主導による形態，NPOの主導による形態，そして，地元の民間企業の主導による形態があることを明らかにした．このように，運営を担う主体に関しては，いかなる主体が中心になった運営形態であっても効果的な運営を行うことができているというのは興味深い結果である．ここで考察を行った自治体は，いずれも各々の地域における独自の取り組みの蓄積や工夫がなされたことによって可能となっている結果であり，ここでの事例は一般化できるものであるとは考えていない．しかし，裏を返すと，地域SNSの効果的な運営を行うに当たっては，導入を行う前の段階においてすでにツールの成功の可否が決定されているという側面があるものと考えられる．

実際，今回の聞き取り調査においては，一部の自治体における導入目的として，「自治体の持ち出しが実質ゼロで導入ができる」や「導入を行うに当たっての明確な目的はなく，ツールの導入ありきであった」という声を確認することができた．一方で，第9章においてまとめた事例では，自治体が主導の際には，導入を行うに当たっての明確な目的の設定と，それを実現するに当たっての庁内を挙げての体制作りが行われていたり（掛川市），近隣の自治体間で協力をして運営を行うという工夫がなされていた（大牟田市，久留米市，福岡県）．他方で，自治体が十分な関与を行わなくとも，地元にこれらの取り組みを十分に担えるだけのNPOが存在している事例（宇治市，三鷹市）や，必ずしもNPOではなくとも地元の民間企業が担っている事例（安城市）が存在することを確認できた．

これらの結果に関して，第Ⅰ部における理論研究との関連で考察を行うと，

次のようにまとめることができる。まず，第1章における地域情報化との関連では，三鷹市や宇治市のように長期的なヴィジョンを持った地域情報化政策の蓄積が，地域SNSの運営を行うに当たって重要であるということである。

また，第3章における参加型ガバナンスとの関係では，例えば，掛川市における事例のように，従来のコミュニティ政策を補完するツールとして位置づけることで住民参加に結びつけることに成功している事例がある。他にも，安城市では，行政と民間企業が協力する形で効果的な運営へと結びつけることができた事例を確認することができた。

これらのように地域SNSを導入したからといって，ガバナンスが向上するわけではなく，各地域の特色や蓄積を活かした形での運営を行うことの重要性を確認した。地域SNSは，そのような運営を行うことによって，本書で定義した「参加の踊り場」への住民参加，ひいてはローカルガバナンスの強化や，補完といった機能が発揮されるものと言えるだろう。

4　全体を通しての結論

以上，第Ⅱ部と第Ⅲ部において行ってきた分析を通して，本書全体のリサーチクエスションである「RQ：地域SNSの利活用と地域社会の課題解決能力の間には，いかなる関係があるか？」に関しての検証を行ってきた。本書でのこの問いに対しての回答としては次の通りまとめることができる。それは，地域SNSの利活用が地域社会における住民参加に対して果たした役割としては，限定的であったと言わざるをえないということである。

地域SNSの活用により，本書で概念化を行った「参加の踊り場」の段階への住民の「参加」を促すという点について，一定の効果を有している可能性は確認することができた。一方で，本書における調査では，地域社会のガバナンスの向上につながるような利用実態については確認することができなかった（第Ⅱ部）。また，自治体による地域SNSへの関与としても，地域住民の参加を促すような効果的な関与が行われているとは必ずしも言えない結果であった。しかし，掛川市などの一部の自治体においては，これまでのコミュニティ政策や地域情報化政策などと関連させながら効果的な運営を行っている自治体も存

在する。第9章において検討してきたように，地域SNSの運営に積極的な関与を行っている自治体では，これまでのコミュニティ政策の蓄積や地域情報化政策の蓄積の上に成り立っている結果であり，単に地域SNSを導入しただけで，明確な導入目的や自治体による組織的な関与なくしては効果的な運営にはつながりえない。

　実際，地域住民が地域SNSを利用したことによってもたらされた効果としては，第Ⅱ部での活発な利用が想定される3地域を対象に行った調査結果では，「地域社会に対する関心」を高めるという点が確認された。一方で，実社会に参加するようになるという効果（「近隣の住民との交流」）に関しては，第6章で検証を行ったように一部の自治体でしか効果を確認できなかった。これらの結果から示唆されることは，総務省が「住民参画システム利用の手引き」において地域SNS導入の目的として掲げていた「地域コミュニティの再生（＝地域社会への住民参加）」や，「政策の企画・立案・策定および執行・評価の過程に地域住民が参画していくこと（＝地方行政への住民参画）」の目標設定は達成されていない。伊藤・花田（1999）が，それまでの地域情報化政策に対して述べた「「理念」と「実態」の乖離が生じている」という指摘がここでも当てはまると言えるだろう（伊藤・花田 1999: 203-205）。

　加えて指摘しなければいけない点は，各地域における地域SNS登録者の少なさという点である。積極的な利用が行われているとされている地域においても，地域SNSの登録者が対人口比における1%程度しかない。最も登録者の少なかった地域である奄美市においては対人口比のわずか0.1%であった。加えて，どこの地域においても市外や，県外からの地域SNSへの登録者数が一定以上あったことを考えると，地元住民の登録者数はより少ないものであったということが推測できる。地域SNSに関するシンポジウム等においても良く話題にされている点ではあるが，地域SNSがあくまでも一部の人にとってのツールにしかなり得ていないと言えるだろう。

　例えば宇治市の事例では，地域SNS事業からの撤退が決定された理由として，地域SNSの利用者数の低下が指摘され，一部の人たちが楽しむツールの域を抜け出すことができなかった。また，仮に少ない数でも行政に対して何がしかの建設的な意見が提案されるということや，災害が発生した際等にツール

の効果を示すこともできなかった。このような現状を踏まえて自治体が行う業務として考えた際に，費用対効果という点から考えると継続できる事業ではないという判断になったという（出典：筆者の宇治市担当者に対するインタビュー調査の要約による）。

しかし，上述したような限界は確かに存在するが，一部の自治体においては様々な工夫を凝らした運営で，地域SNSの効果的な利用に，限定的ではあるが一定の貢献を果たすことができた事例も存在する（第9章）。これらの地域における特徴としては，①自治体が主導的な立場でツールの運営を行う際には，全庁を挙げた取り組み体制が構築されているということ，②これまでの地域情報化政策の蓄積があること（宇治市，三鷹市），そして，③地元にこれらのツールの運営を担えるだけの能力を持ったNPOや，民間企業が存在しているということ（宇治市，三鷹市，安城市）を確認してきた。

このように，ICTを活用した住民参加を通して，地域社会におけるガバナンスを向上させるために重要な点としては次のことを指摘することができるだろう。それは，これまで行ってきたコミュニティ政策（掛川市）や，地域情報化施策（宇治市，三鷹市）の蓄積がなされていることや，地域SNSの導入が自己目的化してしまうのではなく，地域SNSを用いて解決したい課題が明確に想定できていることである。

5　本書の学術的貢献

本研究は，地域SNSを活用した住民参加に関する総合的研究であるということができる。先行研究においては，地域SNSそのものが研究対象となっていた。一方で本研究では，地域課題の解決能力の向上という目標にICTの利活用がどのような貢献を果たしうるかという問題設定を行っている。本研究が，これまでの先行研究の欠落を埋める形で果たした学術的貢献としては以下に示す通りである。

第1点目として，本研究の対象としている研究期間を挙げることができるだろう。本研究の調査対象期間としては，2008年から2014年までの期間であり，この期間は，総務省が全国的に地域SNSの導入事業を開始した時期から調査

時点である2013年までをカバーしている。そのため，単に一時点における事例の観察に留まるのではなく，導入期，普及期，衰退期という一連のプロセスを対象とした考察を行っている。

第2点目としては，市民と自治体の双方の視点から考察を行っているという点である。先行研究においては，いわゆる「成功」とされる一部の自治体の市民の利用実態が多く取り上げられている中で，本研究ではツールの管理・運営主体である地方自治体を対象に考察を行っている。また，自治体を対象とした調査においては，全体のおよそ8割にあたる自治体を調査対象として確保することに成功しており，代表制のある調査データであると主張することができる。

最後に，第3点目として，すでに廃止に至った事例を含めて研究を行っているという点である。いわゆる「失敗」に関する研究は，時間の経過と共に資料確保が困難になるおそれがあるが，そうした対象についても，一次資料やインタビューに基づいて明らかにしている点で，資料的価値が高いものである。

本研究の果たした学術的貢献を再度まとめると，①導入期から衰退期までの一連のプロセスを対象として研究を行っていること，②市民の利用実態と，自治体の関与実態の双方の視点から考察を行っていること，③成功事例と失敗事例の両方の視点から考察を加えていることの3点である。これらにより，当該研究領域における総合的な議論を行う際の土台となりうる知見を提示したということが本研究の学術的貢献である。以上の3つの学術的貢献以外にも，地方自治体が行うICTを活用した住民参加に関する施策を行うに当たって一定の政策的含意を有するものである。

6　今後の課題と展望

本書においては，地域SNSを活用した形での地域社会のガバナンスの向上に関する研究を行ってきた。しかし，本研究は，ICTツールという側面から見ても，ガバナンス理論という側面から見ても，あくまでもICTを活用した住民参加によるガバナンスの向上に関する一つの時代の取り組みを対象に検証を行ったに過ぎない。以下では，ICTツールの視点からみた今後の研究課題と，理論的な視点からみた際の今後の研究の展望について述べることで本書の

まとめに代えたい。

　まず，ICTツールに焦点を当ててみると，これまでにも1990年代後半から2000年代前半にかけては，電子会議室が大きな注目を集めた。2000年代半ばから後半にかけては，本書において研究対象として取り上げた地域SNSが注目を集めることとなる。その後，2010年代に入るとFacebookやTwitterに代表される民間企業が運営を行うソーシャルメディアを用いた取り組みが全国的な広がりを見せるようになっている。そこで，今後の研究対象としては，全国的に数多くの地域SNSが廃止されている中で，地方自治体において活発に用いられているFacebookを用いた取り組みに着目をして検討を行うことが必要であると考えられる。本研究において研究対象とした地域SNSと今後研究対象とする予定のFacebookとの取り組みにおける共通点としては，どちらも地域社会への関心を高めることに対して一定の効果を有しているという点を挙げることができるだろう。一方で，相違点としては，自治体が発信した情報を受け取る人数の規模を挙げることができるだろう。本研究において調査対象とした地域SNSにおいては，登録者数の多い自治体でも2000ないし3000ユーザーであり，アクティブユーザー数となるとせいぜい数百ということになる。しかし，自治体が運営を行っているFacebookでは，ページ自体への「いいね」数が約10万を記録している南島原市の事例をはじめとして，地域社会のみならず，日本全国，引いては世界中のFacebookユーザーからの関心を高めることが可能となる。実際に，このようなFacebookの特徴に着目した多くの自治体では，観光情報の発信を国内外のユーザーに対して行っている（札幌市，金沢市，広島市など[1]）。

　このように地域SNSの取り組みと比較した際にユーザー数という規模の面でも，用途の面においても多様な広がりをみせるFacebookの取り組み状況の可能性について実態把握を行っていく必要がある。筆者は，本書の執筆時点において，Facebookの活発な活用を行っている9つの自治体を対象とした聞き

---

[1] 一部自治体では，英語のみのページの運営で大きな成果を挙げている自治体も存在する。札幌市が運営を行う「Welcome to Sapporo」では，24,746の「いいね」を獲得している（2015年5月23日現在）。

取り調査を行ってきた。これらの自治体においても各々の自治体の特徴を活かした形での情報発信を通して，地域の住民のみならず，全国各地の人々からの地域への関心を高めることに対して，一定の効果を有していることを確認している。しかし，現状においてはソーシャルメディアを用いた積極的な取り組みを行っている自治体の選定に当たっては，ページや投稿に対しての「いいね」数での確認を行うに留まっている。今後は，コメント数，シェア数，リーチ数または，実社会に影響を与えたということを確認できる様々な指標を用いた形での総合的な検討を行っていくことを課題として挙げることができるだろう。

次に，理論的な考察に関しては，以下に示す3点についてのさらなる検討が求められるだろう。第1点目として，今日の時代背景を踏まえた上での考察を行うことである。本書においても示してきた通り，ガバナンス理論は，社会状況の変遷に伴い議論の焦点も移り変わってきている。今後の課題としては，2010年代後半から，2020年代における社会状況を踏まえた形でのガバナンス理論を検討していくことが求められるだろう。第2点目として日本社会論と関連させた形でのガバナンス理論の検証である。本論文において取り上げているガバナンス理論や，補完性の原理は，共にヨーロッパ起源の考え方であり，そもそも日本社会の文脈においてどの程度まで受容可能なのかという点に関してまでは，本研究では踏み込んだ考察を行えていない。この点からの考察を理論，文化，歴史等の様々な視点から行っていくことが求められる。第3点目としては，本研究におけるRQに関する課題である。本論文では，「地域SNSが地域社会のガバナンスの向上にいかなる関係があるか」という問題設定をしているが，「地域社会への関心を高める効果がある」という結果を得るに留まっている。そこで，今後は，本書における検証結果に満足することなく，本書において定義をした「ローカル・ガバナンスの向上」すなわち，「地域社会における課題解決能力の向上」についての考察を行うことも求められるだろう。この点に関しては，アメリカにおけるナイトファンデーションの助成を受けて，主にエンジニアが主導する形で，ICTを活用して社会の問題解決を行うという取り組みである「Civic tech」に大きな注目が集まっている。この取り組みの大きな特徴の一つは，完全に市民が主導しているということである。実際，Code for America等に代表される団体が専門のスタッフを各地域の自治体等

に送るなどして行政が対応しきれない問題の解決を行っている。これらの活動の興味深い点としては,「社会問題の解決」という明確な目標の下に実際に活動が社会問題の解決につながっているということである。

　この取り組みは,日本にも導入されており,"Code for Japan"という組織が誕生し,さらにはその支部という形で日本全国各地に"Code for ＊＊＊＊(各地域名)"が誕生している。そこで,国内外を問わず,これらの活動実態の把握を行い,実際に地域社会におけるICTを活用した形での問題解決に関する考察を進めて行きたい。

参 考 文 献

Arnstein, S. R., 1969, "Ladder of citizen participation", *Journal of the American Institute of Planners*, 35 (4): 216-224.
Bell, S. and Hindmoor, A., 2009, *Rethinking governance: The centrality of the state in modern society*. Melbourne: Cambridge University Press.
Bevir, M., 2012., *Governance: a very short introduction*, Oxford: Oxford University Press. (=2013, 野田牧人訳『ガバナンスとは何か』, 東京 : NTT 出版.)
Drucker, P. F., 1995, *MANAGING IN A TIME OF GREAT CHANCE*, New York: Truman Talley Books. (=1995, 上田惇生, 佐々木実智男, 林正, 田代正美訳『未来への決断』, 東京 : ダイヤモンド社.)
Dunleavy, P., Margetts, H., Bastow, S. and Tinkler, J., 2005, New public management is dead: Long live digital-era governance. *Journal of Public Administration Research and Theory: J-PART*, 16 (3): 467-494.
Fung, A., Wright, E. O. and Abers, R., 2003, *Deepening democracy: Institutional innovations in empowered participatory governance*, London: Verso.
Hagiwara, Y., 2010, Concept of Governance for Civil Society: A Critical Assessment, *Democracy and Governance for Civil Society*, 7-27, http://www.law.keio.ac.jp/graduate/blog1/pdf/Democracy_and_Governance_for_Civil_Society.pdf
Hampton, K. N., 2003, Grieving for a lost network: Collective action in a wired suburb, *Information Society*, 19 (5): 417-428.
Hampton, K., and Wellman, B.,2003, Neighboring in netville: How the internet supports community and social capital in a wired suburb, *City & Community*, 2 (4),277-311.
Hirst, P., 2000, "Democracy and governance", Pierre, J. ed., *Debating governance*. Oxford: Oxford University Press.
Hood, C.,1991, "A public management for all seasons?", *Public Administration*, 69 (1): 3-19.
Kickert, W. J. M., 1997, Public governance in the Netherlands: An alternative to Anglo-American 'managerialism', *Public Administration*, 75 (4): 731-752.
Kickert, W. J. M., Klijn, E-H. and Koppenjan, J. F. M. ed., 1997, *Managing complex networks:*

Strategies for the public sector, Thousand Oaks: Sage Publications.

Kooiman, J., ed., 1993, *Modern governance: New government-society interactions*, London: Sage Publications.

Macintosh, A., 2004, "Characterizing E-Participation in Policy Making", *Proceedings of the 37th Hawaii International Conference on System Sciences*, 1-10.

Medaglia, R., 2012, "eParticipation research: Moving characterization forward (2006-2011)", *Government Information Quarterly*, 29 (3): 346-360.

Naschold, F., 1996, *New frontiers in public sector management: Trends and issues in state and local government in Europe*. Berlin ; New York: W. de Gruyter.

Osborne, D., and Gaebler, T., 1992, *Reinventing government: how the entrepreneurial spirit is transforming the public sector*, New York: Plume. (=1995, 高地高司訳『行政革命』東京：日本能率協会マネジメントセンター.)

Osborne, S. P., 2006, "The new public governance?", *Public Management Review*, 8 (3): 377-387.

Peters. B. Guy., 2007, "Virtuous and Vicious Circles in Democratic Network Governance", Sørensen, E., and Torfing, J. ed., *Theories of democratic network governance*, Basingstoke: Palgrave Macmillan, 61-76.

Pierre, J. ed., 2000, *Debating governance*, Oxford: Oxford University Press.

Pierre, J., & Peters, B. G., 2000, *Governance, politics and the state*, Basingstoke; New York: Macmillan; St Martin's Press.

Plutchik,R., 1960, "The Multifactor Analytic Theory of Emotion", *Journal of Psychology*, 50: 153-171.

Rhodes, R. A. W., 1996, The new governance: Governing without government, *Political Studies*, 44 (4): 652-667.

─────, 1997, *Understanding governance: Policy networks, governance, reflexivity and accountability*, Buckingham; Philadelphia: Open University Press.

Rosenau, James, and Ernst-Otto Czempiel, 1992, Governance without government: order and change in world politics, Cambridge: Cambridge University.

Sæbø, Ø., Rose, J. and Skiftenes Flak, L., 2008, "The shape of eParticipation: Characterizing an emerging research area", *Government Information Quarterly*, 25 (3): 400-428.

Sanford, C. and Rose, J., 2007, "Characterizing eParticipation", *International Journal of Information Management*, 27 (6), 406-421.

Sharpf, F. W., 1999, *Governing in Europe: Effective and democratic?*, Oxford: Oxford University Press.

Skelcher, C. and Torfing, J., 2010, Improving democratic governance through institutional design: Civic participation and democratic ownership in Europe, *Regulation & Governance*, 4 (1): 71-91.

Sørensen, E. and Torfing, J., 2007, "Theoretical Approaches to Governance Network Dynamics", Sørensen, E., and Torfing, J. ed., *Theories of democratic network governance*,

Basingstoke: Palgrave Macmillan, 25-42.
Subrahmanyam, K., Reich, S. M., Waechter, N., and Espinoza, G., 2008, Online and offline social networks: Use of social networking sites by emerging adults. *Journal of Applied Developmental Psychology*, 29（6），420-433.
Tanaka, H., Nakano, K., 2010, "Public Participation or Social Grooming: A Quantitative Content Analysis of a Local Social Network Site", *International Journal of Cyber Society and Education*, 3（2）: 133-154.
Valenzuela, S., Park, N., and Kee, K. F., 2009, Is there social capital in a social network site?: Facebook use and college students' life satisfaction, trust, and Participation1. *Journal of Computer-Mediated Communication*, 14（4），875-901.
井川博行, 2008,「日本の地方分権改革15年の歩み」, http://www3.grips.ac.jp/~coslog/activity/01/03/file/up-to-date-4_jp.pdf〉, Accessed 2014, Dec 10.
伊藤昌亮, 2006,「オンラインメディアイベントとマスメディア ― 2ちゃんねる・24時間マラソン監視オフの内容分析から ―」『社会情報学研究』, 9-23.
伊藤守・花田達郎, 1999,「「社会の情報化」の構造と論理社会的諸力の葛藤のプロセスとしての情報化」『講座社会学8 社会情報』, 東京：東京大学出版, 193-238.
上山信一・伊関友伸, 2003,『自治体再生戦略：行政評価と経営改革』, 東京：日本評論社.
遠藤薫, 2008,「インターネットと〈地域コミュニティ〉」『ネットメディアと〈コミュニティ〉形成』, 東京：東京電機大学出版局, 119-144.
大石裕, 1992,『地域情報化：理論と政策』, 京都：世界思想社.
大住壮四郎, 1999,『ニュー・パブリック・マネジメント：理念・ビジョン・戦略』, 東京：日本評論社.
───, 2003,『NPMによる行政革命：経営改革モデルの構築と実践』, 東京：日本評論社.
───, 2005,「New public management：自治体における戦略マネジメント（特集財政改革）」『フィナンシャル・レビュー』,（2）: 19-44.
大本圭野, 2010,「自治先進都市三鷹はいかに築かれたか（上）」『東京経大学会誌．経済学』,（267）: 247-289.
───, 2011,「自治先進都市三鷹はいかに築かれたか（下）」『東京経大学会誌．経済学』,（269）: 15-82.
大津浩・廣田全男, 2004,「ヨーロッパ評議会編『補完性の原理の定義と限界』」『経済と貿易』,（188）: 113-148.
岡田章宏, 2005,「日本型ニューパブリック・マネジメントの特徴」『NPMの検証：日本とヨーロッパ』, 東京：自治体研究社, 2-37.
岡本健志・田中秀幸, 2008,「地方自治体による地域情報化施策とソーシャル・キャピタルに関する研究」『第12回進化経済学会研究発表論文集』（CD版）.
岡本健志, 中野邦彦, 田中秀幸（2008）,「地域SNSにおけるネットワークの遷移」『2008年日本社会情報学会（JASI・JSIS）合同研究大会論文集』, 168-173.
金井利之, 2012,「『補完性の原理』から『逆補完性の原理』へ（特集 揺れる3層制：国と地方は真に対等か）」『ガバナンス』,（136）: 24-26.

金子郁容・藤沢市市民電子会議室運営委員会, 2004,『e デモクラシーへの挑戦』, 東京：岩波書店.
金子正文, 2006,「市民提案システム「くらし・まちづくり会議」―パートナーシップを確立し共生的自治を目指す」『月間地域づくり』,〈http://www.chiiki-dukuri-hyakka.or.jp/book/monthly/0608/html/t07.html〉, Accessed 2015, May 25.
金安岩男編, 2004,『電子市民会議室のガイドライン　参加と協働の新しいかたち』, 学陽書房.
川浦康至・坂田正樹・松田光恵, 2004,「ソーシャルネットワーキング・サービスの利用に関する調査― mixi ユーザーの意識と行動―」, *The journal of communication studies*, (23): 91-110.
北川正恭, 2006,『マニフェスト革命：自立した地方政府をつくるために』, 東京：ぎょうせい.
木村忠正, 2012,「『コミュニティネットワーク』への欲望を解体する」杉本星子編『情報化時代のローカル・コミュニティ：ICT を活用した地域ネットワークの構築』, 国立民族学博物館, 41-60.
倉島健・藤村考・奥田英範, 2009,「大規模テキストからの経験マイニング（テキストマイニング, データ工学論文）」『電子情報通信学会論文誌.D, 情報・システム』, 92 (3): 301-310.
木暮健太郎, 2008,「ガバナンス概念の系譜」『杏林社会科学研究』, 24 (3): 47-71.
―――, 2009,「第 1 世代から第 2 世代のガバナンス論へ--ガバナンス・ネットワーク論の展開を中心に」『杏林社会科学研究』, 25 (1): 21-45.
―――, 2011,「第 2 世代のガバナンス論と民主主義」『公的ガバナンスの動態研究：政府の作動様式の変容』, 京都：ミネルヴァ書房, 165-186.
児島和人, 1999,『社会情報』, 東京：東京大学出版会.
後藤省二・諏訪博彦・太田便澄, 2011,「地域 SNS の目的と効果の関連に関する定量的分析」『日本社会情報学会学会誌』, 22 (2): 17-26.
小林宏一, 1997,「地域情報化政策の展開とその問題性」『日本社会情報学会学会誌』, (9): 7-16.
―――, 2000,「日本における地域情報化政策の展開とその問題点」『東京大学社会情報研究所紀要』, 1-18.
―――, 2008,「日本の地域情報化は, 今, どのような段階にあるか--『使われることを待っている』技術のために」『月刊自治フォーラム』自治研修研究会編, (581): 10-16.
小林隆, 2006,『インターネットで自治体改革：市民にやさしい情報政策』, イマジン出版.
小林哲郎・加藤健成・片岡千鶴・池田謙一, 2004,「インターネット利用は社会参加を促進するか― PC・携帯電話の社会的利用の比較を通して―」『平成 15 年度情報通信学会　年報』, 39-49.
―――・―――・―――・―――, 2007,「地域オンラインコミュニティと社会参加―住民間の集合的オンラインコミュニケーションがもたらすポジティブな帰結―」『平成 18 年度情報通信学会　年報』, 13-26.
斎藤忠雄, 2007,「自治体財政からみた住民参画型社会の必然性―財政危機と新しい社会統治システムの模索」羽貝正美編『自治と参加・協働：ローカル・ガバナンスの再構築』, 75-106.
財団法人地方自治情報センター（LASDEC）, 2007,『地域 SNS の活用状況等に関する調査の

実施結果』,〈https://www.lasdec.or.jp/cms/resources/content/3686/result.pdf〉,Accessed 2013, March 31.

―――, 2008,『地域SNSモデルシステム運用の手引き』,〈https://www.j-lis.go.jp/lasdec-archive/cms/resources/content/6275/20080911-142449.pdf〉, Accessed 2013, March 31.

澤田昭夫, 1992,「補完性原理 The principle of subsidiarity: 分権主義的原理か集権主義的原理か?」『日本EC学会年報』(12): 31-61.

篠原一, 1977,『市民参加』, 東京: 岩波書店.

志村誠・池田謙一, 2008,「地域オンラインコミュニティが社会的ネットワークに持つ効果の検討―社会的ネットワークの同質性・異質性に着目して―」『平成19年度情報通信学会年報』, 41-54.

庄司昌彦, 2008,「地域SNSサイトの実態把握, 地域活性化の可能性」,〈http://officepolaris.co.jp/icp/2007paper/2007014.pdf〉, Accessed 2013, June 9.

神野直彦, 2004,「ソーシャル・ガバナンス－新しい分権・市民社会の構図」神野直彦・澤井安勇編著『ソーシャル・ガバナンス 新しい分権・市民社会の構図』, 東京: 東洋経済新報社, 1-55.

須藤修, 1995,『複合的ネットワーク社会』, 東京: 有斐閣.

―――, 2003,『デジタル社会の編成原理 国家・市場・NPO』, 東京: NTT出版.

総務省, 2006,『住民参画システム利用の手引き』,〈http://www.soumu.go.jp/denshijiti/ict/index.html〉, Accessed 2013, March 31.

―――, 2004,『情報通信白書平成16年版』,〈http://www.soumu.go.jp/johotsusintokei/whitepaper/ja/h16/pdf/index.html〉, Accessed 2013, May 12.

―――, 2010,『情報通信白書平成22年版』,〈http://www.soumu.go.jp/johotsusintokei/whitepaper/ja/2010/pdf/index.html〉, Accessed 2013, March 31.

曽我謙吾, 2013,『行政学』, 東京: 有斐閣.

高田義久, 2012,「地域情報化政策の変遷: 2000年代におけるICT利活用・人材育成への対象拡大」『メディア・コミュニケーション・慶応義塾大学メディア・コミュニケーション研究所紀要』(62): 135-147.

田中秀幸, 2009,「内発的動機付けプラットフォームとしての地域SNSの可能性」『横幹連合コンファレンス予稿集』.

―――, 2012,「国・自治体による地域SNS: 施策とその効果の検証」杉本星子編『情報化時代のローカル・コミュニティ: ICTを活用した地域ネットワークの構築』, 大阪: 国立民族学博物館, 83-104.

田中秀幸・中野邦彦・岡本健志, 2009,「地域SNSでの知識流通に関する一考察」, 第4回人工知能学会知識流通研究会, NTTデータ, 東京, 2009年3月11日, at http://www4.atpages.jp/sigksn/conf04/index.html.

田中美乃里, 2014,「藤沢市市民電子会議室にみるオープンガバメントの学びと可能性」『行政＆情報システム2014年4月号』, 86-89.

田中弥生, 2006,『NPOが自立する日: 行政の下請け化に未来はない』, 東京: 日本評論社.

―――, 2008,『NPO新時代: 市民性創造のために』, 東京: 明石書店.

―――, 2011,『市民社会政策論―3・11後の政府・NPO・ボランティアを考えるために―』, 東京：明石書店.
田畑暁生, 2005,『地域情報化政策の事例研究』, 東京：北樹出版.
―――, 2008,『東日本の地域情報化政策』, 東京：北樹出版.
地域SNS研究会HP,「地域SNS事例集」,〈http://www.local-socio.net/2014/02/2014_localsns_examples.html〉, Accessed 2013, March 31.
辻中豊, 2010,「序章」辻中豊・伊藤修一郎編著『ローカル・ガバナンス　地方政府と市民社会』, 東京：木鐸社, 9-17.
津田正夫・平塚千尋編, 2002,『パブリック・アクセスを学ぶ人のために』, 京都：世界思想社.
坪郷實, 2006,『参加ガバナンス：社会と組織の運営革新』, 東京：日本評論社.
徳久良子・乾健太郎・徳久雅人・岡田直之, 2001, 言語コーパスにおける感情生起要因と感情クラスの注釈づけ, 人工知能学会言語・音声理解と対話処理研究会, SLUD-31, 2001.
戸政佳昭, 2000,「ガバナンス概念についての整理と検討」『同志社政策科学研究』, 2 (1): 307-326.
鳥海不二夫・石田健・石井健一郎, 2008a,「地域SNSのネットワーク構造分析」, AI2008-22, 33~38.
―――・―――・―――, 2008b,「地域SNSのモデル化と活性化シミュレーション」『電子情報通信学会論文誌B』J91-B (4): 397-406.
中野邦彦, 2014a,「行政とNPOによるICTを活用した住民参加ツールの協働運営に関する事例研究」, 日本NPO学会第16回年次大会研究報告論文,〈http://www.osipp.osaka-u.ac.jp/janpora/meeting/meeting16/paper/papers.html.〉, Accessed 2013, March 31.
―――, 2014b,「地域SNSへの地方自治体職員の関与実態に関する考察」『社会情報学』2 (3): 1-14.
―――, 2014c,「地方自治体におけるソーシャル・メディアを活用した情報発信」『社会経済システム学会予稿集』, 35-38.
―――, 2014d,「地方議会における地域SNSについての議論に関する研究」『2014年社会情報学会（SSI）学会大会研究発表論文集』, 107-112.
―――, 2015,「地方自治体の地域SNS運営への関与の実態について―自治体職員へのインタビュー調査より―」『社会・経済システム』(35)（掲載決定）.
中野邦彦・田中秀幸, 2009,「地域SNSのユーザー間インタラクションに関する実証分析」『2009年日本社会情報学会（JSIS&JASI）合同研究大会研究発表論文集』, 86-89.
―――・―――, 2010,「自治体ウェブ・サイトに基づく地域情報化施策の定量的研究」『社会・経済システム』(31): 89-94.
―――・―――, 2013,「地域SNSの利用実態に関する研究」『社会・経済システム』(34): 43-50.
中野邦彦・渡部春佳・田中秀幸, 2011,「地域SNSの利用実態に関する研究」『第17回社会情報システム学シンポジウム 学術講演論文集』, 137-142.
中野雅至, 2005,『ローカルIT革命と地方自治体』, 東京：日本評論社.
永田裕二, 2011,『ローカル・ガバナンスと参加：イギリスにおける市民主体の地域再生』, 東京

: 中央法規出版.
中村俊二・杉本星子, 2009,「京都山城地域SNS「お茶っ人」(特集 地域SNSとまちづくり)」『季刊まちづくり』(24): 80-83.
中村広幸・瀧口樹良, 2006,「地域情報化政策は地域を変えたのか」丸田一, 國領二郎, 公文俊平編,『地域情報化認識と設計』, 東京: NTT出版, 33-64.
新川達郎, 2000,「行政情報化と地域情報化の政策課題」『同志社政策科学研究』, 2 (1): 15-30.
―――, 2002,「NPM型行政改革に関する一考察:『新しい行政管理 (NPM) の理論』と日本の行政改革における現実」『同志社法學』, 54 (4): 1519-1566.
―――, 2011a,「公的ガバナンス論の展開と課題」岩崎正洋編著『ガバナンス論の現在: 国家をめぐる公共性と民主主義』, 東京: 勁草書房, 35-55.
―――, 2011b,「公的ガバナンスの変化とサードセクター」新川達郎編著『公的ガバナンスの動態研究: 政府の作動様式の変容』, 京都: ミネルヴァ書房, 214-251.
西尾勝, 2001,『行政学』, 東京: 有斐閣.
西村宣彦, 2005,「ローカル・サスティなビリティNPM」日本地方財政学会編『分権型社会の制度設計』, 東京: 勁草書房, 108-127.
日本都市センター, 2013,『都市自治体の広報分野における課題と専門性― 478市区のアンケート調査結果を通じて―』, 日本都市センター企画・編集,〈http://www.lasdec.nipponnet.ne.jp/cms/resources/content/269/20090220-153522.pdf〉, Accessed 2013, June 6.
羽貝正美, 2007,「住民参加型自治への展望」羽貝正美編『自治と参加・協働: ローカル・ガバナンスの再構築』, 京都: 学芸出版社, 261-262.
林茂樹, 1999,「地域情報化の過程」船津衛編著『地域情報と社会心理』, 東京: 北樹出版, 30-54.
比較地方自治研究会・自治体国際化協会, 2004,『世界地方自治憲章と各国の対応』, 東京: 自治体国際化協会.
廣田全男, 2004a,「補完性原理と『地方自治の本旨』」白藤博行編著『地方自治制度改革論・自治体再編と自治権保障』, 東京: 自治体研究社., 103-130.
―――, 2004b,「ヨーロッパ地方自治憲章と世界地方自治憲章草案－その意義・内容と各国の対応－」『世界地方自治憲章と各国の対応』, 1-9.
福原智宏・中川浩志・西田豊明, 2006a,「感情表言と用語のクラスタリングを用いた時系列テキスト集合からの話題検出」『第20回人口知能学会大会, 2E1-02, 2006年5月』,〈http://www.race.u-tokyo.ac.jp/~fukuhara/Research/paper/06/1b1-3.pdf 〉, Accessed 2010, June 6.
――― ・――― ・―――, 2006b,「時系列テキスト集合からの社会的関心の分析」『第16回インテリジェント・シンポジウム』,〈http://www.race.u-tokyo.ac.jp/~fukuhara/Research/paper/06/1b1-3.pdf〉, Accessed 2010, June 6.
藤本理弘, 2009,「地域情報化政策の系譜 (前編)」『地域政策研究』, 12 (3): 61-80.
―――, 2010,「地域情報化政策の系譜 (後編)」『地域政策研究』, 12 (4): 137-156.
前田成東, 2007,「NPO活動の展開と行政の変容」羽貝正美編『自治と参加・協働: ローカ

ル・ガバナンスの再構築』, 京都: 学芸出版社, 137-151.
松下圭一編著, 1971, 『市民参加』, 東京: 東洋経済新報社.
松田憲忠, 2011, 「ガバナンスの主体としての市民」岩崎正洋編著『ガバナンス論の現在: 国家をめぐる公共性と民主主義』, 東京: 勁草書房, 93-116.
松村真宏, 2003, 「オンラインコミュニティにおけるチャンス発見」『人口知能学会誌』18 (3): 295-300.
―――, 2008, 「影響普及モデル IDM の新しい影響基準」, 第 22 回人口知能学会大会, 120082,〈 https://www.jstage.jst.go.jp/article/pjsai/JSAI08/0/JSAI08_0_104/_pdf 〉, Accessed 2015, February 24.
松村真宏・中村洋・大澤幸生・石塚満, 2002, 「「2 ちゃんねる」はなぜ盛り上がるのか？」, 第 3 回 MYCOM 資料, 2002 年 6 月, 98-102.
松村真宏・三浦麻子, 2005, 「ブログにおける書き手の意図とモダリティ表現」, The 19th Annual Conference of Japanese Society for Artificial Intelligence, 3D3-13.
―――・―――, 2006, 「Doblog の利用に関するアンケート調査からみたユーザ像」, The 20th Annual Conference of Japanese Society for Artificial Intelligence, 3D3-3.
―――・―――, 2007, 「ブログ記事における男女別・年代別・地域別傾向の分析」, The 21st Annual Conference of Japanese Society for Artificial Intelligence, 2F4-9.
松本恭幸, 2012, 「ネット時代の市民情報発信」『ネット時代のパブリック・アクセス』, 京都: 世界思想社, 3-19.
丸田一, 2006, 「地域情報化政策は地域を変えたのか」丸田一, 國領二郎, 公文俊平編.『地域情報化認識と設計』, 東京: NTT 出版, 3-32.
宮川公男・山本清編著, 2002, 『パブリック・ガバナンス: 改革と戦略』, 東京: 日本経済評論社.
矢部明宏, 2012, 「地方分権の指導理念としての「補完性の原理」」『レファレンス』, 62 (9): 5-24.
山田公平, 2004, 「地方自治制度改革の歴史的課題」白藤博行編著『地方自治制度改革論: 自治体再編と自治権保障』, 東京: 自治体研究社., 253-301.
山本啓, 2005, 「市民社会・国家とガバナンス（特集 市民社会の公共政策学）」『公共政策研究』5: 68-84.
―――, 2014, 『パブリック・ガバナンスの政治学』, 東京: 勁草書房.

APPENDIX　第Ⅱ部第6章質問項目の詳細

・「信頼の度合い」
「現在のあなたは，一般的に人は信頼できると思いますか？ 「まったく信頼できない」を0点，「大変信頼できる」を10点とすると何点くらいになると思いますか。いずれかの数字を一つだけ選択して下さい」
ここでは，0:「まったく信頼できない」から，10:「大変信頼できる」の11点尺度で測定した。

・「知り合いとのお付き合い」
以下5つの項目について，「あなたのお住まいの地域内の知り合いで，次にあげる項目に該当する人数を選択して下さい」という指示のもと回答させた。ここでは，1:「0人」，2:「1人」，3:「2 − 3人」，4:「4 − 5人」，5:「6 − 9人」，6:「10 − 19人」，7:「20 − 49人」，8:「50 − 99人」，9:「100人以上」の9点尺度で測定した。
1. 「名前（姓のみ，愛称のみを含む）を知っている人」
2. 「お互いに相談したり日用品を貸し借りするなど生活面で協力しあっている人」
3. 「日常的に対面で会って立ち話をする程度の付き合いをする人」
4. 「対面のあいさつ程度の最小限のつきあいの人」
5. 「SNSやブログ，電子メールなどインターネット上でやり取りをする人」

・「地域への関心」

以下5つの項目について，「あなたのお住まいの地域について，どのように感じていますか。各項目について，現在のあなたのお気持に最も近いものを選んで下さい」という指示のもと回答させた。ここでは，地域SNS利用後の地域への関心では，1:「あてはまらい」, 2:「どちらかといえばあてはまらない」, 3:「どちらともいえない」, 4:「まああてはまる」, 5:「あてはまる」の5点尺度で測定した。また，地域SNS利用前の地域への関心では，上記の選択肢に加えて，「おぼえていない」を加えた。分析を行う際には，「おぼえていない」を選択した回答者は今回の分析からは除外した。

1. あなたのお住まいの地域のできごとに関心がある
2. あなたのお住まいの地域に愛着がある
3. あなたのお住まいの地域の人と積極的に交流したい
4. あなたのお住まいの地域のために役立ちたい
5. あなたのお住まいの地域の行政（各市役所や県庁の行政）に積極的に関わりたい

・「地域活動への参加」

以下12の項目について，「あなたは，現在，次の活動にどの程度参加していますか。各項目の参加度合いにを一つずつ選択して下さい」という指示のもと回答させた。ここでは，地域SNS利用後の地域への関心では，1:「参加したいとも思わない」, 2:「参加したことはないが，機会があれば参加したい」, 3:「参加した経験がある」, 4:「普段参加している」の4点尺度で測定した。また，地域SNS利用前の地域活動への参加に関しては，上記の選択肢に加えて，「おぼえていない」を加えた。分析を行う際には，「おぼえていない」を選択した回答者は今回の分析からは除外した。

地縁活動：町内会，自治会，管理組合などの地縁活動
PTA活動：PTA活動
地域の子供：地域の子供が参加するスポーツ，学習，余暇や社会体験に関する活動
高齢者：高齢者の支援に関する活動

障がい者:障がい者の支援に関する活動
防犯・防災:防犯・防災活動
環境の維持・改善:環境の維持・改善や美化に関する活動
イベントや祭り:イベントや祭り等の運営
スポーツ・趣味等:スポーツ・趣味・娯楽活動(スポーツ,野外活動,お祭り,美術工芸,音楽,文化,手芸創作,園芸,その他サークル活動)
市民・住民活動:市民運動や住民運動
選挙・政治活動:選挙や政治に関する活動
その他の団体活動:その他の団体活動(商工会議所,農協,業種組合,宗教など)

謝　辞

　最後に，本書を執筆するにあたりお世話になった方々への感謝の気持ちを記したい。

　まず，修士・博士課程の7年間を通じてお世話になった指導教員の田中秀幸先生である。田中先生は，あふれんばかりの情熱と，どこまでも真面目で真摯な姿勢で常に120%で対応していただいた。入学当初は，「田中先生のようにならなくては!!」と強い思いを抱いていたが，ずぼらで不真面目な筆者にはとても無理だということに気付くのに，さほど長い時間は必要なかった。だが，このようにだらしなく，できが悪くても，決して見放さず最後までご指導下さった田中先生への学恩は筆舌に尽くしがたい。おそらく，田中研究室以外の研究室では，筆者は修士課程すら無事に終えることができたかどうかも疑わしい。なにかとついていないことだらけの大学院生活ではあったが，田中秀幸研究室に入ることができたことは筆者の人生における最大の幸運であったと思う。唯一心残りなことがあるとすれば，最後まで田中先生に満足をしていただける水準の論文を書き上げることができなかったということだ。この点については，今後の研究者人生を通して達成することで田中先生の学恩に報いることができるように努力したい。

　また，博士論文の審査委員をお引き受け下さった審査委員の先生方にも感謝申し上げたい。副指導教員をお引き受けいただいた須藤先生は，ご指導をいただく度に，深い洞察力と鋭いご指摘には，ただただ驚かされた。実際，博士コロキウムの際にいただいた須藤先生のコメントが博士論文の全体的な方向性を決める際の大きな手がかりとなった。

第三指導教員である岡本先生には，総務省の最前線で実務に携わっていらっしゃっている方ならではの視点から，筆者の狭い了見だけではとても気づくことのできなかったであろう点について鋭いご指摘を頂戴することができた。また，岡本先生は，昨年度より総務省にお戻りになった後も，最後まで筆者の博士論文の指導教員をお引き受けいただいた。

　ご多忙の中，外部審査員をお引き受けいただいた二人の先生にも感謝申し上げたい。遠藤先生には，社会情報学会の研究発表において座長を担当して下さったことをきっかけにご指導をお願いすることになった。インターネットコミュニティに関する研究に関しては，誰もが認める第一人者である遠藤先生に審査委員としてご指導いただけたことは筆者にとって望外の幸せである。また，博士論文を仕上げるに当たり遠藤先生よりご指摘いただいた理論研究の構成に関するご指摘のおかげで，非常におぼつかない構成であった博士論文を何とか形にすることができた。

　小林先生は，筆者が研究者を目指すに当たっての最初のきっかけを与えて下さった。先生は，従前よりいつでも気軽に筆者の相談に乗っていただき，本格的に博論の執筆に取り組む以前にもご相談に乗っていただき，漠然としていた筆者の博論案の問題意識を明確にして下さった。また，論文執筆中も何度もご相談に乗っていただいたことに関して心よりお礼申し上げたい。

　次に田中研究室のメンバーに対してもお礼を述べたい。筆者より上に博士課程の先輩がいない中でお互い苦労をしながら博士課程を過ごした渡部さんの存在は，博士論文を書き抜くに当たって大きな存在であった。また，糸永純子さんにも，博士論文を仕上げるに当たり最終稿のチェックに長い時間お付き合いいただいた。最終段階で遅くまでお付き合いいただけたことで，折れかけていた心を何とかつなぎとめることができた。また，糸永順子さんと澁谷遊野さんには，お互いの共通のテーマに関する読書会にお付き合いいただいた。ここでの議論のお蔭で，自分の研究を少し異なった視点から客観的に捉え直す良い機会になったと思う。

　他の研究室になるが，須藤研究室の本田正美先輩には，修士課程入学時より色々とアドバイスをいただいた。博士課程の先輩がいない中で，本田さんの存在は大学院生活を過ごすに当たって非常に心強いものであった。また，同期の

橋本研究室の天野美穂子さん，河井大介さんとは博士課程における大半の時間を共に過ごし研究をしてきた。苦しく，辛い時を共に過ごしたお二人とは今後もずっと長いお付き合いをお願いしたい。また，IT　ASIA コースのイゴール・プルシャさんとは修士時代からの友人であり，研究以外の時間を長く過ごした。

　研究を進めるに当たってお世話になった杉山幹夫さん，博士論文を書き上げるにあたって調査に協力して下さった，前橋市，大垣市，掛川市，宇治市，豊中市，大牟田市，五島市，奄美市，北広島市，三鷹市，高島市，篠山市，高松市，久留米市の皆様のご協力なくしては，博士論文を書き上げることはできなかった。博士論文を完成させることができたのは，これらの調査協力者の皆様のおかげである。心から感謝申し上げたい。

　最後に，実家の家族と親族一同に御礼したい。故郷に帰る度に暖かく迎えてくれる二人の叔母と，今は亡き祖母にも最大限の感謝をしたい。そして何より，長年病床に伏している母が存命中に博士論文を提出できて心からほっとしている。

　本書の出版にあたっては，KDDI 総合研究所の皆様，勁草書房の永田さんには大変お世話になりました。両者からのご支援・ご協力のお陰で無事本書を出版できることとなりました。感謝申し上げます。

索　引

■アルファベット
e-Japan 重点計画　32, 33
e-Japan 政策　10, 24, 34, 42
e-Japan 戦略　17, 30, 34, 91
e-participation　13, 17, 38, 42, 92, 96, 124, 129
e-コミュニティ形成支援事業　11, 104, 106, 122, 140, 147
e-じゃん掛川　103, 125, 132, 218
e-じゃん通信　223
eタウン・うじ　240
ICT　2, 9-13, 35, 40, 92, 101, 267
LASDEC　11, 103, 105, 108, 122, 140, 147, 191, 226
meets　254
NikiNiki　104
NPM　72, 76
NPO　84, 148, 188, 194, 216, 221, 238
u-Japan 政策　34, 35
u-Japan 戦略　36, 37, 42
VARRY　104

■ア 行
愛情ねっと　199, 227
新しい公共　7, 59, 84
奄美市　170, 197
安城市　194, 209, 254
あんみつ　254
インターネットテレビ　高島みてねっと！　202
宇治市　108, 170, 188, 208, 238
宇治大好きネット　112, 188, 192, 243
運営体制　152, 164, 175
運営費用　150, 252
欧州連合条約　47
大垣市　170, 174
おおむたSNS　125
大牟田市　125, 155, 170, 174, 199, 207, 227
おここなごーか　104
お茶っ人　108, 125, 243

■カ 行
掛川市　103, 157, 207, 209
鹿児島テレビ　104
ガバナンス　12, 16, 68, 92, 267
河北新報　104
感情表現　114, 119, 134, 266
関与時間　155, 218
紀伊民報　104
きたひろ.tv　201
北広島市　201
逆補完性の原理　62
協働　4, 5, 89
近所付き合い　1, 127, 132
近接性の原理　50
クアドラジェジモ・アンノ　46
久留米市　125, 170, 174, 207, 230
公共サービス　1, 5
ごろっとやっちろ　11, 102, 206

■サ 行
佐賀新聞　104
参加　6, 89, 91, 120, 263, 269
参加型ガバナンス　83, 226, 269
参加の踊り場　6, 89, 91, 120, 133, 263,

269
事業評価　　173, 203, 229
自治基本条例　　210
自治体職員　　142, 146, 255, 267
シニアSOHO！普及サロン・三鷹　　252
市民総代会　　132, 209
住民参加　　5, 6, 9, 11-13, 15, 124
情報通信技術　　2
情報通信白書　　34
スローライフ掛川　　216, 222
世界地方自治憲章　　49
全国総合開発計画　　20, 27
仙台市　　104
総務省　　26, 30, 63, 95, 148, 240, 270
ソーシャル・ガバナンス　　87, 89
ソーシャルメディア　　10, 41, 156, 168, 173, 235, 273

■タ　行
高島市　　202
高松市　　170, 192, 200
たかまつ市民ブログ　　200
地域SNS　　7, 11, 92, 96, 101, 110, 169, 266
地域SNS全国フォーラム　　156
地域社会　　1, 2, 5, 6, 94, 101, 121, 131
地域住民　　2, 7, 91, 93, 110, 126, 266
地域住民情報化政策　　25
地域主権改革　　58
地域情報化政策　　15, 17, 19, 29, 64, 189
筑後田園都市推進評議会　　235, 237
ちっごねっと　　125
地方自治情報センター　　11, 103
地方自治体　　137, 139, 266, 267
地方分権改革推進委員会　　57
地方分権改革推進会議　　55
地方分権推進委員会　　54
千代田区　　104
ちょっぴー　　104

つつじねっと　　125
電子会議室　　3, 9, 11, 140, 169, 226
電子町内会　　3, 6, 90, 263
導入目的　　146, 147, 268
特徴語　　117, 119, 266
豊川市　　255

■ナ　行
長岡市　　104
ネットワークガバナンス　　73

■ハ　行
パブリック・アクセス　　8
パブリック・ガバナンス　　81
はまっち　　103
ひびの　　104
兵庫県　　103
ひょこむ　　103, 104
フェスタ　　112
福岡県　　104, 207, 235
藤沢市　　2, 9, 11, 140, 226
ふらっと　　104
補完性の原理　　13, 15, 43

■マ　行
ま～じんま　　197
前橋市　　170, 174, 176
まち本　　223
松坂市　　174, 176
みかん　　104
三鷹市　　150, 208, 244
三鷹市地域情報化プラン2022　　248
三鷹市ユビキタス・コミュニティ推進事業　　245, 254
みてみん　　255

■ヤ　行
八代市　　11, 102, 206
ヨーロッパ地方自治憲章　　48

横浜市　103

■ワ　行
わいわいあつまろフェスタ　112, 266

わいわいちっご　125, 230, 234

著者略歴

1983年生まれ。東京大学大学院学際情報学府社会情報学専攻博士課程修了。博士（社会情報学）。新宿区自治創造研究所非常勤研究員，東京大学大学院学際情報学府特任助教を経て，現在は島根大学地域包括ケア教育研究センター助教。第13回日本社会情報学会優秀論文賞，第2回社会情報学会研究発表優秀賞，島根大学優良教育実践表彰を受賞。著書に『よくわかる社会情報学』（2015, ミネルヴァ書房，分担執筆），『地域づくりのコミュニケーション研究』（2017, ミネルヴァ書房，分担執筆）がある。

KDDI総合研究所叢書8
地域SNSによるガバナンスの検証
情報通信技術を活用した住民参加

2019年5月20日　第1版第1刷発行

著　者　中　野　邦　彦

発行者　井　村　寿　人

発行所　株式会社　勁　草　書　房
けい　　そう

112-0005 東京都文京区水道2-1-1　振替 00150-2-175253
（編集）電話 03-3815-5277／FAX 03-3814-6968
（営業）電話 03-3814-6861／FAX 03-3814-6854
三秀舎・牧製本

© NAKANO Kunihiko　2019

ISBN978-4-326-30278-9　Printed in Japan

|JCOPY| ＜(社)出版者著作権管理機構　委託出版物＞

本書の無断複写は著作権法上での例外を除き禁じられています。複写される場合は，そのつど事前に，(社)出版者著作権管理機構（電話 03-3513-6969, FAX 03-3513-6979, e-mail: info@jcopy.or.jp）の許諾を得てください。

＊落丁本・乱丁本はお取替いたします。
http://www.keisoshobo.co.jp

KDDI総合研究所叢書

小泉直樹・奥邨弘司・駒田泰士・張　睿暎・生貝直人・内田祐介
クラウド時代の著作権法
激動する世界の状況

A5判　3,500円　ISBN978-4-326-40285-4

高口鉄平
パーソナルデータの経済分析

A5判　3,400円　ISBN978-4-326-50415-2

鷲田祐一
未来洞察のための思考法
シナリオによる問題解決

A5判　3,200円　ISBN978-4-326-50424-4

原田峻平
競争促進のためのインセンティブ設計
ヤードスティック規制と入札制度の理論と実証

A5判　3,200円　ISBN978-4-326-50428-2

寺田麻佑
EUとドイツの情報通信法制
技術発展に即応した規制と制度の展開

A5判　3,500円　ISBN978-4-326-40330-1

実積寿也・春日教測・宍倉　学・中村彰宏・高口鉄平
OTT産業をめぐる政策分析
ネット中立性、個人情報、メディア

A5判　3500円　ISBN978-4-326-50443-5

岡本　正
災害復興法学の体系
リーガル・ニーズと復興政策の軌跡

A5判　4,500円　ISBN978-4-326-40351-6

＊表示価格は2019年5月現在。消費税は含まれておりません。